中等职业教育经济管理类改革创新教材·市场营销专业

市场调查实务

（修订版）

刘合香　主　编

王　磊　王亚娟　王　颖　副主编

科学出版社

北　京

内 容 简 介

本书根据“十三五”职业教育国家规划教材建设工作的总体要求，本着理论性与实践性结合，科学性与实用性并重的原则，立足于企业经营活动的实际需要，按市场调查工作流程和应具备的市场调研能力，创设仿真工作情境，实现“做中学”。

本书共分为七个模块，分别是市场调查认知、市场调查方案设计、市场调查方式与方法、市场调查实施、调查资料整理与分析、市场发展趋势预测、市场调查报告的撰写。

本书可作为职业院校经济、管理类相关专业的教学用书，也可以作为市场调研机构调研人员的教材。

图书在版编目(CIP)数据

市场调查实务/刘合香主编. —北京：科学出版社，2018

（中等职业教育经济管理类改革创新教材·市场营销专业）

ISBN 978-7-03-029080-9

Ⅰ. ①市…　Ⅱ. ①刘…　Ⅲ. ①市场调查-中等专业学校-教材
Ⅳ. ①F713.52

中国版本图书馆 CIP 数据核字（2018）第 030848 号

责任编辑：王鹤楠 / 责任校对：王万红
责任印制：吕春珉 / 封面设计：东方人华

科学出版社 出版
北京东黄城根北街 16 号
邮政编码：100717
http://www.sciencep.com
三河市骏杰印刷有限公司印刷
科学出版社发行　各地新华书店经销
*
2018 年 3 月第　一　版　开本：787×1092　1/16
2021 年 3 月修　订　版　印张：13 3/4
2021 年 3 月第二次印刷　字数：320 000

定价：39.00 元

（如有印装质量问题，我社负责调换〈骏杰〉）
销售部电话 010-62136230　编辑部电话 010-62135763-2013

修订版前言

市场调查作为企业获得市场信息的主要工具和改善营销状况的基础手段，是随着市场经济的不断发展和完善而发展起来的。运用科学的调查和预测方法来掌握准确的市场信息，已经成为企业提高决策能力及管理水平、合理整合企业内外资源、提升企业整体竞争力的关键因素。

本书立足于企业经营活动的实际需要，按市场调查活动流程和应具备的市场调研能力，创设仿真工作情境，通过教学案例进行能力分解，帮助学生发现问题和解决问题，从而提升学生的调研综合技能。本书在第一版的基础上基于工作流程将教材体系进行模块化呈现，适当增加了一些市场预测的内容，让中、高职不同专业、不同认知能力的学生选择使用，满足学校因材施教、分层次培养的需要。同时，本书进一步完善了微课等数字化教学资源，丰富教材内容的呈现方式，提高学生的学习兴趣，满足学生利用碎片化时间移动学习的需求。本书具有以下几个方面的特色。

（1）坚持正确的政治导向，融德育教育于课堂教学

本书编写坚持正确的历史观、民族观、国家观、文化观，通过精心设计的案例及职业素养目标要求，融德育教育于课堂教学，培养学生自觉践行社会主义核心价值观，提升学生的核心素养。

（2）突出职业教育特色，以行动导向引领教材内容

本书从实战角度出发，通过分析市场调查过程中典型工作任务所必需的知识、能力和素质要求，运用行动导向的教学模式和项目教学、案例分析、任务驱动等方法，使学生进入模拟市场调查环境中体验调查工作环境和工作流程，实现“做中学”。同时，教材中的“实训项目”板块，注重教学评价的过程性、评价主体的多元性和评价内容的针对性，用真实任务来评价学生解决问题的能力。

（3）体现“学生为中心”理念，突出小组团队式学习特点

本书充分体现以学生为中心的教学理念，让学生作为教学主体参与教学过程，课前预习、课中案例分析、项目实训、展示交流、学习评价等均以团队学习和活动的方式展开。小组成员在调查任务实施与完成的各个环节，既有分工，又有协作，调动学生积极参与，激发学生的学习兴趣，提升学生的综合职业素养。

（4）校企合作开发教材，内容融入专业精神和职业精神

本书基于校企合作编写，立足于企业经营活动的实际需要，紧跟产业发展趋势和行业人才需求，与企业专家共同研究，将专业精神和职业精神融入教材，按市场调查工作

流程和应具备的职业能力重构教材体系并进行能力分解，使学生的能力形成过程始终融入解决实际问题的过程中，实践性较强。

（5）运用现代化的信息手段，培养学生自主学习能力

本书针对学习中的重点和难点知识，制作了微课，并配有 PPT、案例分析及习题答案等数字化学习资源，制作成二维码在书中进行了标注，读者可以通过手机扫码实现自主学习。

本书由刘合香任主编，王磊、王亚娟、王颖任副主编。具体分工为：模块 1 由王亚娟编写；模块 2（2.1、2.2）由王颖编写；模块 2（2.3）、模块 3、模块 5 由刘合香编写；模块 4 由王宇、郭萍编写；模块 6 由王磊编写；模块 7 由王菊编写；石家庄北辰时代体育产业发展有限公司总经理李汉卿、石家庄泽泰汽车维修服务有限公司总经理黄战友参与编写。刘合香负责起草大纲、审核修改并总纂定稿，何泽水负责教材审定工作。

本书在编写过程中，参考了大量国内外文献、一些学者的相关论著及部分权威网站的资料，在此一并表示诚挚的敬意和感谢！

本书配有教学视频和配套教学课件，可登录 www.abook.cn 下载，或者联系出版社索取。

由于编者水平有限，书中难免有疏漏或不足之处，恳请有关专家和广大读者多提批评指正意见，以便我们进一步修改和完善。

编　者

2020 年 9 月

第一版前言

市场调查作为企业获得市场信息的主要工具和改善营销状况的基础手段，是随着市场经济的不断发展和完善而发展起来的。运用科学的调查方法来掌握准确的市场信息，已经成为企业提高决策能力及管理水平、合理整合企业内外资源、提升企业整体竞争力的关键因素。

本书立足于企业经营活动的实际需要，按市场调查活动流程和应具备的市场调研能力，创设仿真工作情境，通过教学案例进行能力分解，帮助学生发现问题和解决问题，从而提升学生的调研综合技能。本书具有以下几个方面的特色。

（1）从实战角度出发，以行动导向、任务驱动引领教学内容

本书基于市场调查工作过程理念，从实战角度出发，通过分析市场调查过程中典型工作任务所必需的知识、能力和素质要求选取教学内容，使学生的能力形成过程始终融入解决实际问题的过程中。通过行动导向、理实一体的教学模式，以及项目教学、任务驱动、案例分析等方法的引领，使学生在模拟市场调查环境中体验调查工作环境和工作流程，实现“做中学，学中做”。同时，教师可以结合各项任务的工作实际，用理论指导学生实践，再通过实践检验学生掌握的理论，实现理论与实践的统一。

（2）从市场调查活动流程出发，以所需的职业能力重构教材体系

本书着重培养学生的市场调研能力、方案设计能力、信息收集能力、整理分析能力和报告撰写能力等职业能力，并以这些职业能力重构教材体系。

本书围绕贯穿始末的一个完整项目展开，按市场调查活动流程设定九项调查任务，每项任务都包括“任务目标”“案例导入”“理论指导”“小案例”“模拟实训”“知识拓展”“综合训练”“任务实训”等板块。随着课程的深入，学生以小组为单位逐项解决这些调查任务，教师在教学过程中跟踪指导调查任务的实施，并及时对各个分解的调查任务进行评价，提出改进意见，以达到掌握市场调查活动的全部工作流程的目的。

本书最后安排了集中实践环节，即“市场调查实务综合实训”。教师可根据教学进度，指导各小组科学、规范、高效地完成该调查项目，以巩固和强化学生所学的知识和技能，达到学以致用的目的。

（3）以学生为中心，突出小组团队式的学习特点

本书充分体现以学生为中心的教学理念，让学生作为教学主体参与教学过程，案例讨论与分析、模拟实训、展示交流、项目实训等均以团队学习和活动的方式展开。小组成员在调查任务实施与完成的各个环节，既有分工，又有协作，调动学生积极参与，提

升学生的团队合作能力和人际沟通能力。老师在完成专业课程教学任务的同时，也能对提升学生的职业素养发挥一定作用。

本书由河北商贸学校刘合香、刘林忠任主编，侯彦国、王磊、闫兰香任副主编，参与编写的人员还有郭萍（河北经济管理学校）、王菊、王宇。具体编写分工如下：任务 1 由侯彦国编写；任务 2 由闫兰香编写；任务 3～任务 5 由刘合香编写；任务 6 由郭萍编写；任务 7 由刘林忠编写；任务 8 和任务 10 由王磊编写；任务 9 由王菊编写；刘合香负责起草大纲、审核修改并总纂定稿；王宇负责全书初稿的检查工作。河北绮昂企业管理咨询有限公司总经理黄战友、河北商贸学校王亚娟为本书的编写提出了很多好的建议，本书的出版得到了河北商贸学校领导、科学出版社的大力支持，同时编者参考了国内相关学者的研究成果，在此一并表示感谢！

由于编者水平有限，加之时间紧迫，书中不足之处在所难免，敬请广大读者批评指正。

编　者

2017 年 10 月

目　　录

模块 1　市场调查认知

学习目标

◎知识目标

1. 了解市场调查的含义及其重要性。
2. 掌握市场调查的种类、内容及程序。
3. 熟悉市场调查机构的类型。

◎能力目标

1. 能够根据调查目的和要求选择市场调查内容。
2. 能够根据市场调查程序，初步设计调查流程。
3. 能够与企业管理人员进行有效沟通，初步学会做市场调查前的准备工作。

◎职业素养目标

1. 树立团队合作意识和责任意识。
2. 保持以客观事实为依据，严谨求实、勇于创新的科学精神。
3. 增强市场调查的先导意识，锻炼抗挫折能力和应变能力。

案例导入

石家庄北辰体育的市场调查

在“大众创业，万众创新”的时代背景下，大学生是走在时代前列的最活跃、最具创造力的一支生力军，李汉就是其中的一员。

2015 年，李汉毕业后决定开创一番自己的事业。由于热爱教育事业，又面临国家由应试教育向素质教育转轨的大好时机，在全民健身的热潮下，他将方向锁定在青少年素质教育培训上，成立了石家庄北辰时代体育产业发展有限公司（以下简称北辰体育），为此，他进行了充分的市场调查。

1. 市场经营环境调查

首先，李汉对市场经营环境进行了调查。他针对石家庄青少年培训机构情况设计了访谈提纲，深入部分培训机构，借助访问法和观察法，得到了以下结果：一是现有教育培训机构大多专注于个人运动课程（比如舞蹈、跆拳道等），而根据青少年的年龄、性格等特点，推行青少年团队性质的运动课程较少；二是大多数家庭都是独生子女，家长希望给孩子创造一个团体氛围，更好地培养孩子的团队意识。

通过对石家庄部分“体智能”培训机构情况调查，发现普遍存在以下问题：一是“体智能”培训机构规模小，经营发展状况较差；二是“体智能”培训机构采用的是全国连锁模式，完全照搬外省市的培训模式，不完全适应当地的市场需求；三是“体智能”培训机构定位不精准，不能满足家长和学生的需求等。总之，现有的“体智能”培训机构不能完全满足石家庄市场的需求。

2. 培训需求调查

关于“体智能”培训需求情况，李汉拟定了调查问卷，发放给一些学生家长，听取家长们的意见和建议。此调查共发出问卷150份，收回有效问卷110份，汇总调查结果如表1-1所示。

表1-1　体智能培训需求情况调查

培训需求（可多选）	人数	百分比/%
增强孩子体质	66	60
促进孩子生长发育	45	41
孩子喜欢	39	35
促进孩子交往，塑造性格	30	27
培养特长	14	13
让孩子远离手机，保护视力	11	10
其他（升学、父母意愿等）	15	14

结果表明，在被访的110人中，有66人选择了“增强孩子体质”，占比60%；其次是选择“促进孩子生长发育”的有45人，占比41%；其他依次是“孩子喜欢”“促进孩子交往，塑造性格”“培养特长”“让孩子远离手机，保护视力”等。总之，增强孩子体质、促进孩子生长发育成为最重要的培训需求。同时，多数家长希望培训机构设立在学校附近。

3. 消费能力调查

关于家长对孩子的教育支出情况，他设计了访谈提纲。在受访者中，每年用于孩子各种教育支出超过20 000元的家庭不在少数，有71%的家庭每年要花费6 000元以上用于孩子“体智能”开发训练。

4. 预计前期投资成本

李汉抓住政府部门对大学生创业给予高度扶持这一利好政策，争取到大学生创业办扶持的办公场地。前期运营成本预计为：办公用品 2 000 元，教学场地租赁费 3 000 元，宣传广告费用 500 元，初期 3 位教练均为合伙人，暂无固定人员成本。

5. 北辰体育目前发展情况

几年来，李汉靠先进的经营理念、准确的产品定位、强大的竞争优势、细致周到的服务赢得了顾客的信赖。由于顺应国家政策导向，员工年轻有活力，公司福利待遇好，公司迅速壮大。截至 2019 年 7 月，李汉的公司拥有 34 家场馆、300 余名员工、5 000 余名在籍学员，已成为石家庄“体智能”开发的领跑者。

市场调查的魔力有多大，北辰体育已经给出了肯定的回答。因此，客观、真实和有效的市场调查是我们科学决策的前提和基础。

（资料来源：河北商贸学校王亚娟深入石家庄北辰体育调查整理编写）

思考与讨论：

1）石家庄北辰体育的市场调查涉及哪些内容？

2）调查中采用了哪些市场调查方法？

3）如果你也是一名创业者，本案例对你有什么启示？

模块 1：案例导入参考答案

1.1　认识市场调查

1.1.1　认识市场调查及其重要性

1. 市场调查的概念

市场调查也称市场调研，是运用各种科学的调查方式和方法，系统地、有计划地、有组织地搜集、记录、整理、分析有关市场的信息资料，并进行客观地测定及评价，从而了解市场发展变化的现状和趋势，为市场预测及各项经营决策提供科学依据的过程。

微课：市场调查的重要性

2. 市场调查的意义

对企业来说，要占领市场并获得预期效果，必须依赖于行之有效的经营决策，而行之有效的经营决策要以科学的市场预测为前提条件，这就必须以及时掌握市场信息、做好市场调查为基础。因而，从一定意义上讲，市场调查是市场预测、营销决策过程中必不可少的一部分，是企业经营决策的前提。

1）企业市场调查是市场营销活动的重要环节。通过市场调查，企业能够识别目标细分市场需求，发现市场机会，评估与优化营销组合，监测市场环境的变化，测评产品或服务质量及经营业绩，为企业制定经营计划和经营决策提供重要依据。

2）企业通过市场调查，可以及时掌握竞争对手的动态，掌握企业产品在市场上所占份额的大小，并针对竞争对手的策略，对自己的工作进行调整和改进。知己知彼，百战不殆，利于企业提高竞争能力和应变能力。

3）企业通过市场调查，能够让生产产品或提供产品服务的企业了解消费者对其产品或服务质量的评价、期望和想法，利于企业更好地满足市场需求。

1.1.2 熟悉市场调查的种类与内容

1. 市场调查的种类

（1）探索性调查

探索性调查是对企业或市场上存在的不明确的问题进行的调查，亦称非正式调查，适用于当市场调查的问题或范围不太明确，无法确定究竟应调查什么问题时采用，目的是找出问题，以便拟定假设，确定调查的重点。例如，企业的产品近几个月销售量下降，是质量下降还是价格偏高，还是出现了新的竞争性产品？通过探索性调查可以从中发现问题所在，至于问题究竟应该如何解决则有赖于进一步的信息收集。

（2）描述性调查

描述性调查是对市场上存在的客观情况如实地加以描述和反映，即回答“是什么”的问题。其资料数据的采集和记录，着重于客观事实的静态描述，说明“怎样”或“如何”，但并不解释“为什么”，大多数的市场营销调查都属于描述性调查。比如，对消费者行为进行调查，就要调查本企业产品的顾客是哪些人，是年纪大的人还是年轻人，是收入高的人群还是收入低的人群，什么时候购买，如何购买，等等，通过调查把市场活动的全貌如实地描述出来。描述性调查必须占有大量的信息情报，调查前需要有详细的计划和提纲，以保证资料的准确性。

（3）因果关系调查

因果关系调查，是在描述性调查的基础上进一步分析问题发生的因果关系，并弄清原因和结果之间的数量关系，也就是专门调查“为什么”的问题。例如，某产品的销售增长与广告费、技术服务费增加、消费者收入有所增长等有关，因果关系调查则要找出在这些关联中，何者为“因”，何者为“果”，哪一个“因”是主要的，哪一个“因”是次要的，各个“因”的影响程度是多少，等等。可见，因果关系调查是在描述性调查的基础上进行的。

（4）预测性调查

预测性调查是对未来可能出现的市场行情的变动趋势进行的调查。预测性调查所需的资料主要由描述性调查和因果关系调查提供，它对企业制订有效的经营计划，使企业避免较大风险和损失有特殊重要的作用。

2. 市场调查的内容

市场调查是产品定位的先导，也是整个营销活动的前奏。企业市场调查所涉及的内容十分广泛，调查时应根据市场调查的目的和要求，侧重于调查不同的内容。市场调查内容分为市场宏观环境调查和市场微观环境调查两大部分。

（1）市场宏观环境调查

任何企业都不是独立存在、封闭发展的，而是在一个开放性的社会系统中组织开展各项活动的，其发展不可避免地会受到所处社会环境的影响。政治、经济、社会、科技、文化、地理等环境，都对市场产生很直接的影响。

1）政治法律环境调查，主要是对政府的方针、政策和各种法令、条例以及外国有关法规与政局变化、政府人事变动、战争、罢工、暴乱等可能影响本企业的诸因素的调查。企业对政治法律环境的分析，就要分析政治法律环境的变化给企业的市场营销活动带来的或可能带来的影响，并相应地调整其市场营销组合策略和生产经营方向，使企业更好地占领、转移和开拓新的市场，在竞争中占据主动。

2）经济环境调查，主要是对工农业生产情况、科技发展水平、自然资源和能源的储量及开发情况，国内生产总值和国民收入的增长情况及其对社会购买力变化的影响，人口数量及构成、消费规模及结构、投资规模及结构和内外贸易状况等的调查。市场经济环境直接影响企业的营销活动，其对市场的影响作用是巨大的。

3）科技环境调查，主要是对国际国内新技术、新工艺、新材料的发展速度、变化趋势、应用和推广等情况进行调查。科学技术革命导致新兴产业的出现，迫使企业不断革新的同时，也为企业提供新的市场机会。

4）社会文化环境调查，主要是对居民职业构成、家庭组织规模、各民族的分布及其宗教信仰、风俗习惯、审美观念及社会时尚和居民受教育程度等方面的调查。社会文化环境对市场的影响是多层次、全方位、渗透性的，企业人员应分析、研究和掌握市场社会文化环境，针对不同市场制定不同策略。

5）市场自然地理环境调查，主要是对地区条件、气候条件、季节因素、使用条件等方面进行调查。地理环境决定了地区之间资源状态分布、消费习惯、消费结构及消费方式的不同，因而产品在不同的地理环境下适用程度和需求程度会有很大的差别，由此引起销售量、销售结构及销售方式的不同，这也是企业开展市场营销所必须考虑的因素。

6）人口环境调查，主要是对人口规模及增长率、年龄结构、地理分布、家庭状况

等方面进行的调查。人口的数量和质量决定市场需求的规模和营销战略与策略的选择，人口的增长速度及其结构的变化也将对市场需求的构成产生影响。

（2）市场微观环境调查

企业经营的宗旨是以其生产的产品或提供的服务满足社会的需求，并借此赢利和自我发展。企业的产品和服务能否得到社会的认可，关键在于它所提供的产品和服务是否符合社会的要求。因此，企业为达到一定的市场营销目的，就必须深入地研究市场，考察市场需求情况。市场微观环境调查一般包括以下几个方面。

1）市场需求调查。市场需求调查主要是对市场需求容量、顾客和购买行为的调查。市场需求容量调查，主要是指对现有和潜在人口变化、收入水平、生活水平、本企业的市场占有率、购买力投向等的调查。顾客调查，主要是了解购买本企业产品或服务的团体或个人的情况，如民族、年龄、性别、文化、职业、地区等。购买行为调查，主要调查各阶层顾客的购买欲望、购买动机、购买习惯、购买时间、购买地点、购买数量、品牌偏好等情况，以及顾客对本企业产品和其他企业提供的同类产品的欢迎程度。

2）市场供给调查。主要调查产品或服务供给总量、供给变化趋势、市场占有率；消费者对本企业产品或服务的质量、性能、价格、交货期、服务、包装、评价和要求；本企业产品或服务的市场寿命、消费者对本企业产品或服务更新的态度、现有产品或服务寿命、有无新产品或服务来代替；生产资源、技术水平、生产布局与结构；该产品或服务在当地的发展趋势；协作伙伴、竞争对手的状况，即他们的产品或服务的质量、数量、成本、价格、交货期、技术水平、潜在能力等。

3）市场营销因素调查。市场营销因素调查主要包括对产品、价格、渠道和促销活动的调查。产品的市场调查主要包括了解市场上新产品开发的情况、设计的情况、消费者使用的情况、消费者的评价、产品生命周期阶段、产品的组合情况等。产品的价格调查主要包括了解消费者对价格的接受情况，对价格策略的反应等。渠道调查主要包括了解渠道的结构、中间商的情况、消费者对中间商的满意情况等。促销活动调查主要包括各种促销活动的效果，如广告实施的效果、人员推销的效果、营业推广的效果和对外宣传的市场反应等。

4）市场竞争情况调查。市场竞争情况调查主要包括对竞争企业的调查和分析，了解同类企业的产品、价格、竞争手段和策略等。对竞争对手的调查包括以下几方面内容：①竞争对手战略，包括发展目标、竞争战略等；②竞争对手产品信息，包括竞争对手产品线的长度、宽度，新产品研发的实力，新产品推出的频率，产品组合，产品特色，是否有专门针对区域市场的促销品牌等；③竞争对手的价格信息，包括竞争对手的价格水平、几种主要产品的详细价格、价格策略、价格变动频率等；④竞争对手的渠道信息，包括竞争对手的渠道数量、渠道的实力、对渠道的管控能力、政策、终端分布、终端管理水平、终端数量等；⑤竞争对手的促销信息，包括竞争对手的促销目的、促销手段、

促销频率、促销效果、年度促销方案等；⑥竞争对手的品牌信息，包括竞争对手的品牌定位、品牌含义、品牌传播策略、品牌传播手段、品牌推广预算等。

微课：市场调查内容案例讨论

1.1.3　掌握市场调查的原则及程序

1. 市场调查的原则

既然市场调查是通过收集、分类、筛选资料，为企业生产经营提供正确依据的活动，那么，它就需要遵循以下原则。

（1）时效性原则

市场调查的时效性表现为应及时捕捉和抓住市场上任何有用的情报、信息，及时分析，及时反馈，为企业在经营过程中适时地制定和调整策略创造条件。

（2）准确性原则

市场调查收集到的资料，必须体现准确性原则，对调查资料的分析必须实事求是，尊重客观事实，切忌以主观臆造来代替科学的分析，更不能片面、以偏概全。

要使企业的经营活动在正确的轨道上运行，就必须要有准确的信息作为依据，才能瞄准市场，看清问题，抓住时机。

（3）系统性原则

市场调查的系统性表现为应全面收集有关企业生产和经营方面的信息资料。市场调查既要了解企业的生产和经营实际，又要了解竞争对手有关情况；既要认识到其内部机构设置、人员配备、管理素质和方式等对经营的影响，也要调查社会环境的各方面对企业和消费者的影响程度。

（4）经济性原则

市场调查是一件费时、费力、费财的活动。它不仅需要体力和脑力的支出，同时还要利用一定的物质手段，以确保调查工作顺利进行和调查结果的准确。市场调查要讲求经济效益，力争以较少的投入取得最好的效果。

（5）科学性原则

市场调查不是简单地搜集情报、信息的活动，为了在时间和经费有限的情况下，获得更多、更准确的资料和信息，就必须对调查的过程进行科学的安排。企业只有采用科学的方法和技术手段，才能保证调查的真实性；只有调查结果准确可靠，才能得出科学的分析结论。

（6）保密性原则

在激烈的市场竞争中，信息是非常重要的。不管是有意或是无意，也不管信息泄露给谁，只要将信息泄露出去就有可能损害客户的利益，同时反过来也会损害市场调查公司的信誉，所以市场调查人员必须特别谨慎。市场调查的保密性原则体现在两个方面：

一是为客户保密；二是为被调查者提供的信息保密。

2. 市场调查的程序

市场调查是一种有目的、有计划进行的调查研究活动，其内容十分丰富，方法又多种多样。为了使市场调查工作顺利进行，保证其质量，在进行市场调查时，应按一定程序来进行。市场调查的程序一般包括：确定市场调查目标、设计市场调查方案、确定市场调查的方式与方法、组织实施市场调查、整理分析市场调查资料和撰写市场调查报告等，如图 1-1 所示。

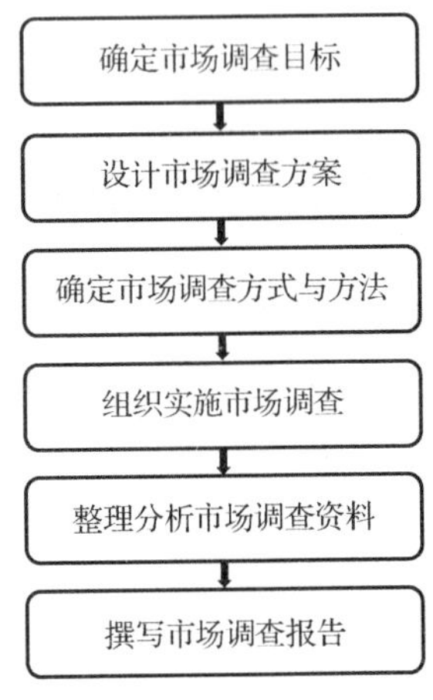

图 1-1　市场调查程序

（1）确定市场调查目标

市场调查首先要确定调查的目标，这是市场调查策划者面临的首要问题，因为明确、严谨的目标界定是市场调查工作成功的前提。调查人员需要细致地了解企业市场调查需求，明确市场调查要解决的问题，确保调查工作顺利进行。

（2）设计市场调查方案

为保证调查研究的顺利实施，需要进行详尽的安排并制定切实可行的调查方案，以保证调查项目的高效执行。因此，市场调查方案是整个市场调查工作的行动纲领，它起到保证市场调查工作顺利进行的重要作用。市场调查方案一般包括：明确市场调查目的和任务；确定调查对象和调查单位；设计市场调查项目和工具；确定调查方式与方法；规定市场调查的时间；确定资料整理、分析方案；落实调查人员、经费和工作量安排等。

（3）确定市场调查方式与方法

确定市场调查的方式与方法主要包括选择适当的市场调查组织方式和搜集资料的方法。市场调查组织方式有普查、抽样调查、重点调查、典型调查等；调查方法有文案调查法、实地调查法及网络调查法等。调查方式与方法的选择要根据市场调查的目的、

内容，也要考虑一定时间、地点、条件下市场的客观实际情况。由于可选择使用的方式与方法不止一种，要求调查者认真比较，选择最适合、最有效的方法，做到既能节省调查费用又能达到调查目的。

（4）组织实施市场调查

现场实施市场调查是数据收集过程，即按调查计划采用科学的方式与方法实施调查获取原始资料和收集二手资料的过程。现场调查工作的好坏，直接影响到调查结果的正确性。为此，必须重视现场调查人员的选拔和培训工作，确保调查人员能够按规定进度和方法取得所需资料。

（5）整理分析市场调查资料

整理分析市场调查资料是将调查收集到的资料进行审核与整理，并对整理后的市场资料做统计分析和研究。审核资料是对全部文字资料和数字资料做全面的审核，以消除资料中的虚假、错误信息，保证原始资料的准确性、时效性和全面性。整理资料是对审核后的市场资料进行初步加工，去粗取精，去伪存真，使之条理化、系统化，以简明的方式反映市场现象总体的特征。分析研究资料是运用科学的方法，研究市场现象总体的数量特征和数量间的关系。

（6）撰写市场调查报告

市场调查的最后一个步骤是在数据分析的基础上，用事实材料对所调查的问题作出系统的分析说明，并提出结论性意见，即形成市场调查报告，它是调查工作的最终成果。一个好的调查报告既要充分解决客户在调查初期提出的需求，又要适时加入市场研究人员的专业判断。报告完成后，报告结果的口头陈述是市场调研项目结果展示的另外一种形式，这种形式需要在报告的基础上进行内容提炼，并可以用图片等辅助展示结果。

1.2　选择市场调查机构

市场调查机构是指专业或主要从事市场调查活动的单位或组织，它是一种主要为企业提供信息服务的组织。

1.2.1　认识市场调查机构的类型

市场调查机构是受部门或企业委托，专门从事市场调查的单位。同市场调查活动随商品经济发展而发展一样，市场调查机构也是随着市场经济的发展而不断演变的。在市场经济不发达的情况下，市场调查职能非常有限，大多数都由企业内部市场调查部门承担。随着市场经济的发展，尤其是在现代市场经济条件下，市场活动日益重要起来，与此相适应，专门从事市场调查与预测的机构应运而生，这是社会分工日益专业化的必然

结果，也是市场经济发展到一定阶段和信息社会的必然产物。

发达国家的市场调查机构不论是在机构设置、组织形式、技术手段等方面，还是在数量规模、完成的职责等方面，都已经达到很高的水平，并形成了一个重要的行业。目前，我国的市场调查机构及其行业也已经逐渐建立起来，尽管与发达国家相比还存在一定差距，但这个行业的发展前景是不可限量的。

市场调查机构规模有大有小，其隶属关系及独立程度也不一样，归纳起来，基本上有以下几类。

1. 各级政府部门组织的调查机构

我国最大的市场调查机构是国家统计部门。国家统计局、各级主管部门和地方统计机构负责管理和发布统一的市场调查资料，便于企业了解市场环境变化及发展情况，指导企业微观经营活动。同时，为适应经济形势发展的需要，统计部门还相继成立了城市社会经济调查队、农村社会经济调查队、企业调查队和人口调查队等调查队伍，后来合并为国家统计局各调查总队。除统计机构外，中央和地方的各级财政、经济、银行、工商、税务等职能部门也都设有各种形式的市场调查机构。

2. 新闻单位、大学和研究机关的调查机构

新闻单位、大学和研究机关的调查机构也会开展独立的市场调查活动，定期或不定期地公布一些市场信息。例如，以信息起家的英国路透社，在全球设立了众多的分社和记者站，目前已成为世界上最大的经济新闻提供者，经济信息收入成为该社的主要来源。

3. 专业性市场调查机构

专业性市场调查机构在国外的数量很多，主要有三种类型。

1）市场调查公司。这类公司专门搜集各种市场信息，公司在接受客户委托后，针对委托人提出的调查范围，制定调查方案。市场调查公司有些是综合性的，涉及面广，可以承担多种类型和行业的调查；有些是专业性的，精通某一专业或行业的知识，并有一定的联系渠道和某一专业的大量信息材料。

2）咨询公司。这类公司一般由资深的专家、学者和有丰富实践经验的人员组成，为企业和单位进行诊断，充当顾问。这类公司在为委托方进行咨询时，也要进行市场调查，对企业的咨询目标进行可行性分析。它们以调查的结果为依据，结合专家的实际经验和专门知识，提出对咨询目标的看法和建议。当然，它们也可接受企业或单位的委托，代理或参与调查设计和具体调查工作。这类公司一方面拥有一些高水平的专家进行研究，另一方面也有一个调查班子专门负责市场调查的各项具体业务。

3）广告公司的调查部门。广告公司为了制作出打动人心的广告，取得良好的广告效果，就要对市场环境和消费者进行调查。广告公司大都设立调查部门，经常大量地承

接广告制作和市场调查。

近年来，我国也出现了许多专门从事经济信息调查、咨询服务的公司，它们既有国有公司，也有集体、私营公司，它们承接市场调查任务，提供商品信息，指导企业的生产经营活动，在为社会服务的同时，自身也取得了很好的经济效益。

4. 企业内部的调查机构

目前，国外许多大的企业和组织根据生产经营的需要，大都设立了专门的调查机构，市场调查已成为这类企业固定性、经常性的工作。例如，可口可乐公司设立了专门的市场调研部门，并由一个副经理负责管理，这个部门的工作人员有调查设计员、统计员、行为科学研究者等。

企业内部市场调查机构设置的模式主要有两种：一是隶属企业的营销部门；二是单独成立，与销售部、广告部同级。

1.2.2 选择市场调查公司并与其合作

实践表明，市场调查在市场营销过程中越来越显示出它的优越性，由于不是所有企业都有能力全面而深入地进行市场调查，尤其是一些规模不大的中小企业，不可能抽选足够的人力对市场进行广泛调查，在这种情况下，可以委托国内外的专业市场调查公司进行调查。

国际上有多家知名的咨询公司，如美国的兰德公司、斯坦福国际咨询研究所、尼尔森市场调查公司等，日本的野村综合研究所、三菱综合研究所等，专门从事各项调研工作。这些公司人才齐全，不受地理和语言的限制，因而便于获得委托者所需的有关资料，调研速度较快。

企业委托市场调查公司进行市场调查时，选择市场调查公司是十分重要的，它关系到市场调查质量的高低。选择市场调查公司主要有以下步骤。

1. 初步选择

各个市场调查主体在所承办的调查和预测类型、所能提供的服务性方面都有不同。因此，企业在选择市场调查代理机构时，必须对目标代理机构进行多方面的了解，一般按照以下标准加以比较衡量。

1）该代理公司的业务能力。包括公司负责人和项目负责人的资历、文化程度，以往承接代办的调查项目和经常性顾客的数量，专业机构和其他委托人的评价，调查技术的新发展，如抽样技术水平等。

2）公司的信誉。包括该公司在同行业中享有的普遍声誉，来自当地同业公会、商会的反应和本企业职业道德方面的一贯表现。

3）公司的工作设施。包括该公司职员人数、技术熟练程度和实际工作能力、办公

室设备、外勤服务机构和流动资金状况等。

4）营业方式。包括该公司营业项目的分类和估价是否精确详细、常用的付款条件和吸引顾客的方法等。

5）实地调查技术。包括市场调查问卷设计人员及其业务水平、访问人员及其业务水平、访问员的费用标准、资料汇总、编校人员的业务水平和设备等。

委托单位通过以上标准对市场调查公司进行初步选择，然后进行比较选择。

2. 比较选择

通过以上各项的分析、评估，可以把所要选择的目标缩减到最有可能的两三个之中，接着就应分别安排见面，要求各机构提出书面的调查建议书，通过对建议书的比较分析，进一步了解各家机构的项目适应性。调查建议书的内容包括：①工作人员的配备、专业水平、实际工作经验和能力；②抽样调查的方法和技术；③拟定问卷的构思与问卷样本；④访问员选择的标准与培训计划；⑤对问卷有效性的监督管理措施；⑥制作图表所需时间的估计；⑦项目费用预算情况等。

在研究了几个调查机构的建议之后，就可以和最能满足要求的机构洽谈合作了。

3. 签订代理合同

在正式委托或承接代办市场调查工作之前，由双方协商订立一份完整而又明确的市场调查代理合同，主要包括以下内容。

1）调查的范围与方法，如抽样调查的样本数，登门访问还是电话访问等。

2）费用预算和付款条件。通常签约时先按双方确认的预算金额预付 50%，其余部分在调查项目全部结束时付清。是否有其他费用开支、用什么货币进行结算与偿付、全部费用累计总值的最高限额是多少等，均需在合同中明确规定，还需注明如果代理公司不能如期按质完成委托任务应罚款的金额等。

3）人员配备。市场调查代理公司需递交一份具体承办调查人员的名单及各自承担的职责，以便委托单位和承办人员联系和接触，如果委托单位认为具体承办者资历不够，也可提出意见加以调换。

4）期限。不仅包括整个调研项目的完成期限，也包括各个阶段的执行期限，以便委托单位随时按计划进行检查监督。

5）调查报告。包括临时性报告和终结性报告。合同要明确写清临时性报告的次数、具体时间和具体要求，对终结性报告一般委托单位要求代理公司不仅能提供结论，还要从中引出某些建议，甚至要求对方提供当地有兴趣经营某商品的进口商或代理商的名单，如有这些附加条件，也必须在合同中明确规定。

通过以上步骤，委托单位选择并确定市场调查公司，完成市场调查任务。

知识拓展

市场调查的历史

17 世纪的工业革命，使得西方资本主义市场经济快速发展，市场规模日益扩大，市场上的竞争也日趋激烈。对广大厂商来说，只有了解市场动态和市场信息才可以根据市场需要调整生产，在竞争中得胜，市场调查因此得到进一步发展。具体来说，市场调查业的发展过程可分为下面几个阶段。

1. 萌芽阶段（20 世纪前）

1）最早有记载的市场调研活动是 1824 年 8 月由美国《宾夕法尼亚哈里斯堡报》进行的一次选举投票调研。

2）最早有记载的以营销为目的的市场调研活动是 1879 年由艾耶父子广告公司进行的。此次调研活动的主要对象是本地官员，内容是了解他们对谷物生产的期望水平，调研目的是为农业设备生产者制作一项广告计划。

3）第二次系统的调研可能是在 20 世纪初由杜邦公司发起的，它对销售人员提交的有关顾客特征调研资料进行了系统地整理和分析。

4）大约在 1895 年，学术研究领域开始关注市场调研，当时的美国明尼苏达大学的心理学教授哈洛·盖尔将邮寄调查引入广告研究。他设计并寄出了 200 份问卷，最后收到了 20 份完成的问卷，回收率为 10%。

2. 建立阶段（20 世纪初至 30 年代）

在此阶段，市场调查作为一个行业在各个领域开始发展。美国的多家大学创建了所属的市场调查所，有关市场调查的学术专著、手册和教材开始陆续发表，并产生了一批有影响的著作；美国的一些企业也开始应用市场调查技术为企业营销服务，成立市场调研部，并获得了成功。

1907～1912 年，美国的哈佛商务学校创建了市场调查所。1918 年西北商业学校创建了所属的商务调查所。1911 年美国纽约的柯蒂斯出版公司聘请了佩林任经理，他编写了《销售机会》一书。这是第一本有关市场研究的专著，内容包括美国各大城市的人口分布、人口密度、收入水平及相关资料，佩林也被推崇为市场调查学科的先驱。1915 年美国的橡胶公司成立了商业调研部。1917 年斯威夫特公司也成立了商业调研部。1919 年美国芝加哥大学教授邓肯出版了《商业调研》，这是市场调研方面的第一本学术专著。1921 年哈里森·怀特出版了《市场分析》，这是一本调研手册书。1929 年在美国政府的主持下，在全美展开了一项分销调查，内容涉及市场结构、商品销售通道、中间商和分配渠道、中间商的经营成本等，为企业提供了较为系统和准确的市场活动资料，这次调查被视为美国市场调查史上的里程

碑。1937 年美国市场营销协会资助的出版物《市场调查技术》问世，该书汇集了有关市场调查理论和实践两方面的知识，市场调查正式成为大学商学院的课程之一。同年，布朗的《市场调查与分析》出版，该书一经推出就作为有关市场调查方面的教材而被广泛使用。但是，在市场调查作为一门学科的创建初期，与市场调查有关的理论方法大部分局限于平均数、长期趋势、单相关等内容，经济计量在市场调查学中也仅有初步的发展和使用。市场调查所涉及的理论知识和方法论都还是处于发展的初级阶段。在市场调查的建立阶段，陆续确立了实地调查法、观察法和实验法，也开始发展了调查表法和抽样理论。其中，1910～1920 年间，问卷设计兴起，问卷调查成为当时主流的市场调查方法。

3. 巩固提高阶段（20 世纪 30 年代末到 50 年代初）

在这个阶段，市场调查的方法得到创新。20 世纪 30 年代末和 40 年代初，样本设计技术获得很大进展，抽样调查兴起。调查方法的革新使得市场调查方法应用得更加广泛；40 年代在著名社会学家罗伯特·默顿的领导下，创造了“焦点小组”方法，使得抽样技术和调查方法取得很大进展。1946 年，默顿和邓德尔在《美国社会学杂志》上发表专文，对“焦点小组”方法进行了系统的论述，并且在其后的几十年里，一直应用于商业性的市场调查中。20 世纪 40 年代后，有关市场调查的书籍陆续出版，越来越多的大学商学院开设了市场调研课程，教科书也不断翻新。在此期间，配额抽样、随机抽样、消费者固定样本调查、问卷访问、统计推断、回归分析、简单相关分析、趋势分析等理论也得到了广泛的应用和发展。

4. 大发展阶段（20 世纪 50 年代后）

市场调查学进入了一个大发展的新阶段，主要是调查方法的创新、分析方法的发展和电脑技术的应用，形成了一股研究市场调查方法的热潮。第二次世界大战结束后，西方资本主义国家进入了经济迅速发展阶段。市场经济空前繁荣，企业竞争激化，激烈的竞争促使企业经营理念由生产导向转变为市场消费需求导向，要求企业更加重视对市场的调查研究和市场情报的搜集工作，市场调查业进入了迅速发展阶段。

在西方，市场调查业经过多年的发展，已经形成了相当的规模。西方国家大约73%的公司都设立有市场调查和研究部门。市场调查的结果在企业的决策中起着举足轻重的作用。社会和企业对市场调查的普遍重视和广泛应用，又反过来促进了学科的发展。很多大学已经把市场调查作为重要课程，有关市场调查的书籍、报纸、杂

志得到大量的出版发行。市场调查的理论、方法、技术越来越系统化、实用化。在大发展阶段，由于电子计算机的出现，市场信息的收集、整理和分析各个过程都实现了电脑化。调查数据的分析、储存和提取能力大大提高。同时，各种调查技术，如动态分析、运筹学运用、态度测量表、多元回归分析、数理模式、计算机模拟、经济计量模型、决策理论和方法都得到创新和发展。计算机的普及又促进了各种分析工具的应用，如 SPSS 统计软件、SAS 统计软件等。这些分析工具大大提升了分析速度并简化了分析过程，进一步推动了市场调查业的电脑化。至今，市场调查业以及有关市场调查的理论和方法依然在发展完善中，主要体现在下面几个方面。

1）调研方法的变化较大，从访谈、问卷，再到观察、实验、实地调查，调研方法得到了极大的丰富，这样就可以视不同的情境而变化。

2）调研范围的扩大，从原先的点对点式的考量到覆盖所有经营渠道，任何一个环节出现问题都将被注明，加之现在网络的强势发展，对调研的要求也高了。

3）调研难度的加大，现在市场分析收集的数据准确性是很值得商榷的，由于大多的企业采用类似的调研方法，消费者已经有所厌倦，便不会真正对待。

4）分析方法的改进，计算机的发展已经让许多企业应接不暇，数据分析的方法也呈现多维性，不要认为调研是万能的，并非所有的信息都可以获得。调研时把握几个要点：分析商品市场的大小；分析不同地域中的销售良机与潜在性；分析特定市场的特征；不同商品市场的规模与其倾向研究；从经济的观点上，探寻影响销售额及销售良机的各种因素；市场性质的变化；研究消费者各阶层对商品需求的变化，等等。

（资料来源：https://wenku.baidu.com/view/470c64a619e8b8f67c1cb9dd.html）

实训项目

组建市场调查团队

本书以培养学生市场调研的认识能力、方案设计能力、信息收集能力、整理分析能力和报告撰写能力等职业能力重构教材体系，围绕贯穿于始末的一个完整项目展开，按市场调查活动流程设定调查任务。学生逐项解决这些调查任务，教师及时监督和评价，

各小组展示完成的调查报告，由师生共同提出评价意见，注重过程性和终结性评价相结合，做到评价主体的多元性和评价内容的针对性，实现“做中学”。在学生对市场调查有了初步认知后，要根据班级规模和学生个人特点组建小型的市场调查机构即学生市场调查小组，小组成员合理分工、团结协作，共同选定市场调查项目，从实战角度出发，按任务导向、项目驱动进行各项市场调查活动，使学生的能力形成过程始终融入解决实际问题的过程中。

1. 组建市场调查队伍——学生学习小组

在教学中以学习小组为单位完成各项教学任务，学习小组活动是教学活动实施中的最基本的组织形式和主要活动方式，因此，学生分组情况直接关系到教学任务的完成和教学质量的高低。在学生进行分组时，我们应考虑以下几个方面的问题。

1）学生的兴趣、爱好、特长及个体差异。教师在构建学习小组时，既要依据学生共同的爱好、特长等个性倾向，也要考虑学生个体差异，让每个学生在小组中都能发挥独特的作用，做到结构合理，人尽其才。

2）小组人数要合理，一般以6～8人为宜。人数太多不利于学生之间的交流和个人才能的充分展示，人数太少也不利于学生之间的交流和互助。因此，教师要对组内成员进行适度地调整，以达到最佳效果。

3）选好组长很重要。学习小组以自己的方式选出组长，确定组名；组长要有团队意识和奉献精神，要有领导能力，带领全组成员一道学习研究，协调组内成员的关系，具有解决问题的能力；各组也可以根据组内活动的情况更换或轮流当组长，使大家都有锻炼的机会。组内成员要服从组长的安排，支持组长的工作。

4）分组遵循组内异质、优势互补的原则。按照学生的知识基础、学习能力、性格特点等差异进行分组，让不同特质、不同层次的学生进行优化组合，使每个小组都有高、中、低三个层次的学生。这样分组不但有利于学生间的优势互补、相互促进，而且为全班各小组之间的公平竞争打下了基础。

5）小组成员应是动态的。活动主题或内容不同，学生分组情况也不同，组内某些角色也可以互换或轮换。这不仅使学生有新鲜感，而且也可提高合作学习的兴趣。既然是小组，就可以进行一系列的评价、比赛、竞争，比赛与竞争可以在组内进行，也可以在组间进行，这样可以增加组员之间的了解，增强凝聚力。

6）学生小组活动评价要科学、公平。为保障教学活动的顺利进行，活动评价一定要科学、公正。

合理分组为小组学习和调查的实施提供了良好的开端。在实施小组学习的过程中，学生是活动的参与主体，教师为主导。教师在指导教学活动的整个过程中只有时刻关注学生的情感喜好，了解他们的收获和困难，为学生量身定做一套充满乐趣、激励、理解、支持的学习项目和任务，时时以学生为出发点，才能最大限度地提高学生参与的积极性，

使学生真正体会到小组学习的乐趣。

2. 确定本课程实训项目

为了便于学生学习和掌握市场调查工作流程，本课程设定了部分调查项目供各学习小组选择，请各小组从中选定一个调查项目作为本学期实训项目，也可以由小组成员共同讨论，自行拟定调查项目，学期内按工作流程完成各项工作任务，期末提交一份完整的项目调查报告。调查项目可以从以下几项中选择。

1）××学校在校生月消费支出及结构调查。

2）××学校在校生月手机话费调查。

3）××学校在校生课外阅读情况调查。

4）××学校在校生月饮食支出调查。

5）××学校毕业生求职成本调查。

6）××学校校园手机市场调查。

7）××学校校园化妆品市场调查。

8）××学校校园饮品市场调查。

综合训练 1

一、单项选择题

1）（　　）不是市场调查应遵循的原则。

A．安全性　B．经济性　C．时效性　D．科学性

2）（　　）也被称为非正式调查。

A．描述性调查　B．因果关系调查　C．探索性调查　D．预测性调查

3）（　　）不是市场调查的内容。

A．产品销售　B．市场竞争　C．消费者需求　D．社会保险

4）市场调查的最后一个步骤是（　　）。

A．确定调查方案　B．搜集现场资料　C．整理分析资料　D．撰写调查报告

5）因果关系调查的目的在于（　　）。

A．弄清楚原因和结果之间的数量关系

B．弄清楚未来市场的需求变化趋势

C．找出问题并作出回答

D．发现问题和提出问题

6）专业市场调查机构的最主要职能是（　　）。

A．服务职能　　B．研究职能　　C．咨询职能　　D．预测职能

7）描述性调查，就是对已经找出的问题作如实的反映和（　　）。

A．具体的回答　　B．分析因果之间的数量关系

C．预测未来市场的需求变化趋势　　D．解决具体的问题

8）（　　）是进行市场调查时应首先明确的问题。

A．确定市场调查目的和任务　　B．确定调查范围

C．确定调查时间　　D．确定调查内容

9）（　　）是数据收集过程，即按调查计划采用科学的方式方法实施调查获取原始资料和收集二手资料。

A．设计市场调查方案　　B．现场实施市场调查

C．确定调查方式方法　　D．整理分析调查资料

10）（　　）不属于市场微观环境调查。

A．市场需求调查　　B．市场供给调查

C．政治法律环境调查　　D．市场营销因素及竞争情况调查

二、多项选择题

1）市场调查按其性质和目的不同，可分为（　　）。

A．探索性调查　　B．描述性调查

C．因果关系调查　　D．预测性调查

2）市场需求调查的内容主要包括（　　）。

A．市场需求容量　　B．顾客　　C．购买行为　　D．销售数量

3）市场供给调查的内容主要包括（　　）。

A．产品或服务供给总量　　B．供给变化趋势

C．市场占有率　　D．销售数量

4）市场调查的原则有（　　）。

A．时效性原则　　B．准确性原则　　C．系统性原则　　D．经济性原则

5）市场调查的保密性原则体现在（　　）。

A．为客户保密　　B．为被调查者提供的信息保密

C．为调查公司保密　　D．为第三方公司保密

三、判断题

1）只要做好市场调查，就会做出正确的决策。　　（　　）

2）描述性调查是在探索性调查的基础上进一步分析谁是因、谁是果的问题，它主要解决“为什么”的问题。　　（　　）

3）市场调查是当今社会激烈的市场竞争中不可缺少的工具。（　　）

4）市场调查的内容比较广泛，既包括与企业经营活动有关的宏观因素，又包括影响企业发展的微观因素和自身因素等。（　　）

5）因果关系调研是在描述性调研的基础上进一步分析问题发生的因果关系，并弄清原因和结果之间的数量关系。（　　）

6）市场销售调查主要是对销售渠道、销售过程和销售趋势的调查。（　　）

7）市场调查机构是指专业或主要从事市场调查活动的单位或部门，是一种服务性的组织机构。（　　）

8）市场调查的时效性表现为应及时捕捉和抓住市场上任何有用的情报、信息，及时分析和反馈，为企业在经营过程中适时地制定和调整策略创造条件。（　　）

9）专业市场调查机构的最主要职能是服务职能，即根据委托方的要求，进行各种市场调查、研究和预测，提高企业所需的各类数据、资料、情报、信息，为企业经营服务。（　　）

10）市场调查的保密性原则体现在两个方面，一是为客户保密，二是为被调查者提供的信息保密。（　　）

四、案例分析

轿车广告效果调查

国内一家大型轿车生产合资企业两年时间内在国内中高档轿车市场上取得了十分优异的业绩，其旗下产品在所属级别的轿车市场上的销量独占鳌头，产品更是以高性价比深受消费者的喜爱。为了不断创新企业和产品的品牌形象，进一步提高企业和产品的知名度，该企业在全国重点城市的主流媒体上投放了大量的宣传广告。为了考察广告投放的效果及明确今后广告策略的调整方向，这家企业决定进行广告效果调查。为此，这家企业专门聘请了具有丰富市场调查经验的科思瑞智公司承担这项工作。

科思瑞智公司针对这家企业的需求设计了一套完整的调查方案，并在全国重点城市发放了 10 000 份问卷进行调查。同时将调查方案分为三个步骤：

步骤一：客户企业数据整理和分析。通过此步骤可以明确企业过去和目前的广告策略，包括广告投放区域、广告投放力度等相关信息，为定量研究提供方向性的参考和比照。

步骤二：定量研究。为了全面、准确地评价客户企业产品的广告效果，科思瑞智公司选择三类消费者（客户产品消费者、主要竞争对手产品消费者、在未来半年内打算购买同级轿车的潜在消费者）进行调查，主要是了解不同消费群对客户企业广告的认知和了解程度以及客户企业广告对不同消费群产生的影响差异。

在分析结果的处理上，科思瑞智公司根据各车型在市场中的销售情况对统计数据做了加权处理，最大限度地模拟了市场的真实情况。

步骤三：明确了客户企业广告的效果以及今后媒体策略改进的方向和实施建议。首先，一方面明确了既投广告产生的效果，包括认知度、理解率、广告品牌的正确提及率等各项指标；另一方面明确了消费者对广告内容的理解，提炼出广告内容对消费者在产品和情感价值方面的影响。其次，深入了解了客户企业产品细分市场上消费者的行为和态度，明确了与目标消费者沟通的最佳渠道。再次，明确了客户企业下一步的企业形象定位的改进方向和建议，建立了广告效果研究的基准，为客户方今后开展媒体计划提供了坚实的市场依据。

（资料来源：覃常员，彭娟，2014. 市场调查与预测[M]. 5版. 大连：大连理工大学出版社）

分组讨论：

1）科思瑞智公司的市场调查涉及哪些内容？

2）科思瑞智公司市场调查的方法是什么？

3）本案例对企业管理者有什么启示？

综合训练1参考答案

模块 2　市场调查方案设计

学习目标

◎知识目标

1. 熟悉调查目标的内容。
2. 掌握市场调查方案的内容、评价标准和修改完善的方法。
3. 掌握市场调查问卷的基本结构。
4. 熟悉市场调查问卷的设计原则和询问技术。

◎能力目标

1. 能够根据市场调查目的和要求设计市场调查方案。
2. 能够对市场调查方案进行可行性分析。
3. 能够结合具体的调查问题进行问卷设计。
4. 能够对问卷进行评估。

◎职业素养目标

1. 养成严谨的思维习惯和认真的工作态度。
2. 培养自身热爱市场调查工作的情感，具备市场调查人员的职业素质。
3. 提高发现问题、分析问题、解决问题的能力。

案例导入

××男式休闲服装市场调查方案

1. 前言

广州某服饰公司计划开发一款新的休闲服装，但面对国内休闲服装市场品牌众多、市场竞争激烈的局面，公司决策层认为要取得产品开发与市场推广的成功，需要对目前的市场环境有一个清晰的认识，从现有市场中发现机会，做出正确的市场定位和市场策略。

因此，决策层决定委托市场调查机构开展市场调查与预测分析，通过对市场进行深入的了解，确定如何进行产品定位，如何制定价格策略、渠道策略、促销策略以及将各类因素进行有机地整合，实现其资源的最优化配置，从而使新开发的服饰成功进入市场。

2. 调查目的和任务

本次调查的目的是通过市场调查，了解男式休闲服装市场的竞争状况，寻找××品牌新的市场空间和出路，为××品牌的定位及决策提供科学的依据，具体表现在以下几个方面。

发展环境：了解目前男式休闲装市场的竞争状况和特征；了解竞争对手的市场策略和运作方法，了解男装休闲市场的品牌竞争状况。

销售渠道：了解男式休闲装市场的渠道模式和渠道结构；了解消费者对男式休闲装市场的消费习惯和偏好。

消费者认知：了解消费者对男式休闲装产品的认知和看法等。

3. 调查对象

以下区域作为调查的主要对象：广东省为广州与深圳两座城市；广东省外为海口、福州、上海、杭州、成都5座城市。调查区域点的分布原则上以当地的商业中心为焦点，同时考虑一些中、高档生活小区；各个区域要求覆盖商业中心区域、代理商经销点、大型商场休闲柜组、休闲服装专卖店等调查点，以保证样本分布的均匀性和代表性。

4. 调查项目

（1）宏观市场调查

男式休闲服装市场的动态及市场格局；细分市场的竞争特点和主要竞争手法、发展和市场空间、知名品牌的优劣势分析；细分产品的流行趋势研究；主要休闲服装企业分析和研究等。

（2）代理商调查

代理商对新兴市场、不同风格休闲品牌、市场空间和产品机会的看法；代理商对新品牌的市场定位的建议；代理商市场运作的手段和方法；对产品、价格、款式、种类的需求和对厂家合作的建议和要求；对产品组合、市场推广的建议；目前的市场运作状态与潜在需求之间的差异等。

（3）零售商调查

零售商对不同品牌休闲风格及当地男式休闲装市场的看法；零售商对产品、价格、款式、种类等的需求及与现有状态间的差距；不同零售点的产品组合差异性；当地零售市场的主要竞争手段；该店销售较好的款式及其原因分析；该店产品的价格组合方式等。

（4）消费者研究

1）产品调查。消费者对当前男式休闲装产品的评价；消费者对产品质地、风格、款式、色彩及图案选择的偏好趋势；消费者对产品组合的要求；对男式休闲装产品的潜在需求与男式休闲装现状的差距等。

2）购买行为调查。消费者购买什么类型的休闲服装（what）；消费者为何购买（why）；消费者何时购买（when）；消费者何处购买（where）；消费者由谁购买（who）；消费者如何购买（how）。

3）影响因素调查。品牌、价格、风格及卖场氛围对消费者购买的影响程度；影响消费者购买的最主要因素等。

4）品牌调查。男式休闲装品牌知名度、认知度及满意度测试；××品牌联想测试等。

5）广告信息调查。消费者获取信息的主要渠道；消费者获取男式休闲装信息的主要渠道；目前男式休闲装信息的主要传播点；媒介接受对称性分析等。

6）竞争对手调查。消费者对竞争对手风格的认知；对竞争对手产品的了解程度；对竞争对手价格的接受程度；对竞争对手利益点的接受程度等。

7）样本的构成调查。抽样样本的性别、年龄、职业、文化程度、家庭收入等。

5. 调查方式与方法

根据本调查的特点，本次调查方式设计为抽样调查；调查方法采用市场访问法与问卷法。

（1）调查方式

消费者抽样方式采用偶遇抽样和配额抽样的方式。本次调查在各个城市中采取在街头或商业场所向过往或停留的消费者做男式休闲装市场的产品测试；从总体样本中以年龄层作为标志把总体样本分为若干类组，实施配额抽样。

每个区域的样本量为 300～500 例。（方案中样本量分配略）

（2）调查方法

1）访问法和观察法。经销商、零售商的相关信息由调查公司有经验的调查人员按照调查提纲实施深度访谈来了解，通过在商业场所观察不同品牌的销售情况和消费者的购买情况，获得市场信息。

2）文案调查法。用于内部资料整理、文案研究等。

3）问卷法。

① 问卷结构主要分为说明部分、甄别部分、主体部分、个人资料部分。同时，问卷还包括访问员记录、被访者记录等。

② 问卷形式采取开放性和封闭性相结合的方式。

③ 问卷逻辑采取思路连续法，即按照被调查者思考问题和对产品了解的程度来设计，在一些问题上采取跳问等方式来进行。

④ 主要问题的构想：消费者单位与职业、过去购买的男式休闲装风格、最近购买的男式休闲装品牌等。

6. 资料整理分析方案

对问卷进行统一的编码、数据录入工作。编码由编码员对已完成的问卷建立答案标准代码表，然后进行问卷编码；选择不同地区、不同层次的访问来建代码表。

将数据录入电子表格，并对数据进行计算机逻辑查错、数据核对等检查。

用 SPSS 或 Excel 软件对问卷进行数据分析。用聚类分析法分析被访者人口背景、消费习惯、生活方式、个性等；用因子分析法分析影响消费者购买的原因、品牌差异性等影响；用相关分析法分析影响消费者消费与评价品牌、产品与品牌、产品特性之间的内在关系；用 SWOT 分析法分析品牌的内在环境和外在环境，从而明确优势和劣势，认清市场机会和威胁。

7. 组织与实施计划

(1) 机构安排及职责

设置项目负责人 1 名，负责项目的规划、实施全过程，并对决策者负责；项目实施督导人员 7 名，在负责人的领导下组织开展调查工作，负责对调查员培训、督导问卷访谈、进行数据资料的整理分析、承担调查报告的撰写任务等；聘用调查人员 70 名，接受培训后，按要求完成问卷访谈工作。

(2) 调查员的选拔与培训安排

从某高校三年级选择经管类专业 70 名学生，要求仪表端正，举止得体，懂得一定的市场调查知识，具有较好的调查能力，具有认真负责的工作精神及职业热情，具有把握谈话气氛的能力。培训内容主要是男式休闲装个体调查问卷访谈要求及技术。

(3) 实施的进度安排

分准备、实施和结果处理三个阶段。准备阶段完成界定调查问题、设计调查方案、设计调查问卷三项工作；实施阶段完成资料的收集工作；结果处理阶段完成汇总、归纳、整理和分析，并将调查结果以书面的形式即调查报告表述出来。

时间分配为：

调查方案规划设计、问卷设计	7 个工作日
调查方案、问卷修改、确认	3 个工作日
人员培训、安排	3 个工作日
实地访问	7 个工作日
资料审核	5 个工作日

数据预处理　　5 个工作日

数据统计分析　　5 个工作日

调查报告撰写　　20 个工作日

论证　　10 个工作日

（4）经费预算

包括策划费、交通费、调查人员培训费、公关费、访谈费、统计费、报告费等。

8. 附件

1）聘用调查员承诺书。

2）调查问卷。

3）调查问卷复核表。

4）访谈提纲。

5）质量控制办法。

（资料来源：http://jz.docin.com/p-532760231.html，有改动）

思考与讨论：

1）结合本案例，归纳市场调查方案包括哪些内容？

2）该调查方案存在哪些问题？如何进行修改和完善？

模块 2：案例导入参考答案

2.1　确定市场调查目标

市场调查是一项十分复杂且技术性较强的调查研究活动。为了保证圆满完成市场调查任务，达到预期目的，在进行实际调查之前，必须对整个市场调查工作的各个方面和各个阶段进行通盘考虑和安排，对调查工作的内容、对象、时间、方法和组织等做出统一的规定和部署，使整个市场调查工作有计划、有组织按统一协调的部署进行。市场调查目标的确定要建立在对所提问题严密分析的基础上，其内容一般包括选择市场调查课题、明确市场调查目标等。

2.1.1　选择市场调查课题

市场调查课题，又称市场调查项目，是市场调查所要达到的主要目的或要完成的主要任务。选择一个恰当的市场调查课题，对于整个市场调查研究过程来说具有重要的意义。

1. 调查课题决定市场调查的方向

一项具体的市场调查往往开始于对调查课题的选择，因而课题的选择始终是市场调查的第一选题，也是调查研究的出发点和整个调查研究的关键环节，并决定着整个调查研究的总方向。课题一旦确定，方向也就随之确定，整个市场调查的基本工作也就随之确定。课题的选择是否正确、恰当，直接影响到调查研究的价值和成效。

2. 调查课题体现调查的水平

市场调查课题的选择，在一定程度上反映了研究者的指导思想、社会见解、理论水平和专业水平。因此，在选题过程中，既需要用到研究者所掌握的专业理论知识和调查研究方法，又需要研究者具有开阔的视野、敏锐的洞察力和较强的判断力，同时还需要研究者具有一定的社会生活经验。

3. 调查课题制约着调查研究过程

调查课题一经提出和最后确定，便决定着市场调查的方案设计，制约着市场调查的全部过程。市场调查课题不同，调查的内容、方法、对象和范围就不相同，市场调查人员的选择、调查队伍的组织、调查工作的安排也会不相同。

4. 调查课题关系着调查研究的成败

一个具有现实性和时代感的市场调查课题，其调查结果具有较大的理论价值和现实意义。因此，正确地选择市场调查课题是取得市场调查成功的一个必要条件。

2.1.2 明确市场调查目标

进行市场调查必须明确市场调查的目标。按照企业的不同需要，市场调查的目标有所不同。当企业制定经营战略时，必须调查宏观市场环境的发展变化趋势，尤其要调查所处行业未来的发展状况；当企业制定市场营销策略时，要调查市场需求状况，市场竞争状况，消费者购买行为和营销要素情况；当企业在经营中遇到了问题，这时应针对存在的问题和产生的原因进行市场调查。

市场调查目标的确定应遵循必要性、可行性和创新性原则，充分考虑理论和实践的价值需要，在研究的思路和角度，依据的理论和采用的方法，研究的对象和内容等方面，是否具备完成市场调查的主客观条件，能否对企业认知市场现象、解决市场问题、揭示市场发展规律方面具有实用性，能否达到市场调查的目标。

2.2 设计和评价市场调查方案

2.2.1 制定市场调查方案

1. 市场调查方案的含义

市场调查方案，就是根据调查研究的目的和调查对象的性质，在进行实际调查之前，对整个调查工作的各个方面和全部过程所作的通盘考虑和总体安排。

市场调查方案所指的全部过程，是指调查工作所需要经历的各个阶段和环节，即调查资料的搜集、记录、整理和分析等。只有对此作出统一考虑和安排，才能保证调查工作有秩序、有步骤地顺利进行，减少调查误差，提高市场调查工作质量，这是顺利和高效地完成市场调查课题的前提和保证。

2. 市场调查方案的特点

1）可操作性。这是决定市场调查方案实践价值的关键环节，也是任何一个实用性方案的基本要求。

2）全面性。市场调查方案本身具有全局性与规划性的特点，它像指挥棒一样统领全局，保证调查目的的实现，因此全面性是其又一个显著特征。

3）规划性。市场调查方案是对应整个调查统筹规划而出台的，是对整个调查工作各个环节的统一考虑和安排。

4）最优性。市场调查方案是多方反复协调磋商，多次修改和完善的结果，保证了调查方案的最好效果且费用较少。

3. 市场调查方案的内容

微课：市场调查方案设计方法

市场调查方案的格式大同小异，主要根据调查性质和目标任务的不同有所差异。一般说来主要包括以下几个方面。

（1）前言

市场调查方案的前言部分，应简明扼要地介绍市场调查工作的背景与原因。

（2）市场调查目的和任务

市场调查是具有很强目的性的科学调查活动，确定调查目的是市场调查的首要问题。确定市场调查目的，就是指在市场调查中要解决什么问题、取得哪些资料。调查目的决定调查对象和单位、调查内容和方法。衡量市场调查方案是否科学，主要是看调查

方案是否能够体现调查目的和要求。因为只有调查目的和任务明确，才能保证市场调查具有针对性。

市场调查目的明确体现在：为什么要进行这次调查？通过市场调查解决什么问题？收集哪些资料？有什么用途？例如，某次市场调查目的是要调查本单位的基本情况，那就需要了解本单位在机构设置、人员结构及基本业务方面的数量特征，以研究本单位在这些方面的数量关系、特征及本质，为单位经营管理提供可靠资料。

再如，2010 年我国进行的第六次人口普查的目的是“查清十年来我国人口在数量、结构、分布和居住环境等方面的变化情况，为实施可持续发展战略，构建社会主义和谐社会，提供科学准确的统计信息支持”。

（3）调查对象与调查单位

确定市场调查对象和调查单位，主要是为了解决向谁调查和由谁具体提供资料的问题。市场调查对象是指依据市场调查的任务和目的所确定的需要研究的社会经济现象的全体，它是由性质相同的许多个别单位所组成的整体。构成现象总体中的个体称为调查单位，它是各个调查项目的具体承担者。

例如，要了解某市各商业银行的经营状况，则该市所有的商业银行是调查对象，每一家商业银行是一个调查单位，同时每一家商业银行也是一个填报单位，负责提供调查资料内容的单位是填报单位。

（4）调查项目与调查表（或问卷）

市场调查中所要调查的具体内容又称调查项目，它是根据调查目的设计的要调查的问题，是调查目的的具体体现。按照一定的顺序将调查项目排列在表格中，就形成了调查表。调查表分为单一表和一览表。

单一表是将一个调查单位的若干项目登记在一份表或一种卡片上的表格。单一表便于容纳较多的项目，且便于整理、分类，适用于调查单位较少而项目较多时。单一表如表 2-1 所示。

表 2-1　××年末职工家庭就业人口调查表

家庭人口_____人　就业人口_____人

姓名	与户主关系	性别	年龄	工作单位	职业	职务职称	备注

一览表是把许多调查单位和相应的项目按次序登记在一张表格里。这种表格便于汇总，但不便于设计较多的项目，故调查深度不够，适用于调查项目不多但调查单位较多时，如表 2-2 所示。

表 2-2　××学校学生基本情况调查表

班级____________

学号	姓名	性别	民族	出生年月	政治面貌	籍贯	备注

调查问卷内容将专门在 2.3 节中进行介绍。

（5）确定调查方式与方法

市场调查方式是指市场调查的组织形式，通常有市场普查、重点调查、典型调查、抽样调查等。调查方式的选择应根据调查的目的和任务、调查对象的特点、调查费用的多少、调查的精度要求等作出选择。

市场调查方法是指搜集市场资料采取的方法，通常有文案调查法、实地调查法、网络调查法等，选择调查方法时应考虑调查资料搜集的难易程度、调查对象的特点、数据取得的源头、数据的质量要求等因素。

实际工作中采用何种调查方式与调查方法，要根据其调查目的和要求来确定，应注意多种调查方式、方法的综合运用。

（6）确定调查时间

市场调查时间包括两种含义，即调查时间和调查期限。调查时间是指调查资料所属的时间。如果所调查的资料属于时期现象，就要明确规定调查资料所反映的起止日期。如调查 2019 年第二季度的商品销售额，则调查时间是从 2019 年 4 月 1 日起至 2019 年 6 月 30 日止。如果调查的资料属于时点现象，调查时间就是规定的统一标准时点。如我国第六次人口普查的调查时点是 2010 年 11 月 1 日零时。

调查期限是进行调查工作的起止时限，一般是指进行调查登记工作的时间，包括搜集资料和报送资料所需的时间。例如，第六次人口普查规定 2010 年 11 月 1～10 日登记完毕，则调查期限为 11 月 1～10 日共 10 天。

在某些专项调查中，调查期限包括从调查方案设计到提交调查报告的整个工作时间。为保证调查工作能及时开展、按时完成，在拟定调查期限时，应考虑信息的时效性、客户的时间要求及调查的难易程度等因素。

（7）确定资料整理方案

资料的整理是对调查资料进行加工整理的过程，目的是为市场分析研究提供系统化、条理化的综合资料。确定资料整理方案，即对资料的审核、编码、分组、汇总、图表列示及汇总软件等作出具体的安排，以提高分析研究的质量和效果。

（8）确定分析研究方案

资料的分析研究是对调查数据进行深度加工的过程，目的在于从数据导向结论，从结论导向对策研究。确定分析研究方案，对分析的原则、内容、方法、要求、报告的编

写及成果的发布等作出安排。

（9）确定调查组织与实施计划

市场调查是一项有计划、有组织的调查活动，为保证市场调查有秩序地进行，必须有一定的组织保障。调查组织与实施计划，即为确保顺利实施调查的具体工作计划。

根据市场调查目的和任务要求，建立专门的市场调查组织领导机构，配置相应的工作人员，选择和培训调查人员，检查和控制调查的质量等，确保完成调查工作。同时，还要根据调查目的，对调查经费开支做出预算。

2.2.2 评价和修改市场调查方案

市场调查方案，往往不是一次完成的，而是要经过多次修改。确定市场调查方案，需要综合考虑各种影响因素，先设计多种有价值的调查方案，再通过分析比较，从中选优。

1. 市场调查方案的评价标准

调查方案的总体评价可以从以下角度来衡量。

1）方案设计是否准确体现了调查目的和要求，调查结果能否对解决问题提供有益的帮助。

2）方案设计是否科学、完整和适用，是否具有可操作性。

3）市场调查方案是否具有调查质量高、效果好的优点。如抽样是否合理、分析方法是否科学、能否降低各种误差等。

一项市场调查方案设计的好坏，最终还要通过调查实施的实践来检验。

2. 市场调查方案的修改和完善

对市场调查方案进行修改和完善的方法主要有三种：逻辑分析法、经验判断法和试点调查法。

（1）逻辑分析法

逻辑分析的作用是检查所设计的调查方案的各部分内容是否符合逻辑和情理，逻辑分析法主要用于对调查方案中设计的调查项目进行修改完善。例如，要调查某化妆品的消费者结构，而设计的调查对象却以学生群体或男性居多，则按此设计所得到的结果就无法满足调查的要求，因为一般情况下化妆品的主要消费群体是成年女性。

（2）经验判断法

经验判断法是组织一些具有丰富调查经验的人士，或结合以往成功的调查案例，对设计出的调查方案加以初步研究和判断，以达到完善方案的目的。用经验判断法对调查方案进行修改的优点是省时省力，但也有缺点，由于人们认识的局限性，采用这种方法

一般会对判断的准确性产生影响。例如，把一个市场调查的方案移植到另一个调查任务中来通常是可行的，但是如果不考虑实际区别就会出差错。

（3）试点调查法

对于大规模的市场调查而言，在展开调查之前进行小范围测试是整个调查方案修改和完善的重要环节。试点调查的主要目的是使调查方案更加科学。试点调查法具有两个明显的特点：一是实战性，二是创新性。通过试点调查把调查效果反馈回来，从而起到修改、补充、丰富、完善调查方案的作用。

2.3　制定市场调查问卷

2.3.1　明确问卷的基本结构

微课：市场调查问卷的结构

1. 问卷的含义

问卷，是以书面形式系统地记载调查内容，了解调查对象的反应和看法，以此获得资料和信息的一种载体。它主要是由一系列问句组成的，提供的是一种标准化和统一化的信息收集程序。调查者能够通过问卷收集到被调查者对调查主题有关的意见、态度、信仰及过去与现在的行为和理由。

问卷调查法是访问调查法的发展和延伸，在各种调查中具有广泛的用途，发挥着重要的作用。随着社会的不断发展和人们受教育程度的不断提高，问卷调查法已经成为现代社会进行各种调查时最常采用的方法，其地位也越来越重要。

2. 调查问卷的特点

市场调查问卷的特点主要表现在以下几个方面。

1）调查工具的标准化程度高。调查者对所有的被调查者提供形式和内容完全一致的问卷，被调查者只能根据个人实际情况作出选择，通过书面语言进行交流，避免调查者主观意识对被调查者的暗示影响，便于进行数量化的统计和分析。

2）匿名性强。问卷调查法一般不要求被调查者署名，在回答涉及被调查者利益或敏感性的问题时，更能消除被调查者的疑虑，从而客观真实地回答问题。

3）效率高。在问卷调查的实施过程中，能够同时对多人进行调查，从而在短时间内搜集到大量的信息和资料，省时、省力，所需经费较少。因而，问卷调查法可谓是一种效率较高的调查方法。

当然，问卷调查法也存在一些局限性，这是由问卷调查法的调查工具、调查过程等方面固有的属性决定的。

第一，结果完全取决于被调查者的合作态度和实事求是的科学精神。如果被调查者对一些调查的意义和目的认识不清，采取敷衍的态度随意作答，不真实地反映实际，那么，问卷调查的结果就可能是不客观的，甚至是虚假的。

第二，局限于书面文字，问卷调查法对文盲和文化程度不高的对象难以进行调查。

第三，调查过程不深入，难以发挥调查者的主动性。问卷调查过程局限于问卷本身，对一些很重要的动机、思想、观念、价值等问题，难以获得更生动的资料和信息，使得调查不够深入。

尽管问卷调查法有一些局限性，但它仍不失为一种基本的调查研究方法。

3. 调查问卷的种类

问卷调查法的核心是问卷。根据调查问卷中问题的表达形式、所采用问卷的标准化程度及问卷的发放方式不同，可把问卷分为以下几种类型。

（1）根据问卷使用方法不同分类

根据问卷使用方法不同可分为自填式问卷和访问式问卷。

自填式问卷是指由调查者发（寄）给被调查者，由被调查者自行填写的问卷。访问式问卷是由调查者事先设计好问卷或提纲后向被调查者提问，然后根据被调查者的回答进行填写的问卷。一般而言，访问式问卷要求简便，最好采用两项选择题进行设计；而自填式问卷由于可以借助视觉功能，在问题的设计上相对可以更加详尽、全面。

（2）根据问卷发放方式不同分类

根据问卷发放方式不同可分为送发式问卷、邮寄式问卷、报刊式问卷、人员访问式问卷、电话访问式问卷和网上访问式问卷六类。其中前三类属于自填式问卷，后三类属于访问式问卷。

1）送发式问卷。送发式问卷是由调查者将调查问卷送发给选定的被调查者，待被调查者填答完毕之后再统一收回。送发式问卷的成本高，时间长，成功率高。

2）邮寄式问卷。邮寄式问卷是通过邮局将事先设计好的问卷邮寄给选定的被调查者，并要求被调查者按规定要求填写后回寄给调查者。邮寄式问卷匿名性好，回收率低，可用于大规模调查且调查内容不复杂的项目。

3）报刊式问卷。报刊式问卷是随报刊传递发送问卷，并要求报刊读者对问题如实回答并寄给报刊编辑部。报刊式问卷有稳定的传递渠道，匿名性好，节省费用，有很大的适用性，但回收率低。

4）人员访问式问卷。人员访问式问卷是由调查者按事先设计好的调查提纲或问卷询问被调查者，再据被调查者的口头回答填写问卷。人员访问式问卷回收率高，适宜深入讨论，但不便于涉及敏感性问题。

5）电话访问式问卷。电话访问式问卷是通过电话中介来对被调查者进行访问调查。电话访问式问卷要求简单明了，一般应用于问题相对简单明确，但需及时得到调查结果的调查项目。

6）网上访问式问卷。网上访问式问卷是在因特网上制作，并通过因特网来进行调查。网上访问式问卷不受时间、空间限制，成本低、速度快，便于获得信息，特别是对于一些敏感性问题，相对而言更容易获得满意的答案，使用率越来越高。

4. 调查问卷的结构

市场调查问卷应在形式和内容两个方面同时满足市场调查的要求。从形式上看，要求结构完整、版面美观、便于阅读和作答；从内容上看，要求目的明确、问题具体、表述清楚、重点突出，把握正确的舆论导向，便于统计整理。

一份完整的问卷一般包括四部分，即标题、前言和指导语、问题和答案、编码和结束语，各部分在问卷中都具有不可忽视的作用。

（1）标题

标题具有表明调查内容和调查目的的作用，它能使被调查者扼要把握调查的主要内容和目的。当然，有时对某些敏感性问题的调查，也可以有意识地使标题含糊些。

（2）前言和指导语

前言和指导语是置于问卷前对问卷进行说明的部分。前言一般对问卷调查的目的、意义、内容作扼要的说明，以便激发被调查者对调查课题的兴趣，较客观的回答问题。指导语一般是关于作答的基本方法、要求和相关的注意事项的说明性文字。指导语的作用在于一方面引导被调查者按照问卷设计者的要求作答，另一方面消除被调查者的疑虑，以保证调查结果的真实性和客观性。为了能引起被调查者的重视、合作和支持，前言和指导语的语气要谦虚、诚恳、平易近人，文字要简明、通俗、有可读性，切忌生硬、呆板。

小案例

××市手机市场需求状况调查问卷

女士/先生：

您好！

我是××单位的市场调查员，目前我们正在进行一项有关××市手机市场需求状况的问卷调查，希望从您这里得到有关消费者对手机需求方面的市场信息，恳请您协助我们做好这次调查。本问卷不记名，回答无对错之分，务必请您如实回答，我们准备了小礼品以表达对您的谢意。下面我们列出一些问题，请在您认同的“□”内打“√”。谢谢！

……

（单位名称）

××××年××月××日

（3）问题和答案

问题和答案是问卷的主体，是问卷最核心的组成部分，其具体设计方法和技术将在2.3.3节内容中详细介绍。问题和答案的设计是否科学，决定着一份问卷质量的高低。

1）问卷调查中的问题按其形式不同，可分为封闭式、开放式和混合式三大类。

① 封闭式问题是指已事先设计了各种可能的答案，被调查者只要或只能从中选定一个或几个现成答案的提问方式。封闭式问题由于答案标准化，不仅回答方便，而且易于进行各种统计处理和分析。但缺点是回答者只能在规定的范围内被迫回答，无法反映其他各种真实的想法。

② 开放式问题是指对所提出的问题并不列出所有可能的答案，而是由被调查者自由作答的问题。开放式问题一般提问比较简单，有利于了解一些有关动机、思想、观念、价值等方面的问题，给被调查者以充分发表自己观点的空间，被调查者可以充分发表自己的意见，不受任何限制，因而可以得到许多生动、具体、丰富的市场信息。但开放式回答需要被调查者具有文字表达能力，同时需要花费较长的时间和精力，其结果也难以做定量分析。

③ 混合式问题又称半封闭式问题，是在采用封闭式问题的同时，再附上一项开放式问题。

2）问卷中的问题从内容上看可以分为以下三类，即被调查者行为方面的问题、被调查者态度方面的问题和被调查者基本分类资料。

① 被调查者行为方面的问题。研究者可以从被调查者过去及现在的行为状况，来预测其未来行为的可能性，尤其是消费行为的调查，可以从各种消费行为的调查结果推断未来消费市场的潜力。一般消费行为的调查项目包括：购买品牌、购买数量、购买频率、购买动机、购买金额、续购性及人际推荐意愿等。

② 被调查者态度方面的问题。了解被调查者对特定问题的感受、认识和观点。例如，对某项产品或服务的满意度调查。在实际工作中，处理态度性的问题比较麻烦，因为被调查者可能从未面临或思考过调查者所询问的问题，而且一个人的态度也很容易受到本身情绪及外在环境因素的影响。

③ 被调查者基本分类资料。基本分类资料是指被调查者的一些背景资料，如性别、年龄、教育程度、职业、婚姻状况、收入、住所、宗教信仰等。这类资料通常在访问最后才收集，但有时则因需要先确定被调查者是否符合抽样调查所要求的条件，而必须在访问一开始就收集。搜集这些资料在统计分析中有两方面作用：一是通过这些项目，便于研究者根据背景资料对被调查者进行分类比较和交叉分析，以了解不同性质、不同属性的人在行为或态度上是否有明显的差异；二是需要对调查人员进行监督，避免其弄虚作假，有时还需要进行抽查。在实际调查中，需要列入哪些具体项目、列入多少项目，应根据调查目的和调查要求而定。

（4）编码和结束语

编码是将调查问卷中的每一个问题以及备选答案给予统一设计的代码，是将问卷中的调查项目变成代码数字的工作过程。大多数市场调查问卷都需要加以编码，以便运用计算机对调查问卷进行数据处理。在大规模问卷调查中，调查资料的统计汇总工作十分繁重，借助于编码技术和计算机可大大简化这一工作。编码既可以在问卷设计的同时就设计好，也可以等调查工作完成以后再进行，前者称为事前编码，又称预编码，后者称为事后编码，又称后编码。在实际调查中，研究者一般采用事前编码。

结束语也称致谢语，一般放在问卷的最后，用来简短地对被调查者的合作表示感谢，也可以征询一下被调查者对问卷设计和问卷调查本身的看法和感受。

2.3.2　熟悉问卷设计的程序

1. 调查问卷设计的原则

在实际调查中，由于被调查者的个性不同，他们的教育水准、理解能力、道德标准、宗教信仰、生活习惯、职业和家庭背景等都具有较大差异，而调查者本身的专业知识与技能参差不齐，这都会对调查结果产生很大影响。所以，问卷设计时应遵循以下原则。

（1）目的性原则

问卷调查是通过向被调查者询问问题来进行调查的，所以询问的问题必须是与调查主题有密切关联的问题。这就要求在问卷设计时要重点突出，避免可有可无的问题，并把主题分解为更详细的细目，即把它分别制作成具体的询问形式供被调查者回答。

（2）可接受性原则

调查表的设计要比较容易让被调查者接受。由于被调查者对是否参加调查有着绝对的自由，调查对他们来说是一种额外负担，他们既可以采取合作的态度接受调查，也可以采取对抗行为拒绝接受调查。因此，请求合作就成为问卷设计中一个十分重要的问题。调查者应在问卷指导语中将调查目的明确告知被调查者，让对方知道该项调查的意义和自身回答对整个调查结果的重要性。问卷指导语要亲切、温和，提问部分要自然、有礼貌和有趣味，必要时可采用一些物质奖励，并为被调查者保密，以消除其某种心理压力，使被调查者自愿参与，认真填好问卷。此外，还应使用适合被调查者身份、水平的用语，尽量避免列入一些会令被调查者难堪或反感的问题。

（3）顺序性原则

在设计问卷时，要讲究问卷的排列顺序，使问卷条理清楚，顺理成章，以提高回答问题的效率。问卷中的问题一般可按下列顺序排列。

1）容易回答的问题（如行为性问题）放在前面，较难回答的问题（如态度性问题）放在中间，敏感性问题（如动机性、涉及隐私等问题）放在后面，关于个人情况的事实性问题放在末尾。

2）封闭性问题放在前面，开放性问题放在后面。这是由于封闭性问题已由设计者列出备选的全部答案，较易回答，而开放性问题需要被调查者花费一些时间考虑，放在前面易使被调查者产生畏难情绪。

3）要注意问题的逻辑顺序，如按时间顺序、类别顺序等合理排列。

（4）简明性原则

简明性原则主要体现在以下几个方面。

1）调查内容要简明。没有价值或无关紧要的问题不要列入，同时要避免出现重复，力求以较少项目设计取得必要的、完整的信息资料。

2）调查时间要简短。设计问卷时，不能单纯从调查者角度出发，还要为被调查者着想。调查内容过多，调查时间过长，会使被调查者望而生畏。根据经验，一般问卷回答时间应控制在 20 分钟左右。

3）问卷设计的形式要简明、易懂、易读。

（5）匹配性原则

所提问题要便于进行检查、数据处理和分析，能对问题结果做适当分类和解释，使所得资料便于进行交叉分析。

2. 调查问卷设计的程序

设计调查问卷是为了更好地收集调查者所需要的信息，因此，在设计调查问卷的过程中首先要把握调查的目的和要求，同时要争取被调查者的充分配合，以保证最终问卷能提供准确、有效的信息资料。一般调查问卷必须通过认真仔细的设计、测试和调整，然后才可以大规模的使用。问卷的设计可以分为以下步骤。

（1）根据调查目的，确定所需要的信息资料

确定所需信息是问卷设计的前提工作。调查者必须在问卷设计之前就理清所有为达到研究目的和验证研究假设所需要的信息，明确这些信息中的哪些部分是必须通过问卷调查才能得到的，这样才能较好地说明所需要调查的问题，实现调查目标。在这一步中，调查者应列出所要调查的项目清单，并决定所有用于分析使用这些信息的方法，比如频率分布、统计检验等，并按这些分析方法所要求的形式来收集资料，掌握信息。

确定调查所需信息应注意正确把握调查主题，确保问卷内容与调查者的需求相一致，调查信息力求完整，便于进行可行性分析。

（2）确定问题的内容，即问题的设计和选择

在确定了所要收集的信息资料之后，问卷设计人员就应该根据所列调查项目清单进行具体的问题设计。设计人员应根据信息资料的性质，确定提问方式、问题类型和答案选项如何分类等。问卷初步设计完成后，应对每一个问题加以核对，以确保问卷中的每一个问题都是有必要的。

确定问题的内容要准确反映所要表达的含义，设计问题的数量要适当，要考虑被调

查者回答问题的能力和意愿。

（3）确定问题的措辞

措辞的好坏，将直接或间接地影响到调查的结果。因此对问题的用词必须十分审慎，要力求通俗、准确、客观。所提的问题应对被调查者进行预试，之后才能广泛地运用。避免使用含糊不清的词语和专业术语，问题本身不要隐含假设，避免出现诱导性的用语。

（4）确定问题的顺序

问卷中的问题应遵循一定的排列次序，问题的排列次序会影响被调查者的兴趣、情绪，进而影响其合作的积极性，所以一份好的问卷应对问题的排列作出精心的设计。

一般而言，应按照问题的类型、难易程度安排询问的顺序。问卷的开头部分应安排比较容易的问题，这样可以给被调查者一种轻松、愉快的感觉，以便于他们继续答下去；中间部分应安排一些核心问题，即调查者需要掌握的资料；结尾部分可以安排一些背景资料，如职业、年龄、收入等。个人背景资料虽然也属事实性问题，也十分容易回答，但有些问题，诸如收入、年龄等同样属于敏感性问题，因此一般安排在末尾部分。当然在不涉及敏感性问题的情况下也可将背景资料安排在开头部分。有逻辑顺序的问题一定要按逻辑顺序排列。

（5）问卷的测试与检查

在问卷用于实施调查之前，应先选一些符合抽样标准的被访者来进行试调查，特别是对于一些大规模的问卷调查，更是要在实际环境中对每一个问题进行讨论，以求发现设计上的缺失。例如，是否包含了整个调查主题，是否容易造成误解，是否语意不清楚，是否抓住了重点等，如果发现了问题，就要及时进行修改。测试通常选择 20～100 人，样本数不宜太多，也不要太少。如果第一次测试后有很大的改动，可以考虑是否有必要组织第二次测试。

（6）问卷的审批、定稿

当问卷的测试工作完成，确定没有必要再进一步修改后，问卷还要呈交调查部的主管或委托调查的企业审批、认可，审批通过后才可以定稿并交付打印，正式实施调查。

2.3.3　学会问卷中问题与答案的设计

1. 确定问题的类型

按照问题的性质，通常把问题分为事实性问题、行为性问题、动机性问题和态度性问题四类。

微课：设计市场调查问卷应注意的问题

（1）事实性问题

事实性问题是指那些要求被调查者回答已经发生的、客观存在的事实问题。问题十分明确，答案也十分明确，只要求回答事实，不要求做任何描述。提问的目的是为了获得事实性资料，这类问题

的答案是客观存在的，但也会有一些涉及个人隐私等敏感性内容。因此在选择提问时，多数采用直接提问的方式。

（2）行为性问题

行为性问题是指要求被调查者回答有没有做过，或是否准备做某事以及是否拥有某物的问题。

（3）动机性问题

动机性问题是指要求被调查者回答其采取某种行为的原因或动机的问题。对于动机性问题的调查可以采取直接提问的方式，也可以选择间接提问的方式或假设性方式。如虚拟提问法、漫画提问法、填词连句法等。

（4）态度性问题

态度性问题是指要求被调查者回答其对某件事情、某种商品或某个企业的评价态度和意见的问题。询问态度性问题最常用的方式是借用态度量表，将评价、态度等按不同程度列出备选答案，供被调查者根据自己对所列事物的评价、态度选择其中的一个答案。

2. 选择提问的方式

在提问设计中，根据问题的性质，选择合适的提问方式是保证调查结果真实有效的前提条件。可供设计者选择的提问方式有直接提问、间接提问和虚拟提问三种方式。

（1）直接提问

直接提问就是将所要询问的问题直截了当地告诉被调查者，请他们在问题所确定的范围内给予直接的回答。采用这种提问方式，能获得比较明确的信息，也便于统计汇总和分析，适合于不敏感、没顾虑的公众性、普遍性的问题。

（2）间接提问

间接提问方式要求被调查者对他人的行为、动作、态度等做出判别或评述，让其感觉到其所扮演的只是一个旁观者、评判者的角色，而没有任何忌讳地讲出自己的看法。

间接提问的方式，适合那些令被调查者感到有心理压力的、不乐意或很难做出回答的问题。

（3）虚拟提问

虚拟提问就是以一种假设存在的情况为前提，向被调查者提出问题。

3. 确定问句的形式

问句有许多具体的表现形式，每一种形式的问句各有其独特的作用。按照被调查者回答的形式，分为开放式问句、封闭式问句和量表式问句三类。

（1）开放式问句

开放式问句主要有以下几种具体的形式。

1）自由回答式。自由回答式是不设任何备选答案，完全让被调查者自由回答，是一种典型的开放式问句。例如，“您认为罐装啤酒有哪些优点和缺点？”这种形式所提到的资料较多，对资料的汇总、整理难度也很大。为了弥补这方面的不足，必要时可以采用在问句中附加关键性词语分类记录的办法来解决。如：“请您说一说是什么原因使您不购买罐装啤酒呢？”

2）词语联想式。词语联想式是将某个词语读给被调查者听，要求他们说出听到提示所联想到的事物。例如，“请您写出看到下列词语时最先联想的词语：空气净化器________”。这种句式可以为企业的产品改良、广告定位、市场宣传等活动提供充分的依据。

3）句子完成式。句子完成式指调查者根据调查目的选择一些未完成的句子，让被调查者根据前半句所设定的语言环境，续写后半句，以完成整个句子，从而获得调查资料的一种问句。例如，“我选择空气净化器主要考虑的是________。”续写后半句，被调查者的回答会有所不同，表明了他们的追求、评价、爱好和心态，为调查者分析研究提供了丰富的素材，为企业营销决策提供了有价值的依据。

4）故事完成式。故事完成式是指调查者在问卷中先讲一个未完成的故事，要求被调查者根据前半段的内容，自由地讲完故事的一种询问方式。例如，“星期日，我到××超市去购物，一进大厅，就发现店里推出不少新的促销方法……”主要用于分析被调查者的动机和态度。

5）漫画完成式。漫画完成式是指将一幅漫画展示给被调查者看，让其和画中某个人物取得认同，以发现被调查者对漫画所描述事物的态度和意见，主要应用在入户访问、小组座谈等调查中。

6）主题视觉检测式。主题视觉检测式与漫画完成式近似，也是先让被调查者查看若干含义不太明确的图画，让被调查者根据其个人经验和理解来解释画面的意义，或构想出画面所展示的正在发生的故事，或对画中人物做出某种描述，让被调查者从他们的述说中自然地流露出内心深处的态度、动机、意见和欲望。

开放式问题可以测出被调查者对问题的一般反应，可以为调查者提供大量的、丰富的信息，为解释封闭式问题提供依据。但是该方式在编辑和编码方面费时、费力，经常采用追问的方式进行，调查者易产生访问误差，一般限于探索性调查。在一份问卷中一般不会包括多个开放式问题，常用于作为调查的介绍或某个新问题的答案太多或根本无法预料时。

（2）封闭式问句

封闭式问句的设计不仅要考虑到问题内容和问句形式的确定，还要认真研究可能的答案是哪些，应答率高的答案有哪些，尽可能全面地设计出问句和答案。常见的封闭式问句形式有是非判断式、单项选择式、多项选择式、顺位比较式等。

1）是非判断式。是非判断式所提供的备选答案只能有“是”与“否”，“有”与“无”两种答案，而且两者之间是相互对立、相互排斥的。例如，“您吃过奥利奥饼干吗？”在同意的“□”中划“√”

A. 吃过　□　B. 没吃过　□

2）单项选择式。单项选择式是指问句后面提供多个答案，要求被调查者从中选择一项作为回答的问句形式。与是非判断式相比，单项选择式拟定的答案之间可以是互斥的，也可以是相互包容的，因此，选择的强制性大为降低。

例如，如果您想买一台空气净化器，下列哪一种商品是您的首选？

A. 飞利浦　□　B. 史密斯　□　C. 莱克　□　D. 海尔　□

E. 美的　□　F. 夏普　□　G. 三星　□　H. 其他　□

3）多项选择式。多项选择式是指要求被调查者从问句后列出的多项答案中选择两项或两项以上答案的问句形式。例如，您为什么喜欢网购呢？

A. 安全　□　B. 快捷　□　C. 诚信　□　D. 价格实惠　□

E. 品种多样　□　F. 时尚　□　G. 其他　□

4）顺位比较式。顺位比较式是让调查者将列出的答案，经过衡量比较，排列出高低优劣或重要性的顺序。例如，您选择空气净化器时主要考虑的因素是（　　）。（请将所给答案按重要顺序 1、2、3……填写在右边的括号中）。

价格便宜（　　）　经久耐用（　　）　外形美观（　　）　净化效果好（　　）

牌子有名（　　）　维修方便（　　）　噪声低（　　）　功能多（　　）

其他（　　）

封闭式问题的优点是填答方便，节省时间和精力，文化程度较低的调查对象也能完成，回答者比较乐于接受这种方式，因而问题的回答率较高。对于一些敏感的问题，用封闭式问题，往往比直接用开放式问题更能获得相对真实的回答。此外，封闭式问题，其编码和数据录入过程被大大简化，所得资料也便于统计分析，可以减少资料收集的误差。

在设计封闭式问题的答案时，应符合客观实际，要尽可能包含所有可能出现的情况，单选答案之间不能相互包含或重叠，同一组答案只能按同一个标准分类，程度式答案要按依次顺序排列，前后须对称。

在现实的问卷中，往往是几种类型的问题同时存在，单纯采用一种类型的问卷并不多见。

（3）量表式问句

量表式问句是一种特殊的封闭式问句，常用来测量消费者对企业及其营销活动的态度、意见和评价等调查项目，是一种消费心理分析手段和度量工具，因此又称态度测量表。

常用的量表有平衡式量表、配对比较量表、语义差别量表和数值分配量表等。

1）平衡式量表。平衡式量表是以中立态度置于中间，以数目相等的肯定态度和否定态度置于两边，求得平衡，来测定被调查者态度的一种量表，如图 2-1 所示。

很不喜欢	不喜欢	无所谓	喜欢	很喜欢
−2	−1	0	1	2

图 2-1　平衡式量表示例

2）配对比较量表。配对比较量表是通过两两配对，逐一对比较来测量被调查者态度顺序的一种量表。

例如，请您说一说，您在使用了 A、B、C 三种洁面乳之后，认为下列各组比较中哪一种好？（在“□”打“√”）

□A　　□B

□A　　□C

□B　　□C

访问结束之后，可以将被调查者的回答整理成表格的形式，表中每一行、列交叉点上元素表示该行的品牌与该列的品牌进行比较的结果，将各列取值进行加总，得到表中合计栏，这表明各列的品牌比其他品牌更受偏爱的次数。

3）语义差别量表。语义差别量表是由两个语义对立的形容词构成一组双极标度，以评价产品、品牌、企业或观念等。在语意对立的两个形容词中间，又分为不同级别，一般有五级、七级、九级或十一级等，如图 2-2 所示。

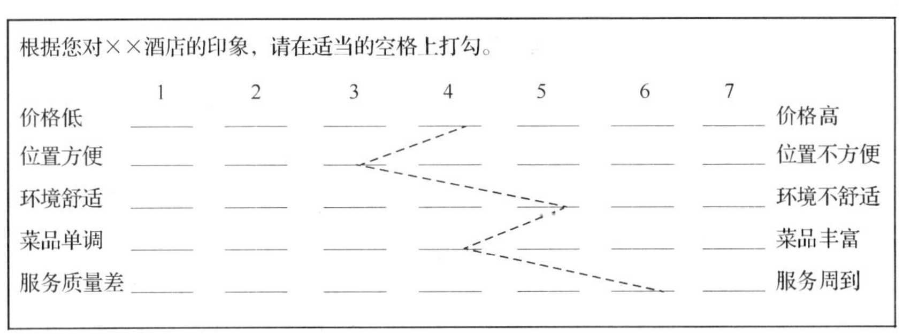

根据您对××酒店的印象，请在适当的空格上打勾。

	1	2	3	4	5	6	7	
价格低	____	____	____	____	____	____	____	价格高
位置方便	____	____	____	____	____	____	____	位置不方便
环境舒适	____	____	____	____	____	____	____	环境不舒适
菜品单调	____	____	____	____	____	____	____	菜品丰富
服务质量差	____	____	____	____	____	____	____	服务周到

图 2-2　对××酒店的印象调查表

语意差别量表的分析方法如下。

总分分析法：对各评价等级赋值，然后把每一个被调查者所选择的评价分数加总，其总分就是该被调查者对调查事物的总体评价。

图上分析法：在对各评价等级赋值后，把所有被调查者对每一对调查项目的打分加总，然后计算平均值，并把各评价项目的平均值用折线连接起来，以此对调查事物进行分析。如图 2-2 中，根据被调查者打分结果，计算出每对调查项目的平均值，用折线连接，用以比较不同测量对象整体形象的偏好等级。通常分数越高，态度或理解就越积极。

4）数值分配量表。数值分配量表是要求被调查者对调查项目做出评价时给予百分制或十分制数值的一种态度测量表。

例如，对某种商品的三种品牌在消费者心中的信誉高低依次分配数值，要求消费者按喜爱程度对三种品牌一一打分，每个评分项目总分为 100 分。假如消费者的打分结果如表 2-3 所示。

表 2-3　消费者对三种品牌的评价打分表

被调查者	品牌			合计
	A	B	C	
1	60	30	10	100
2	70	25	5	100
3	40	30	30	100
总计	170	85	45	300

从各品牌的总得分可以看出，A 品牌得分最高，说明最受消费者的喜爱。通过这种方法可以判别消费者对不同商品的喜爱、偏好程度，此信息资料可作为企业制定竞争策略、开拓市场、提高市场占有率的依据。

小案例

××市青年消费者住房情况调查

亲爱的朋友：

您好！为了更好地了解 20～40 岁消费者对住房的实际需求，我们特别开展本次调查活动，诚恳地希望得到您的支持与合作。请将您的真实想法告诉我们，我们会把得到的统计数据反馈给有关部门，使更多符合我们实际需求的住房屹立在我们的城市，从而让我们的生活和城市建设更加和谐。我们对您的回答将严格保密，占用了您的宝贵时间，我们向您致以真诚的谢意！非常感谢您的支持与合作！

一、您目前家庭住房的产权性质：

1. 租赁房（　　）2. 房改房（　　）3. 商品房（　　）4. 经济适用房（　　）

5. 集资房（　　）6. 原有私房（　　）7. 其他（　　）
二、您对现有住房的满意程度:
1. 很满意（　　）2. 比较满意（　　）3. 一般（　　）4. 不太满意（　　）
5. 不满意（　　）
三、您今后三年内是否打算购房?
1. 打算购买（　　）2. 不打算购买（　　）
四、您打算购房的原因:
1. 拆迁（　　）2. 改善居住条件（　　）3. 投资（　　）
4. 结婚等新增居住需求（　　）5. 其他（　　）
五、您计划选购哪种住宅类型?
1. 多层（6 层以下）（　　）2. 复式住宅（　　）3. 小高层（　　）
4. 高层（　　）5. 别墅（　　）6. 其他（　　）
六、您打算购买哪种户型的住房?
1. 一室一厅一卫（　　）2. 二室一厅一卫（　　）3. 二室二厅一卫（　　）
4. 二室二厅二卫（　　）5. 三室二厅一卫（　　）6. 三室二厅二卫（　　）
7. 四室二厅一卫（　　）8. 四室二厅二卫（　　）9. 跃层（　　）
10. 别墅（　　）11. 其他（　　）
七、您预计购买房屋的价位:
1. 5 000 元/平方米以下（　　）2. 5 000～7 000 元/平方米（　　）
3. 7 000～10 000 元/平方米（　　）4. 10 000 元/平方米以上（　　）
八、您能接受的购房总价是:
1. 35 万元以下（　　）2. 35 万～50 万元（　　）3. 50 万～70 万元（　　）
4. 70 万～100 万元（　　）5. 100 万元以上（　　）
九、您打算购买多大面积的房子?
1. 60 平方米以下（　　）2. 60～80 平方米（　　）3. 80～90 平方米（　　）
4. 90～120 平方米（　　）5. 120～150 平方米（　　）
6. 150 平方米以上（　　）
十、您主要是通过哪几种渠道了解房地产及相关信息?（最多选三项）
1. 本地报纸（　　）2. 电视（　　）3. 广告（　　）4. 杂志（　　）
5. 网络（　　）6. 咨询朋友（　　）7. 其他（　　）
十一、您对未来房价走势有何看法?
1. 快速上涨（　　）2. 缓慢上涨（　　）3. 保持平稳（　　）4. 下跌（　　）
十二、如果房价继续上涨，您打算:
1. 不打算购买（　　）2. 立刻购买（　　）3. 等房价回落购买（　　）
4. 购买二手房（　　）5. 租房（　　）

十三、您选房时考虑的主要因素按重要程度选择依次是＿＿＿＿。（最多选三项）

1. 户型 2. 价位 3. 交通情况 4. 社区内外环境及配套 5. 房屋质量 6. 升值潜力 7. 开发商品牌 8. 物业管理 9. 其他

十四、您愿意选择的付款方式是？

1. 一次性付款（ ）2. 银行按揭（ ）3. 公积金贷款（ ）
4. 组合贷款（ ）5. 其他（ ）

十五、如果您在今后三年内没有购房的打算，其最主要原因是＿＿＿＿。（最多选两项）

1. 现有住房情况尚可（ ）2. 购房价格高，无能力（ ）
3. 等房价下跌或利率下降（ ）4. 没有理想的地段或住房户型（ ）
5. 等收入有所增加（ ）6. 其他（ ）

十六、请您对我市房地产市场未来三年的状况作出估计。

1. 供过于求（ ）2. 供求基本平衡（ ）3. 供不应求（ ）
4. 房价会上升（ ）5. 房价基本持平（ ）6. 房价会下降（ ）

十七、您对房地产市场发展有什么好的建议：＿＿＿＿＿＿＿＿

被调查者信息：姓名 性别 年龄 职业 婚姻状况 月收入（元）

再次感谢您的合作！

（资料来源：http://jz.docin.com/p-747527972.html）

分组讨论：

1）本问卷的设计在结构和原则方面是否符合要求？

2）本调查问卷的调查内容是否明确？问题的顺序是否合理？与调查目的是否一致？类型是否恰当？

知识拓展

设计市场调查方案和问卷应注意的问题

1. 设计市场调查方案应注意的问题

设计市场调查方案是一项复杂的系统工程，在编制过程中需要注意它的合理性及其技巧。具体来讲，在设计市场调查方案时应该注意以下几个方面的问题。

1）一份完整的市场调查方案，所包括的内容要全面，不能有所遗漏。市场调查方案编制的基本格式是人们在长期的市场营销策划实践中总结出来的，因而一份完整的市场调查方案，其结构要完整，内容要科学。

2）市场调查方案的格式可以灵活处理，不一定采用固定格式。调查方案的具体格式在体现基本要求的基础上，可以根据所研究经济现象的特点灵活把握，可以创造性地加以应用。

3）市场调查方案的制定必须建立在对调查课题背景深刻认识的基础上，要尽量做到科学性与经济性的结合。调查方案要注意突出重点，抓住所要解决的核心问题，深入地进行分析，提出可行的建议与对策。

4）市场调查方案的书面表达，是一项非常重要的工作。一般来说，方案的起草和撰写应当由课题的负责人来完成。

总之，要以简洁、具体、针对性强为原则，主要内容一目了然，实用性强，这样才能真正体现市场调查方案“纲领性”作用。

2. 设计市场调查问卷应注意的问题

就问卷设计这一部分来看，如何通过问卷调查活动获取准确、全面而又有价值的资料，关键在于能否设计出一份高质量的调查问卷。然而，问卷设计需要很高的技巧，缺乏理论和经验往往不能设计出完美的调查问卷，从而使调查无法搜集到准确而全面的资料，不能正确地分析和说明市场的变化情况，问卷设计要注意避免出现以下问题。

（1）问题定义不准确

同一个问题对于每个被调查者而言，应该代表同一主题，只有一种解释。定义不清的问题会产生很多歧义，使被调查者无所适从。例如，“您使用哪个牌子的洗发液？”这个问题表面上有一个清楚的主题，但仔细分析会发现很多地方含糊不清，假如被调查者使用过一个以上的洗发液品牌，其对此可能会有4种不同的理解或回答：①回答最喜欢用的洗发液品牌；②回答最常用的洗发液品牌（最常用但并不一定是最喜欢用的）；③回答最近在用的洗发液品牌；④回答此刻最先想到的洗发液品牌。另外，在使用时间上也不明确，是上一次、上一周、上一月，还是上一年甚至更长时间？都可由被调查者随意理解，这样的问题显然无法搜集到准确的资料。因此，明确定义问卷中的问题极其重要，在具体实施中应注意以下几点。

1）采取六要素明确法。即在问题中尽量明确“什么人”“什么时间”“什么地点”“做什么”“为什么做”“如何做”。问题定义不准确往往是对某个容易产生歧义的要素缺乏限定或限定不清引起的，因此，在设计问题或检查问题时，可以参照这六要素进行。如上面的问题明确几个要素后改为：“在过去的一个月中，您在家中使用什么牌子的洗发液？如果超过一个，请列出其他的品牌名称。”这样定义的问题显然明确多了。

2）避免使用含糊的形容词、副词，特别是在描述时间、数量、频率、价格等情况的时候。像有时、经常、偶尔、很少、很多、相当多等词语，对于不同的人有不同的理解。因此，这些词应该用定量描述代替，以做到统一标准。

例如，“在普通的一个月中，您到百货商店的采购情况如何？”

模糊选项：A. 从不　B. 偶尔　C. 经常　D. 定期

精确选项：A. 少于一次　B. 1～2 次　C. 3～4 次　D. 超过 4 次

很显然，后者比前者精确得多，便于做定量的统计分析。

3）避免包含多重含义。多重含义是指在一个问题中同时询问了几件不同的事情，这种问题在实际设计问卷时经常出现。

例如，“改革开放以来，您觉得您和您的家人的文化水平及生产技术能否满足生产需要？” A. 能　B. 不能　C. 不知道

这里“您和您的家人”以及“文化水平和生产技术”都有多重含义，让被调查者无法回答。

（2）问题的形式不妥当

问题的形式多种多样，涉及一些语言技巧的运用和处理。合理的形式选择与处理，应使被调查者愿意并以最小的努力就能提供客观真实的答案；不恰当的形式选择会导致被调查者不愿意或不能够提供问题所要求的信息。

例如：①“请问您家每人平均每年的食品支出是多少？”

②“请问您个人每月的工资收入是多少？”

③“人们都说甲品牌电视机比乙品牌电视机好，您是不是也这样认为？”

这三个问题都存在形式运用不当的问题。第一个问题要求被调查者进行复杂的计算才能得出结果，这会导致被调查者单方面结束访问；第二个问题涉及敏感的个人隐私，直接的提问容易遭拒绝；第三个问题则带有引导性倾向，会影响被调查者的选择。

问题形式的选择应注意以下几点。

1）避免问题中包含过多的计算。问题的设计应着眼于取得最基本的信息，计算应在数据处理阶段通过计算机程序进行，这样可以减少被调查者的负担。例如，前文第一个问题可以改为“请问您家每月食品支出大概是多少？”和“请问您家有几口人？”两个小问题，取得这两个数据后，计算人均年食品支出也就容易多了。

2）避免单纯依靠记忆回答问题。例如，很多人都不能直接回答“昨天晚上您看了哪个牌子的洗发液广告？”这个问题，但在提供选项的情况下，回答则容易并准确得多。因此，这类问题应采用选择式，而非填空式。

3）避免直接提问敏感性的问题。敏感性问题指应答者不愿在调查人员面前作答的某些问题，如私人问题、不为一般社会道德所接纳的行为或态度及有碍声誉的问题。这类问题直接提问往往会遭到拒绝，因此应改为采用非直接、联想式提问。

如前文第二个问题，可以提供几个收入段“1 000 元以下，1 000～2 000 元，2 000～3 000 元，3 000 元以上”作为选项，在一定程度上会降低窘迫性。此外，还可通过说明信息的正当用途降低敏感性。

4）避免问题带有倾向性。问卷作为一项测量工具，应该具有客观性，所以提问应尽量客观。问题的提法和语言不能使被调查者感觉到应该填什么，或者感觉到调查者希望其填什么。应保持中立的提问方式，使用中性的语言。

如上面第三题的结果会夸大甲品牌比乙品牌好的比例，应改为“您认为甲品牌和乙品牌电视机哪个更好？”这样更为客观。

（3）顺序不正确

问题顺序的安排有一定的规律可循。正确的排序应该合乎问题之间的逻辑，前后连贯，先易后难，避免因顺序的安排不当而导致访问被中止。问卷中问题的先后顺序及相互之间的联系，既会影响到被调查者对问题的回答结果，又会影响到调查的顺利进行。如何安排问卷中问题的顺序呢？在安排问题顺序时应注意以下几点。

1）先简单，后复杂。把简单的问题放在前面，复杂难答的问题放在后面，这样可以给被调查者一种轻松、方便的感觉，以便于继续填答下去。如果一开始就填写，被调查者就感觉到很费力很难填写，那么就会影响其情绪和积极性。

2）先一般，后特殊。把能引起被调查者兴趣的问题放在前面，把容易引起其紧张或产生顾虑的问题放在后面，那么调查便可能比较顺利地进行。相反，如果开头部分的问题比较敏感，一开始就直接触及人们的心灵深处，触及有关伦理、道德、政治态度、个人私生活等方面的问题，那么，往往很容易导致被调查者产生强烈的自我防卫心理，以致引起其反感，不利于调查的进行。

3）先熟悉，后生疏。把被调查者熟悉的内容放在前面，感到生疏的问题放在后面，就可以避免一开始就卡住而无法进行的情况发生。

4）先行为，后态度。因为行为方面的问题涉及的只是客观的、具体的事实，因此往往比较好回答。态度、意见、看法方面的问题则涉及被调查者的主观因素，多为被调查者思想上的东西，内心深处的东西，更不容易在陌生人面前表露，这样也同样会引起戒备情绪和反感情绪。

5）先封闭，后开放。回答开放式的问题比回答封闭式的问题需要更多的思考和书写，无论把它放在开头或是中间部分，都会影响被调查者填完问卷的信心和情绪。将它放在结尾处，由于仅剩这一两个问题了，绝大多数被调查者是能够完完整整填完它们的。即使被调查者不愿意填答开放式问题，放弃了回答，也不会影响到前面的问题和答案。

6）同类组合。问卷所涉及的问题主要有三大部分：特征、行为和态度。把这三部分各自的内容在保证以上原则的情况下尽量放在一起。再者，如果一个问卷涉及几个主题，则应该把各主题的内容放在一起。

（4）取舍不合理

问题的数量必须合理，应该既能保证搜集到全面的资料，又尽量保持问卷的简短，同时也尽力使问卷整体连贯、和谐、生动，能调动被调查者的积极性。避免问卷过长或过短，或过于严肃压抑被调查者的主动性，或调查题目与主题无关等现象发生。

通常问题的数量以回答者在20分钟以内完成为宜，最多也不要超过30分钟。问卷太长往往会引起被调查者心理上的厌倦情绪和畏难情绪，影响填答的质量和回收率。当然如果研究经费充足，可适当付给每位被调查者一份报酬或送一些纪念品，问卷长一点也无妨。

问题的取舍应注意以下几点。

1）应围绕调查主题设计问题。首先要明确调查的主题是什么，这是整个调查的基础，也是问卷设计的灵魂和核心所在。问题东拉西扯，会使被调查者产生调查组织不严密的印象，影响他们的答卷态度。

2）要考虑调查气氛。为了融洽调查气氛，不至于过于严肃、呆板，可以设置一些表面上与调查主题无关，但实质上有益于调查的问题，当问卷的调查主题较为敏感时，这点尤其有效。如在问卷开始，可以设置一些轻松的开放式问题，请被调查者畅述自己的看法，有利于调动被调查者的积极性；在各类信息的连接处，可以设置一些过渡性问题，顺畅被调查者的思维。

3）注意“过滤性”问题的设计。为节省调查时间，保证被调查者符合调查对象的标准，可以在问卷开始设置一个“过滤性”问题，检查被调查者的合格性。如想调查现有掌上电脑的不足之处，则必然要调查掌上电脑的使用者。可以在问卷开始提问“您使用过掌上电脑吗？”这样就可检查被调查者是否合格，及时“过滤”不合格者了。

（5）排版装订不雅观

问卷的排版装订也是问卷设计的重要内容。排版应做到简洁明快，便于阅读；装订应整齐雅观，便于携带和保存。

问卷的排版装订可参考以下几点。

1）避免节省用纸而挤压卷面空间。如多项选择题的选项，应采用竖排形式。竖排虽占用一定的空间，但能使卷面简洁明快，一目了然，便于阅读和理解。

例如，“您的月工资收入是（　　）。”

横排形式：A. 1 000 元以下　　　B. 1 000～2 000 元
　　　　　C. 2 000～3 000 元　　D. 3 000 元以上

竖排形式：A. 1 000 元以下
　　　　　B. 1 000～2 000 元
　　　　　C. 2 000～3 000 元
　　　　　D. 3 000 元以上

显然，竖排形式比横排形式更为直观明快。

2）同一个问题，应排版在同一页，避免翻页对照的麻烦和漏题的现象。

3）按信息的性质可分为若干部分，每个部分中间以标题相分，这样可以使整个问卷更为清楚，也便于后阶段的数据整理与统计。

4）调查问卷用纸尽量精良。超过一定的页数应进行装订，配上封皮和封尾，这样既可以利用纸的双面进行排版，节省用纸，又便于携带和保存，更可以使问卷显得专业，使被调查者以更认真的态度对待调查。

实训项目

一、设计市场调查方案

实训任务：各调查小组在模块 1 中选定了本学期内要完成的调查项目，本模块中要对选定的调查项目设计一份市场调查方案，并进行可行性分析。

实训目标：

1）通过实训，学生能够充分认识到市场调查方案在市场调查中的重要作用。

2）通过本次操作训练，学生能够根据调查的目的和要求，掌握市场调查方案设计的基本技能。

实训内容：

1）根据调查目的，对选定的项目设计一份市场调查方案。

2）评价和修改市场调查方案。

实训要求：

1）按照市场调查方案的内容进行设计。

2）各小组设计本团队的市场调查方案，提交电子稿和一份纸质打印稿。

实训组织：本项目活动以小组为单位完成。小组成员集思广益，合理分工，共同拟定市场调查方案，并作出可行性分析。

实训考核：评定每个小组的成绩，教师进行点评总结，测评表见表 2-4～表 2-6。

总成绩=自评 20 分+他评 30 分+教师评 50 分

展示交流：

1）以小组为单位，小组选出一名代表将设计的市场调查方案用实物展台进行展示，每组 10 分钟。

2）本组或其他组成员可以提问、补充和点评，教师对各组的方案进行点评，并提出相应的修改意见。

3）各组根据教师和同学所提意见进行修改、完善。

4）对典型市场调查方案全班进行讨论、交流。

表 2-4　活动效果自我测评表

（　　年　月　日—　　年　月　日）

测评内容	测评依据	优 9～10 分	良 8～9 分	及格 6～8 分	不及格 6 分以下
实训态度	① 态度端正，积极思考 ② 积极参与实践活动				
实训效果	认真完成实训任务				
综合评价					

表 2-5　活动效果组内互评测评表

（　　年　月　日—　　年　月　日）

组员	测评依据	优 9～10 分	良 8～9 分	及格 6～8 分	不及格 6 分以下
	① 任务实施过程中积极参与小组讨论				
	② 具有较强的团队精神与合作意识				
	③ 组织沟通、协调能力强				
	④ 能客观、有效地评价小组成员的学习				
小组综合评价					

表 2-6　活动效果教师评价表

（　年　月　日一　年　月　日）

测评内容	测评依据	优 9～10 分	良 8～9 分	及格 6～8 分	不及格 6 分以下
学习态度	① 学习态度端正，积极思考 ② 配合老师教学				
团队合作	① 在本任务实施过程中出全勤 ② 具有较强的团队精神与合作意识 ③ 积极参与小组讨论，组织协调能力强 ④ 能客观、有效地评价同伴的学习				
学习效果	① 能运用所学的理论知识设计调查方案，有定的分析问题和解决问题的能力 ② 所设计的调查方案实用性、可操作性强 ③ 主动思考、发言，对团队贡献大				
综合评价					

二、设计市场调查问卷

实训任务：根据模块 1 中各调查小组选定的调查项目，在本模块中要设计一份完整的市场调查问卷。

实训目标：策划一份完整的调查问卷，掌握市场调查问卷设计的方法，提高设计市场调查问卷的能力。

实训内容：

1）根据调查目的和调查内容设计问题和答案。

2）做小范围的试调查，确定问卷中询问的问题。

3）对问卷进行问题的排序、修改和审核。

4）对封闭式问题编码，对问卷的结果进行整理总结，写出一份简单的调查报告。

实训要求：

1）问卷的结构要完整、内容要科学。

2）问卷的提问紧扣调查主题。

3）问卷的答案设置科学，用词准确。

4）具有可操作性，能够指导调查工作的顺利实施。

实训组织：以小组为单位，集体讨论设计调查问卷内容，分工完成问卷的发放、收回、整理、汇总，集体讨论完成问卷结果的总结和报告的撰写。

实训考核：在班级分别进行小组展示，对各小组展示过程、问卷的质量进行评价，自评、他评和教师评价相结合，评价标准如下：

1）问卷的结构是否完整、内容是否科学。（30 分）

2）问卷的提问是否紧扣调查主题来进行。（20 分）

3）问卷的答案设置是否科学，用词是否准确。（20 分）

4）发言代表口头表达是否顺畅，仪态是否大方得体。（10 分或 20 分）

5）PPT 制作水平。（10 分或 0 分）

6）回答问题的水平。（10 分）

综合训练 2

一、单项选择题

1）市场调查首先要解决的问题是（　　）。

A．确定调查方法　　B．选定调查对象

C．明确调查目的　　D．解决调查费用

2）调查项目是指所要调查的主要（　　）。

A．目标　　B．对象　　C．方法　　D．内容

3）（　　）阶段是打基础的阶段，是对整个市场调查工作进行大体设计、调查的开始阶段。

A．调查准备　　B．拟订调查计划

C．调查组织实施　　D．调查结果处理

4）不属于修改和完善市场调查方案的方法的是（　　）。

A．逻辑分析法　　B．经验判断法　　C．试点调查法　　D．头脑风暴法

5）不属于市场调查经费开支的项目的是（　　）。

A．调查资料印刷费用　　B．调查实施费用

C．调查人员医药费　　D．数据处理费用

6）问卷是开展市场调查的（　　）。

A．报告　　B．过程设计　　C．工具　　D．内容

7）问卷的正文一般包括（　　）。

A．问题和答案　　B．标题　　C．前言和指导语　　D．编码和结束语

8）按照市场调查问卷的传递方式不同，问卷的类型不包括（　　）。

A．封闭式问卷　　B．报刊式问卷　　C．邮寄式问卷　　D．访问式问卷

9）（　　）是由调查者将调查问卷送发给选定的被调查者，待被调查者填答完毕之后再统一收回。

A．送发式问卷　　B．报刊式问卷

C．人员访问式问卷　　D．网上访问式问卷

10）当市场调查问卷的初步设计完成后，设计人员需要对问卷进行（　　）

A．评估　　B．印刷　　C．整理　　D．外观设计

二、多项选择题

1）市场调查方案的特点有（　　）。

A．可操作性　　B．全面性　　C．规划性　　D．最优性

2）市场调查公司在拟定调查活动进度时主要考虑（　　）等问题。

A．调查人员的数量　　B．信息的时效性

C．调查工作的难易程度　　D．客户的时间要求

3）一份完整的问卷一般包括（　　）。

A．标题　　B．前言和指导语　　C．问题和答案　　D．编码和结束语

4）问卷设计的原则有（　　）。

A．目的性原则　　B．顺序性原则

C．简明性原则　　D．匹配性和可接受性原则

5）根据问卷使用方法不同，将调查问卷分为（　　）。

A．自填式问卷　　B．送发式问卷　　C．访问式问卷　　D．报刊式问卷

三、判断题

1）制定了市场调查方案之后一般先要进行小规模测试，以便发现问题及时补充、修改和完善方案。（　　）

2）市场调查方案是规范市场调查整个活动过程的指导书，是市场调查的行动纲领。（　　）

3）确定调查对象是市场调查搜集方案中的首要问题。（　　）

4）为了实现调查目标，搜集到完整的信息，市场调查公司应该确定尽可能多的调查项目。（　　）

5）市场调查是一门实践性很强的学科，应严格地按照科学的程序来操作。（　　）

6）在编制调查预算时，企业应尽量地压低费用，越低越好。（　　）

7）调查问卷具有调查工具的标准化高、匿名性强、效率高等特点。（　　）

8）问卷就是由调查人员在调查过程中随机的进行调查。（　　）

9）一份问卷中问题的措辞应尽可能地通俗易懂。（　　）

10）问卷设计中，如果一个问题可以针对多个问题进行提问，问卷的效率会被提高。（　　）

四、案例分析

2015年全国1%人口抽样调查方案

根据《国务院办公厅关于开展2015年全国1%人口抽样调查的通知》(国办发〔2014〕33号)和《全国人口普查条例》(中华人民共和国国务院令第576号)，制定2015年全国1%人口抽样调查方案。

一、调查目的和组织实施

（一）2015年全国1%人口抽样调查的目的是了解2010年以来我国人口在数量、素质、结构、分布以及居住等方面的变化情况，为制定国民经济和社会发展规划提供科学准确的统计信息支持。

（二）调查工作按照“统一领导、分工协作、分级负责、共同参与”的原则组织实施。

国家和县以上地方各级人民政府成立2015年全国1%人口抽样调查工作领导机构及其办公室，被抽中的乡、镇和街道办事处成立1%人口抽样调查办公室，领导和组织实施全国和本地区的1%人口抽样调查工作。

2015年全国1%人口抽样调查领导机构各成员单位要按照各自职能分工，认真做好相关工作。

（三）2015年全国1%人口抽样调查所需经费，按照分级负担原则，由中央和地方各级人民政府共同负担，并列入相应年度的财政预算，按时拨付、确保到位。

（四）各级调查机构及其工作人员要坚持依法调查。严格执行《中华人民共和国统计法》和《全国人口普查条例》的有关规定。调查取得的数据，严格限定用于调查目的，不得作为任何部门和单位对各级行政管理工作实施考核、奖惩的依据，不得作为对调查对象实施处罚的依据。

（五）各级宣传部门和调查机构应采取多种方式，积极做好1%人口抽样调查的宣传工作，为1%人口抽样调查工作的开展营造良好的社会氛围。

（六）各级1%人口抽样调查领导机构对本行政区域的调查数据质量负责，确保调查数据真实、准确、完整、及时。

二、调查标准时点、对象、内容和方式

（七）调查的标准时点为2015年11月1日零时。

（八）调查对象为抽中调查小区内的全部人口（不包括港、澳、台居民和外国人）。

应在抽中调查小区内登记的人包括：2015年10月31日晚居住在本调查小区的人；户口在本调查小区，2015年10月31日晚未居住在本调查小区的人。

中国人民解放军现役军人由军队领导机关统一进行调查。

（九）调查内容主要包括姓名、性别、年龄、民族、受教育程度、行业、职业、迁移流动、社会保障、婚姻、生育、死亡、住房情况等。

（十）调查以户为单位进行登记，户分为家庭户和集体户。

（十一）调查采用调查员手持电子终端设备（PDA）入户登记与互联网自主填报相结合的方式。

住户可以选择由调查员手持电子终端设备（PDA）入户登记的方式，也可以选择在互联网上填写调查表直接上报的方式。

（十二）调查表分为《2015 年全国 1%人口抽样调查表》《2015 年全国 1%人口抽样调查死亡人口调查表》。

三、抽样方法、调查小区划分和绘图

（十三）全国调查的样本量约占全国总人口的 1%左右。调查以全国为总体，各地级市为子总体，采取分层、二阶段、概率比例、整群抽样方法，其中群即最终样本单位为调查小区。

（十四）二阶段抽样的方法为：第一阶段抽取村级单位，第二阶段抽取调查小区。在第一阶段抽样时，抽取方法为分层、概率比例抽样。

（十五）调查小区的划分、编码和绘图。2015 年全国 1%人口抽样调查小区规模划分原则为 80 个住房单元，常住人口大约 250 人左右。在划分调查小区的同时，绘制抽中村级单位内调查小区分布图、并给调查小区升序编码，绘制抽中调查小区内所有建筑物的分布图。

四、调查的宣传、试点和物资准备

（十六）各级宣传部门和调查机构要组织协调新闻媒体，通过报刊、广播、电视、互联网、新媒体和户外广告等多种渠道，宣传调查的重大意义、政策规定和工作要求，积极营造良好的调查氛围。

（十七）全国 1%人口抽样调查办公室负责组织国家级试点。省级 1%人口抽样调查办公室负责组织本地区的试点。

（十八）调查所需的物资由各级 1%人口抽样调查办公室根据所承担的工作任务负责准备。

五、调查指导员和调查员的借调、招聘和培训

（十九）每个调查小区至少配备一名调查员，每个被抽中的乡、镇、街道至少配备一名调查指导员。

（二十）调查指导员和调查员应当由具有初中以上文化水平、身体健康、经培训能够使用手持电子终端设备（PDA），工作认真负责、能够胜任调查工作的人员担任。

（二十一）调查指导员和调查员的借调、招聘工作由县级1%人口抽样调查领导机构负责。

（二十二）调查指导员和调查员可以从党政机关、社会团体、企业事业单位借调，也可以从村民委员会、居民委员会或者社会招聘。

（二十三）培训工作分级进行。全国1%人口抽样调查办公室负责对省级1%人口抽样调查办公室的业务骨干进行培训；省级1%人口抽样调查办公室负责对市、县级1%人口抽样调查办公室的业务骨干进行培训；市、县级1%人口抽样调查办公室共同负责培训调查指导员和调查员。

培训工作应于2015年10月15日前完成。

六、调查摸底、登记

（二十四）调查登记以前，调查员和调查指导员要对调查小区的人口状况进行摸底工作，明确调查登记的范围、绘制调查小区图、编制调查小区户主姓名底册。

摸底工作应于2015年10月31日前完成。

（二十五）现场登记工作从2015年11月1日开始，采用调查员手持PDA入户询问、现场填报，或由住户通过互联网自主填报的方式进行。

对完成PDA登记的住户，调查指导员应及时组织调查员进行复查，经核实无误后上报。

选择互联网填报的住户应于2015年11月7日前完成调查表的填写和提交。对在规定时间内没有完成的住户，调查员将再次入户使用PDA进行登记。

全部登记工作应于11月15日前完成。

七、事后质量抽查

（二十六）登记工作完成后进行事后质量抽查。全国1%人口抽样调查办公室负责事后质量抽查样本的抽取，省级1%人口抽样调查办公室负责事后质量抽查工作的组织实施。

（二十七）事后质量抽查工作应于2015年11月25日以前完成。

（二十八）事后质量抽查结果只作为评价全国调查数据质量的依据。

八、调查数据的汇总、发布和管理

（二十九）登记工作结束后，县级1%人口抽样调查办公室负责组织调查表的行业和职业编码。编码前应对编码人员进行严格培训。

编码工作应于2015年11月20日以前完成。

（三十）调查数据的处理工作由1%人口抽样调查办公室负责。汇总程序由全国1%人口抽样调查办公室统一下发。

（三十一）国家统计局和全国1%人口抽样调查办公室对数据进行审核后发布主要数据公报。各省、自治区、直辖市的主要数据应于国家公报发布之后发布。

（三十二）调查的原始数据由全国和省级1%人口抽样调查办公室负责管理。

九、其他

（三十三）调查工作全部结束后，各级1%人口抽样调查办公室要对这次调查工作进行全面的总结，并报同级人民政府和上级调查领导机构。

（三十四）交通极为不便的地区，需采用其他登记时间和方法的，须报请全国1%人口抽样调查工作协调小组批准。

（三十五）全国1%人口抽样调查办公室根据本方案制定各项工作实施细则和有关技术文件。

（三十六）本方案由全国1%人口抽样调查办公室负责解释。

（资料来源：http://www.stats.gov.cn/ztjc/zdtjgz/cydc/xw/201510/t20151028_1263109.htm）

分组讨论：

1）1%人口抽样调查是如何进行抽样的？都调查哪些内容？

2）2015年全国1%人口抽样调查是如何进行的？

2015年全国1%人口抽样调查表（问卷）

一、住户项目

问题1 您家现住房的详细地址？______________________

问题2 您家2014年11月1日至2015年10月31日期间的人口变化情况？

出生人口_______人 死亡人口_______人

问题3 您家的住户类别？

○家庭户 ○集体户（转至个人项目）

问题4 您家的住房类型？

○普通住宅 ○集体宿舍和工棚（转至个人项目）

○工作地住宿（转至个人项目）

○无住房（转至个人项目）

问题5 您家住房的建筑面积？_______平方米

问题6 您家的住房间数？_______间

问题7 您家住房所在的建筑物一共有多少层？

○平房 ○2～3层楼房 ○4～6层楼房 ○7～9层楼房 ○10层以上楼房

问题 8　您家住房的建成年代？

○1949 年以前　○1949～1959 年　○1960～1969 年　○1970～1979 年

○1980～1989 年　○1990～1999 年　○2000～2009 年　○2010 年以后

问题 9　您家住房内有无厨房？

○独立使用　○与其他户合用　○无

问题 10　您家住房内有无厕所？

○独立使用抽水/冲水式　○合用抽水/冲水式　○独立使用其他样式

○合用其他样式　○无

问题 11　您家住房的来源？

○购买新建商品房　○购买二手房　○ 购买原公有住房

○购买经济适用房、两限房　○自建住房　○租赁廉租房、公租房

○租赁其他住房　○其他

问题 12　您家拥有家用汽车的情况？

○拥有 100 万元以上的汽车　○拥有 50 万～100 万元的汽车

○拥有 30 万～50 万元的汽车　○拥有 20 万～30 万元的汽车

○拥有 10 万～20 万元的汽车　○拥有 10 万元以下的汽车　○没有汽车

二、个人项目

每个人都填报的项目（问题 1～问题 11）

问题 1　姓名？

姓名_______

问题 2　与户主关系？

○户主　○配偶　○子女　○父母　○岳父母或公婆　○祖父母　○媳婿

○孙子女　○兄弟姐妹　○其他

问题 3　性别？

○男　○女

问题 4　出生年月？

出生年_______　出生月_______

问题 5　民族？

_______族

问题 6　户口登记地址？

○户口登记地址与本户现住房地址相同

○户口登记地址与本户现住房地址不同（请填报户口登记地址）（跳至问题 8）

_____省（区、市）_____市（地）_____县（市、区）_____乡（镇、街道）_____村（居）委会

○户口待定（跳至问题 11）

问题 7　调查时点居住地址？

○现住房

○其他地区（请填报具体地址）

_____省（区、市）_____市（地）_____县（市、区）

（跳至问题 9）

问题 8　在本市居住时间？

○不满半年　○半年至一年　○一至二年　○二至三年　○三至四年

○四至五年　○五至十年　○十年以上

问题 9　离开户口登记地的时间？

○没有离开户口登记地（跳至问题 11）

○不满半年　○半年至一年　○一至二年　○二至三年　○三至四年

○四至五年　○五至十年　○十年以上

问题 10　离开户口登记地的原因？

○工作就业　○学习培训　○随同迁移　○房屋拆迁　○改善住房　○寄挂户口

○婚姻嫁娶　○为子女就学　○其他

问题 11　是否有农村土地承包权？

○有　○无

1 周岁及以上的人填报的项目（问题 12）

问题 12　一年前常住地？

○现住房

○其他地区（请填报具体地址）

_____省（区、市）_____市（地）_____县（市、区）_____乡（镇、街道）_____村（居）委会

5 周岁及以上的人填报的项目（问题 13）

问题 13　五年前常住地？

○现住房

○其他地区（请填报具体地址）

_____省（区、市）_____市（地）_____县（市、区）

6 周岁及以上的人填报的项目（问题 14～问题 16）

问题 14　是否识字？

○是　○否

问题 15　受教育程度？

○未上过学（跳至问题 17）　○小学　○初中　○普通高中　○中职　○大学专科

○大学本科　○研究生

问题 16　学业完成情况？

○在校　○毕业　○肄业　○辍学　○其他

15 周岁及以上的人填报的项目（问题 17～问题 27）

问题 17　上周工作情况？

○在工作　○在职休假、在职学习培训、临时停工或季节性歇业　○未做任何工作（跳至问题 22）

问题 18　行业？

单位详细名称: ________

单位的主要产品或主要业务: ________

问题 19　职业？

本人从事的具体工作: ________

（设区的地级市和直辖市以外的人跳至问题 25）

问题 20　工作地点？

○现住房所在的街道（乡、镇）

○本市其他街道（乡、镇）（请填报具体地址）

______区（县）______街道（乡、镇）

○ 本市以外

问题 21　前往工作地所乘主要交通工具及所需时间？

○步行　○自行车　○电动车　○摩托车　○小轿车　○公共汽车

○轨道交通　○其他

时间: ________分钟

（跳至问题 25）

问题 22　未工作原因？

○在校学习（跳至问题 25）　○丧失工作能力（跳至问题 25）　○毕业后未工作

○因单位原因失去工作　○因本人原因失去工作　○承包土地被征用　○离退休

○料理家务　○其他

问题 23　三个月内是否找过工作？

○在职业介绍机构求职　○委托亲友找工作　○应答或刊登广告　○参加招聘会

○为自己经营做准备　○其他　○未找过工作

问题 24　如果有合适的工作，能否在两周内开始工作？

○能　○不能

问题 25　参加社会养老保险的情况？

○城镇职工基本养老保险　○城镇（乡）居民社会养老保险

○新型农村社会养老保险　○机关事业单位养老保险

○未参加以上四种社会养老保险

问题 26　参加社会医疗保险的情况？

○职工基本医疗保险　○城镇（乡）居民基本医疗保险　○新型农村合作医疗

○公费医疗　○未参加以上四种基本医疗保险

问题 27　婚姻状况？

未婚（跳至问题 31）　○有配偶　○离婚（跳至问题 29）　○丧偶（跳至问题 29）

15～50 周岁的妇女填报的项目（问题 28～问题 30）

问题 28　夫妇为独生子女情况？

○双独　○单独，女方为独生子女　○单独，男方为独生子女　○均非独生子女

问题 29　生育子女数？

○未生育（结束）　○有生育（请填报生育的子女数）

生过几个孩子:

男_______人　女_______人

其中现在存活几个孩子:

男_______人　女_______人

问题 30　过去一年（2014 年 11 月 1 日至 2015 年 10 月 31 日期间）的生育情况？

○ 未生育（结束）

○ 有生育（请填报生育时间和孩子的性别）　生育时间是: ____月

婴儿性别是: ○男　○女

如果一年内有两次生育或生育多胞胎的，请填报其他孩子的生育时间和性别。

60 周岁及以上的人填报的项目（问题 31、问题 32）

问题 31　主要生活来源？

○劳动收入　○离退休金养老金　○最低生活保障金　○财产性收入　○家庭其他成员供养　○其他

问题 32　身体健康状况？

○健康　○基本健康　○不健康，但生活能自理　○生活不能自理

（资料来源：http://www.stats.gov.cn/ztjc/zdtjgz/cydc/xw/201510/t20151028_1263119.htm）

分组讨论：

结合“2015 年全国 1%人口抽样调查方案”，你认为设计市场调查问卷应注意哪些问题？

综合训练 2 参考答案

模块 3　市场调查方式与方法

学习目标

◎知识目标

1. 理解市场普查、市场抽样调查的含义、特点及遵循的原则。
2. 掌握抽样调查的程序，掌握随机抽样方法和非随机抽样方法的应用。
3. 掌握抽样误差及样本容量的计算。
4. 掌握文案调查法、实地调查法、网络调查法的含义、特点及功能。
5. 熟悉各种市场调查方法的优缺点及应用条件。

◎能力目标

1. 能够根据不同的调查对象及影响因素恰当地选择调查方式。
2. 能够运用抽样调查技术进行科学推断。
3. 能够根据不同的市场调查目的及调查对象的特点，正确选用市场调查方法。
4. 能够运用各种调查方法实施市场调查。

◎职业素养目标

1. 培养自主探究、动手实践和合作交流的意识。
2. 保持以客观事实为依据、严谨求实、勇于创新的科学精神。
3. 提升沟通和交流能力，发扬团队协作精神。
4. 提高市场调查的兴趣，增强职业情感。

案例导入

全面建成小康社会进程中的人口抽样调查

人口是一个国家的最基本国情国力信息。世界各国都把掌握准确的人口数量、人口素质、人口结构和人口分布等情况，作为科学治国和宏观决策的基础。国务院 2010

年颁布的《全国人口普查条例》明确规定，人口普查每 10 年进行一次，尾数逢 0 的年份为普查年度，在两次人口普查之间进行全国 1%人口抽样调查。2014 年 6 月，国务院办公厅印发通知，决定于 2015 年开展全国 1%人口抽样调查。

2010 年第六次人口普查以来，我国人口在数量、素质、结构、分布以及居住等方面都发生了变化，呈现出流动人口规模依然庞大、城镇人口持续增加、劳动年龄人口减少、人口老龄化程度提高等新特点。2015 年是“十二五”规划完成、“十三五”规划开启的承上启下之年，未来几年也是我国实现全面建成小康社会的关键时期。2015 年全国人口调查获取的人口基础信息，将有助于了解我国劳动力供给变化情况，为完善就业政策提供依据；有助于摸清老年人口规模，推动健康养老服务业的发展；有助于掌握流动人口变化情况，推进城乡统筹发展；有助于反映城镇化发展情况，更好地推动新型城镇化发展；有助于摸清人口生育情况，为制定和完善人口政策提供科学准确的统计信息支持。可以说，全国 1%人口抽样调查，对于我们掌握国情、制定“十三五”经济社会发展政策、推动全面建成小康社会具有十分重要的意义，可以发挥重要的决策参考作用。

2015 年全国 1%人口抽样调查采用二阶段、分层、整群、概率比例的抽样方法。国家级样本抽取了约 6 万个调查小区，约 1 400 万人。根据地方政府需要，经国家统计局同意，部分省（区、市）适当扩大了调查样本。调查内容包括住户的基本情况和个人的性别、年龄、民族、受教育程度、迁移流动、就业、社会保障、婚姻、生育、死亡、住房情况等指标。与以往人口普查和 1%人口抽样调查相比，此次调查增加了反映人口流动情况和城镇化质量指标。

同时，在数据采集手段方面进行了改革和创新。在数据采集环节，采取调查员利用手持终端设备（PDA）入户登记与住户通过互联网自主填报相结合的形式，这是人口调查中的一种全新尝试。由于在 PDA 和互联网自主填报程序中内嵌了数据逻辑审核关系，可以在调查现场及时发现并立即纠正错误填报，提高了调查数据质量和调查效率。互联网自主填报，能更好地保护个人隐私，减少对住户的打扰，降低调查成本。在数据传输环节，调查员将 PDA 中的原始数据通过无线上网方式直接发送到国家统计局数据服务器，极大提高数据报送的及时性和准确性。这些调查创新的尝试，将为 2020 年人口普查利用现代信息技术采集基础数据做好准备、积累经验。

（资料来源：http://www.stats.gov.cn/ztjc/zdtjgz/cydc/xw/201512/t20151203_1284900.htm）

思考与讨论：

1）1%人口抽样调查是如何进行抽样的？都调查哪些内容？

2）2015 年全国 1%人口抽样调查是如何进行的？

模块 3：案例导入参考答案

3.1 选择市场调查方式

3.1.1 认识市场普查

微课：认知普查

市场调查的组织方式，是指市场调查如何处理被调查对象总体，而不是指具体的搜集市场资料的方法，可分为全面市场调查方式和非全面市场面调查方式。全面市场调查是对构成调查对象的所有单位逐一进行调查，主要包括市场普查和全面统计报表等；非全面市场调查是对构成调查对象的部分单位进行调查，常用的方式有市场抽样调查、市场重点调查、市场典型调查等。

市场是由千差万别的个体组成的复杂总体，对市场总体情况进行调查，如果能做全面的、普遍的调查，所得的资料无遗是最能反映市场总体特征的。但是在许多情况下对市场实施普查是非常困难的，甚至是根本不可能的。例如，在市场总体非常大、总体单位非常多的情况下，不可能进行市场全面调查，只能用非全面调查，如市场抽样调查、市场重点调查或市场典型调查等。因此，如何选择一种恰当的调查方式是顺利进行数据整理与描述的前提与基础。

1. 市场普查的含义

市场普查也称市场全面调查或市场整体调查，它是对市场调查对象总体的全部单位逐一进行调查，目的是了解市场的一些至关重要的基本情况，对市场状况做出全面、准确的描述，从而为制定市场有关政策、计划提供可靠的依据。

市场普查是专门组织的调查活动，可以在国家、地区或部门、行业的范围内进行，通过市场普查可以取得被调查总体全面、详尽、系统的统计资料。它有两种方式：一种方式是组织专门的普查机构，派出专门的调查人员，对调查对象进行直接登记，如人口普查等；另一种方式是由上级制定普查表，由下级根据具体情况填报，如物资库存普查等。第二种方式比第一种简便，适用于内容比较单一、涉及范围较小的情况，特别是为了满足某种紧迫需要而进行的“快速普查”就可以采用这种方式，它由登记单位将填报的表格越过中间一些环节直接报送到最高一级机构集中汇总。

2. 市场普查的特点

市场普查主要有以下几个方面的特点。

1）市场普查比任何其他调查方式所取得的资料更全面、更系统。由于市场普查规

定统一的项目和指标，规定统一的标准时点和普查期限，避免了调查时因情况变动而产生的重复登记或遗漏现象，其可靠程度比较高，因而可以作为制定政策和编制计划的依据。

2）市场普查主要调查在特定时点上的市场现象总体的数量。市场普查一般是调查某一时点的市场情况，如人口普查就是对全国人口一一进行调查登记，规定某个特定时点作为全国统一的统计时点，以反映有关人口的自然和社会的各类特征，但市场普查有时也会涉及时期现象。

3）市场普查的费用比较高。由于市场普查是一种全面调查，其涉及面广，调查单位多，工作量大，需要耗费大量人力、物力和财力。市场普查费用比较高的特点决定了其只对总体的基本特征进行研究，对组成总体的每个单位不作更多的具体分析。

3. 市场普查应遵循的原则

市场普查一般应遵循以下原则。

1）必须统一规定调查资料所属的标准时点。

2）正确确定调查期限，选择登记时间。为了提高资料的准确性，一般应选择在调查对象变动较小和登记、填报较为方便的时间，并尽可能在各市场普查地区同时进行，力求最短时间完成。

3）规定统一的调查项目和计量单位。同种市场普查与历次市场普查的基本项目力求一致，以便对市场普查资料进行汇总和纵向对比分析。

4）尽可能按一定周期进行，以便于研究现象的发展趋势及其规律性。根据《中华人民共和国统计法》的规定和国务院关于建立国家普查制度、改革统计调查体系的要求，国家统计局于 1994 年正式建立了周期性的普查制度。普查项目包括人口、农业、工业、第三产业和基本单位等。人口普查、第三产业普查、工业普查、农业普查每 10 年进行一次，分别在逢 0、3、5、7 的年份实施；基本单位普查每 5 年进行一次，在逢 1、6 的年份实施。从 2000 年开始的周期性普查包括 3 项普查，即人口普查、经济普查、农业普查。人口普查和农业普查每 10 年一次，分别在逢 0、6 的年份进行；将工业普查、第三产业普查和基本单位普查合并为经济普查，每 10 年进行 2 次，安排在逢 3、8 的年份进行。

当市场调查的目的是为了掌握市场全面而详细的资料，市场现象总体中的总体单位数目较少且调查的难度不大时，便可采用全面调查的方式；反之，如果调查对象总体中的总体单位数目较多，或受一些客观条件影响无法进行全面调查，或是调查中带有一定的破坏性而不允许全面调查，这时宜采用市场抽样调查的方式。

小案例

“××营养浴液”成功的广告策划

某市A日化厂在为其产品“××营养浴液”进行广告策划时，首先从宏观上全面调查产品涉及的各源情况，获得了大量有价值的材料。

A日化厂采用的是国外技术，在全国同行业中占有优势。但经过市场普查了解到，浴液产品的市场销路情况一般，消费者讲求实用，只愿意购买大瓶包装的，而小包装的产品则更适合于比较高档的各类宾馆。

通过全面的市场普查，A日化厂提出了符合实际情况的产品定位，即一方面把重点放在城乡各类宾馆上；另一方面加强广告宣传，特别是引导消费者认识此类产品的性能和特点，让此类产品走进大众的视野，走入千家万户。

A日化厂的经验表明，通过市场普查，熟悉产品市场情况，在此基础上，制定切实可行的广告策划，是产品成功的关键。

（资料来源：https://baike.so.com/doc6731885-6946186.html）

分组讨论：

结合本例说明市场普查在什么情况下应用较为恰当。

3.1.2 选择市场抽样调查方式

随着经济的迅猛发展，快速、高效地取得准确的市场信息资料已成为企业在激烈竞争中生存的重要手段，市场抽样调查能够节省调查费用，并能保证抽样调查结果的精确度，在社会经济各个领域得到了广泛的运用。

1. 市场抽样调查的含义

市场抽样调查是一种非全面调查，它是指调查人员从总体中按照随机原则抽取一部分单位作为样本进行调查，并用对样本调查的结果来推断总体的一种调查方式。随机原则是指调查总体的每个单位都有同等的被抽中的可能性，即样本的抽取完全是客观的，而不能主观地、有意识地选择样本。

市场抽样调查有广义和狭义之分。广义的市场抽样调查既包括随机抽样调查，又包括非随机抽样调查。狭义的市场抽样调查又称随机抽样调查，是指调查人员按照随机原则抽取样本，并对此进行市场调查的一种方式。非随机抽样调查是指在抽取调查单位时，或从方便调查的角度出发，或根据调查者的主观判断，而不是按照随机原则来抽取。本书侧重研究狭义的市场抽样调查方式。

市场抽样调查中涉及的几个重要概念介绍如下。

总体和样本：总体又称全及总体，是指所要调查对象的全体，其单位数称为总体容量，用 N 表示。样本又称抽样总体，是从总体中抽选出来所要直接观察的全部单位，其单位数称为样本容量，用 n 表示。

总体指标和样本指标：总体指标是根据全部单位某种标志的标志值计算出来的，用以反映总体某种数量特征或属性的综合指标。样本指标是通过各样本单位的某种标志的标志值计算出来的，用以对相应的总体指标进行估计和推断的综合指标。

重复抽样和不重复抽样：重复抽样又称回置抽样，是从总体中随机地抽出一个样本单位，记录下它的调查标志值之后，又把它放回到总体中去，再从全部总体单位中抽取下一个样本单位，直到抽满所有 n 个样本单位为止。不重复抽样又称不回置抽样，是从总体中随机地抽出一个样本单位，记录下它的调查标志值之后，不再放回，而从剩下的总体单位中抽取下一个样本单位，直到抽满所有 n 个样本单位为止。

2. 市场抽样调查的特点

市场抽样调查是市场调查中应用较多的方法之一，它具有以下明显的特点。

（1）市场抽样样本的客观性

在市场随机抽样中，调查样本是按随机的原则抽取的，总体中每一个单位被抽取的机会是均等的，从根本上排除了主观因素的干扰，保证了抽样样本的客观性。

（2）市场抽样调查可以比较准确地推断总体

市场抽样调查的目的是用样本计算的指标推断总体的相应指标。抽样调查的误差，不但可以准确计算出来，还可以根据市场调查的目的和要求事先计算并控制在允许的范围以内。因此，调查结果的准确程度较高。

（3）市场抽样调查是一种比较节省的调查方法

市场抽样调查仅对总体中较少的样本单位进行调查，节省了人力、物力和财力，降低了市场调查的费用。市场抽样调查涉及面较小，取得调查结果比较快，时效性强。

（4）市场抽样调查的应用范围广泛，特别适用于研究市场现象的数量表现

市场抽样调查是建立在数理统计基础上的科学方法，只要严格按照抽样调查的要求进行抽样，就可以获得较好的可靠性。

因此，对一些不可能（无法进行）或不必要（破坏性）进行全面调查的市场现象，最宜用市场抽样调查方式解决。在经费、人力、物力和时间有限的情况下，采用市场抽样调查可以达到满意的调查效果。

3. 市场抽样调查的步骤

市场抽样调查特别是市场随机抽样调查，有比较严格的程序，只有按一定程序进行调查，才能保证市场调查的顺利完成，取得应有的效果。

市场抽样调查一般分为以下几个步骤。

1）确定市场调查总体。调查人员根据市场抽样调查的目的和要求，明确调查对象的内涵、外延及具体的总体单位数量，并对总体进行必要的分析，这是市场抽样调查的前提和基础。只有准确地定义市场调查总体，才能获得准确的信息。

2）设计和抽取样本。设计样本包括两项具体工作：一是确定样本数目的大小或样本容量的多少，即样本所包含的部分总体单位的个数；二是选择具体的抽样方式，它必须根据市场调查目的和调查总体的具体情况进行选择。

3）搜集样本资料，计算样本指标。搜集样本资料就是根据样本单位的实际情况，选择一种或一种以上的方法搜集资料，对样本单位进行实际调查。搜集到样本资料后，还要对资料进行整理和分析，最后分析出样本的指标。

4）用样本指标推断市场调查总体指标。这是抽样调查的最后一个步骤，也是抽样调查的目的所在。在用样本指标推断市场总体指标时，要计算抽样误差，同时依据概率论的有关理论，对推断的可靠程度加以控制，以保证抽样调查的准确性。

4. 市场随机抽样

市场随机抽样是按照随机原则从市场总体中抽取一定数目的单位作为样本进行观察，并从数量上对市场总体某些特征做出估计和推断，对推断中可能出现的误差，可以从概率意义上加以控制的调查方式，又称概率抽样技术。

市场随机抽样不受主观因素的影响，对总体中每一个个体都给予平等的抽取机会。在具体操作过程中常用五种类型：单纯随机抽样、等距随机抽样、分层随机抽样、整群随机抽样、多阶段随机抽样。

（1）单纯随机抽样

单纯随机抽样又称简单随机抽样，它是最基本的随机抽样组织方式，也在理论上最符合随机原则。此方式在抽样之前对总体单位不进行任何分组、排列等处理，完全按随机原则从总体中抽取样本。具体方法有直接抽取法、抽签法和随机数表法等，适用于调查总体中各单位之间差异较小的情况，或者调查对象不明，难以分组、分类的情况。如果市场调查范围较大，内部个体之间差异较大，一般不直接采用此方式，而是与其他方式结合使用。

1）直接抽取法。直接抽取法是指从调查总体中直接随机抽取样本进行调查。这种方法适合对集中于某个较小空间的市场总体进行抽样，如对存放于仓库的同类产品直接随机抽出若干产品为样本进行质量检查。

2）抽签法。抽签法是先将调查总体的每个单位编上号码，然后将号码写在卡上，打乱顺序后任意从中抽选，直到抽够预先规定的样本数目为止，被抽中的号码所代表的单位就是随机样本，这种方法适用于市场总体单位数目较少的情况。

3）随机数表法。随机数表法是先将调查总体单位一一编号，在随机号码表上任意

规定抽样的起点和抽样的顺序，依次从随机号码表上抽取样本单位号码，凡是抽到编号范围内的号码，就是样本单位的号码，一直到抽满为止。随机数表（图 3-1）是由 0～9 组成的表，这 10 个数字排列完全是随机的。

34	29	78	64	56	07	82	52	42	07
32	44	09	47	27	96	54	59	17	46
92	46	44	17	16	58	09	79	83	86
97	75	84	16	07	44	99	83	11	46
54	74	82	97	77	77	81	07	45	32
19	95	50	92	26	11	97	02	56	76
35	12	83	39	50	08	30	42	34	07
12	13	40	33	20	38	26	13	89	51
37	35	96	83	50	87	75	97	12	25
22	77	88	42	95	45	72	16	64	36

图 3-1　随机数表（部分）

【例 3-1】　某居委会拟从 500 户居民家庭中抽选出 20 户居民，试采用随机数表法调查其消费支出情况。

第一步：将 500 户居民家庭编号，每一户家庭一个编号，即 001～500。（每个居民户编号为 3 位数）

第二步：在上面的表中，随机确定抽样的起点和抽样的顺序。假定从第二行、第五位数开始抽，抽样顺序按从左往右、从上到下抽取。

第三步：依次抽出号码，由此产生 20 个样本单位号码分别为：094、441、403、417、416、297、092、339、033、472、171、160、395、332、429、456、226、320、350、295，编号为这些号码的居民家庭就是抽样调查的对象。

单纯随机抽样完全符合随机原则，但在总体很大的情况下使用，编号工作量繁重。当总体单位差异程度较大时，必须使样本容量充分大才能保证用样本指标推断总体指标的可靠程度和准确程度。当所抽取的样本在总体中的分布很不均匀（如过于集中或过于分散），也会给实际市场调查带来困难。

（2）等距随机抽样

等距随机抽样也叫机械随机抽样或系统随机抽样。它是先将总体各单位按某一标志顺序排列，然后再以相等的间隔抽取样本单位的一种抽样组织方式。等距随机抽样的步骤如下。

第一步：对样本进行排列。排列所依据的标志可与调查项目有关（如在市场购买力调查中，按收入的多少由低到高排列），也可以与调查项目无关（如按姓名的笔画数排列）。

第二步：计算抽样距离（即相同的间隔），计算公式为

抽样距离（k）=调查总体单位数（N）/样本单位数（n）

第三步：进行抽样。可以采取简单随机抽样方式，从第一段距离中抽取第一个样本单位，按照抽样距离继续抽取余下的样本，直至抽够为止，然后对抽中的样本单位进行调查。

【例 3-2】 某企业从 200 名职工中随机抽取 10 人进行家庭收入水平调查，采用等距随机抽样方法，具体做法是：首先对 200 名职工按一定标志排列，其标志既可采用与调查内容有关的标志，也可采用与调查内容无关的标志，并编上 001～200 序号；然后求出抽样间隔，用 k 表示，则 $k=N/n=200/10=20$，即每间隔 20 人抽取一人。同时，在第一个间隔即 1～20 中随机抽取一个单位，假设抽中第 007 号，从 007 号开始，每间隔 20 人抽取 1 人，即 007、027、047、067、087、107、127、147、167、187，总共抽取 10 名职工组成一个抽样总体，然后对以上 10 名职工分别进行调查。

等距随机抽样能使样本在总体中的分布比较均匀，从而减少了抽样误差。但应用时要注意抽样间隔与现象本身规律之间的关系，这种方式最适用于同质性较高的市场总体。

（3）分层随机抽样

分层随机抽样又称类型随机抽样，它是先将总体各单位按一定标准分为若干层次（或分类），然后按照随机原则从各层中抽取样本单位的一种抽样组织方式。分层随机抽样适用于总体单位数量较大，并且内部类别比较明显的市场调查对象。

分层随机抽样在对总体进行分类时，必须遵循分类方法的科学性，同时要使分类符合市场总体的实际情况。

分类方法的科学性表现在两个方面：①分类标志的选择。在分类时作为依据的总体单位标志称为分类标志，只有所选择的分类标志恰当，才能使分类合理反映总体的实际情况。②分类必须依据互斥性和完备性原则。所谓互斥性原则是指每一个总体单位只能属于某一种分层中，不能同时属于一种以上的分层中，这一原则保证了每个总体单位在分类后不重复出现。所谓完备性原则是指每一个总体单位必须属于某一类分层，不能哪一类都不归属，此原则保证了每个总体单位都不被遗漏。

分层随机抽样的优点：首先，当市场总体内部分层明显时，它能够按市场总体中各分层的分布特征，在不同分层确定样本的分布，使样本结构与总体结构接近，因此增强了样本对市场总体的代表性。其次，它提高了样本指标推断总体指标的精确度。在市场现象存在明显不同分层的情况下进行分层随机抽样，比单纯随机抽样和等距随机抽样的抽样误差都要小，或者说在同样的精确度要求下，它所需要的样本容量较小，从而减少了搜集资料的工作量。最后，它还有利于了解各类别的情况。

分层随机抽样可分为等比例抽样和非等比例抽样，在实际工作中常采用等比例抽样方法。

1）等比例抽样。等比例抽样是指分层以后，按各层中单位数量占总体单位数量的比例分配各层的样本数量，然后用单纯随机抽样法抽取各层样本的一种方法。计算公式为

$$n_i = n\frac{N_i}{N}$$

式中，n_i——第 i 层应抽取的样本数；

N_i——第 i 层的总体单位数；

n——设定的抽样数；

N——调查总体的全部单位数。

【例 3-3】 某居民区有居民 20 000 户，从中抽选 200 户家庭进行市场购买力调查。其中高收入居民家庭为 4 000 户，中等收入家庭为 12 000 户，低收入家庭为 4 000 户。用等比例抽样法确定各层的样本数目。

按居民家庭高、中、低收入分层，分为三层：高收入层（n_1）、中收入层（n_2）、低收入层（n_3）。则各层应抽取的样本数目计算如下。

从高收入层居民家庭应抽取的样本数目：

$$n_1 = n\frac{N_i}{N} = 200 \times \frac{4\ 000}{20\ 000} = 40\ （户）$$

从中等收入层居民家庭应抽取的样本数目：

$$n_2 = n\frac{N_i}{N} = 200 \times \frac{12\ 000}{20\ 000} = 120\ （户）$$

从低收入层居民家庭应抽取的样本数目：

$$n_3 = n\frac{N_i}{N} = 200 \times \frac{4\ 000}{20\ 000} = 40\ （户）$$

确定了高、中、低收入户各层样本数目后，即可以按单纯随机抽样从各层中分别抽取 40 户、120 户、40 户家庭进行市场购买力调查，最后汇总推断出总体的市场购买力信息。

等比例抽样法简便易行、分配合理、计算方便，用于各层具有明显差异、各层内部具有较好一致性的抽样调查。如果分层差异过大不宜使用，而要使用非等比例抽样。

2）非等比例抽样。非等比例抽样又称分层最佳抽样，是根据各层基本单位标准差的大小，来确定各层样本数目的抽样方法。其特点是样本分配更合理，结果更能反映实际。计算公式为

$$n_i = n\frac{N_i S_i}{\sum N_i S_i}$$

式中，n_i——第 i 层应抽取的样本数；

N_i——第 i 层的总体单位数；

S_i——第 i 层的样本标准差；

n——设定的抽样数。

【例 3-4】 承例 3-3，设各层样本标准差高收入为 1 000 元，中收入为 200 元，低

收入为 100 元，采用非等比例抽样法，计算各层应抽取的样本单位数目，如表 3-1 所示。

表 3-1　调查单位数与样本标准差乘积计算表

层次	样本数（户）	标准差（元）	乘积结果
高收入	4 000	1 000	4 000 000
中等收入	12 000	200	2 400 000
低收入	4 000	100	400 000
合计	20 000	—	6 800 000

高收入的样本数目为

$$\frac{4\ 000\ 000}{6\ 800\ 000}\times 200=117.6\approx 118\text{（户）}$$

中等收入的样本数目为

$$\frac{2\ 400\ 000}{6\ 800\ 000}\times 200=70.6\approx 71\text{（户）}$$

低收入的样本数目为

$$\frac{4\ 000\ 000}{6\ 800\ 000}\times 200\approx 11\text{（户）}$$

即可以按单纯随机抽样从各层中分别抽取 118 户、71 户、11 户家庭进行市场购买力调查，最后汇总推断出总体的市场购买力信息。

分层随机抽样实质上是把科学分组同抽样原理结合起来，通过分组减少标志值之间的差异程度，又通过随机原则保证能得到较准确的推断结果，特别是当总体数目较大且内部结构复杂时，分层随机抽样常常能取得令人满意的效果。

（4）整群随机抽样

整群随机抽样是按照某一标准将市场总体分成若干“群”或“组”，以“群”或“组”为抽取对象，随机抽选一部分“群”或“组”，对每个被抽出的“群”或“组”的所有单位进行全面调查的一种抽样组织方式。

例如，调查某小区 300 户居民的消费支出情况，该小区内有 20 栋居民楼，每栋楼内居住着 100 户居民，现在从 20 栋居民楼中随机抽出 3 栋楼进行调查，被抽中的 3 栋楼内的居民共 300 户就成为调查样本，对其消费支出情况进行调查。

整群随机抽样与分层随机抽样的相似之处在于，它们都是首先根据某种标准把总体划分为若干部分（若干群）。二者的区别是，分层随机抽样必须在总体的每一部分中，按照其比例抽取一定数量的样本单位；而整群随机抽样则是将总体中被抽取部分的全部单位作为样本单位。此外，二者在对总体进行划分时，所依据的原则也是不同的。分层随机抽样要求被划分的总体各部分之间具有明显差异，而各部分内部的差异要尽可能小；整群随机抽样则要求被划分的总体各部分（各群）之间尽可能无差异，总体各部分（群）内部允许存在明显差异。

整群随机抽样能使样本单位比较集中，调查工作比较便利，它适合于总体比较大而又无明显分层的调查对象。

（5）多阶段随机抽样

多阶段随机抽样是把从市场调查总体中抽取样本的过程分成两个或两个以上的阶段进行随机抽样的方式。通常在市场调查总体层次较多或层次内单位数目较多时采用此方式更加经济实用。

多阶段随机抽样的具体步骤如下：首先，将市场调查总体各单位按一定标志分成若干集体，作为抽样的第一级单位，然后将第一级单位再分成若干小集体，作为第二级单位，以此类推，可按研究问题的需要和现象本身的特点，分出第三级单位，第四级单位等。其次，按随机原则，先在第一级单位中抽出若干单位作为第一级样本，然后在第一级被抽中的单位中再抽出第二级单位样本，以此类推，还可以根据调查需要抽出第三级单位样本，第四级单位样本等。由此形成了两阶段随机抽样、三阶段随机抽样或四阶段随机抽样等。

在市场调查工作中，多阶段抽样的方法对城乡市场都是适用的。对于城市市场，多阶段抽样可分为省、市、自治区、街道、居委会等阶段来进行；对于乡村市场，可分为县、乡、村委会等阶段来进行随机抽样。在各阶段具体抽取样本时，可采用单纯随机抽样方式，也可采用等距随机抽样或分层随机抽样等方式。

5. 非随机抽样

在市场调查活动中，并非所有的调查都可以采用市场随机抽样。相对于非随机抽样，随机抽样要求调查人员具有熟练的技能与丰富的工作经验，而且花费时间长，费用支出高。所以，在市场调查中也经常采用非随机抽样方式。

非随机抽样也称立意抽样，它是在抽样中不将随机性作为抽样原则，而是根据市场调查者的主观分析判断抽取样本的抽样方式。非随机抽样方式操作方便，省时省力，若使用得当，就能对市场调查总体有较好的了解，抽样调查同样能获成功。常用的非随机抽样方式有偶遇抽样、判断抽样、配额抽样等几种类型。

（1）偶遇抽样

偶遇抽样也称任意抽样、方便抽样，是指市场调查者把在一定时间、一定环境所遇见的人作为调查对象选入样本的方法。例如，在街上把行人作为调查对象，任意选择某些人进行访问调查；在超市、车站等公共场所任意选择某些人进行调查等。显然，偶遇抽样调查完全是根据调查者的方便任意选择样本。

偶遇抽样假定总体中的每个总体单位都是相同的，任意选择一个样本进行调查，都可以取得代表市场总体特征的结果。

偶遇抽样简便易行，可以及时取得所需资料，节省费用和时间。当总体中各单位差异较小时可以采用偶遇抽样。

（2）判断抽样

判断抽样也称主观抽样、立意抽样，是指市场调查者根据主观判断选取样本的方式。判断抽样在市场调查活动中的应用会有两种基本情形：一种是强调样本对总体的代表性，抽样时必须严格选择对总体有代表性的单位为样本；另一种是注重对总体中某类问题的研究，抽样时必须有目的地选择样本，即选择与所研究问题的目的一致的单位作为样本。判断抽样适用于总体小而内部差异不大的情况，以及在市场总体边界无法确定或因研究者的时间与人力、物力有限时采用。

判断抽样简便易行，可以充分发挥研究人员的主观能动性，特别是当研究者对研究的市场总体情况比较熟悉时使用更能收到满意的效果。但是，这种方法易发生主观判断产生的抽样误差，抽样结果受研究人员的倾向性影响大，不能直接对市场调查总体进行推断。

（3）配额抽样

配额抽样又称定额抽样，是指依据市场调查总体中的某些属性特征将市场总体划分成若干层，依据各层次样本在总体中的比重分配样本数额，然后由抽样者主观选定样本单位的抽样方法。

配额抽样的假设是分层后调查对象的特征具有同质性。认为同类调查对象中各单位大致相同，差异很小，因此不必按随机原则抽样，只要用任意或主观抽样就行。在调查实践中，采用这种方式简便易行，省时省力，并且能保证样本单位在市场总体中较均匀分布，调查结果比较可靠。

配额抽样与分层随机抽样既有相似之处（如二者都是事先对总体中所有单位按其属性、特征分类，然后分配样本数额），又有区别（如分层随机抽样是按随机原则在层内抽选样本，而配额抽样则是由调查人员在配额内主观判断选定样本）。

配额抽样与判断抽样的区别表现在：一是抽取样本的方式不同，配额抽样是从总体的各层抽取样本，而判断抽样是从总体中抽取样本；二是抽样方法不同，配额抽样方法复杂，而判断抽样方法则简单易行；三是抽样要求不同，配额抽样注重量的分配，而判断抽样注重质的分配。

按照配额的要求不同，配额抽样可分为独立控制配额抽样和相互控制配额抽样两种形式。

1）独立控制配额抽样。独立控制配额抽样是指调查人员只对样本独立规定一种特征下的样本数额的抽样方式。例如，在消费者需求调查中，只按年龄特征分别规定不同年龄段的样本数目，就属于独立控制配额抽样。通常把消费者的年龄、性别、收入分别进行配额抽样而不考虑三者间的交叉关系。

【例 3-5】 某居民区进行空气净化器需求调查，确定样本量 300 人，选择消费者年龄、性别、月收入三个标准分类，采用独立控制配额抽样，如表 3-2 所示。

表 3-2　独立控制配额抽样分配表

分类标准		人数
年龄	30 岁以下	30
	30～40 岁	90
	40～50 岁	120
	50 岁以上	60
	合计	300
性别	男	150
	女	150
	合计	300
月收入	2 000 元以下	40
	2 000～3 000 元	110
	3 000～4 000 元	90
	4 000 元以上	60
	合计	300

从表 3-2 中可以看出，独立控制配额抽样对年龄、性别、月收入三个分类标准分别规定了样本数额，而没能规定三者之间的关系。因此，调查人员在具体抽查时，抽选不同收入的消费者，并不需要顾及年龄和性别。同样，在抽选不同年龄或性别的消费者时，也不必顾及其他两个分类标准。这种方法的优点是简单易行，调查员选择余地较大；缺点是调查人员为求方便，过多选取容易获取资料的被调查者，影响样本代表性。

2）相互控制配额抽样。相互控制配额抽样是指在按各类控制特性独立分配样本数额基础上，再采用交叉控制安排样本的具体数额的抽样方式。

【例 3-6】　承例 3-5，如果采用相互控制配额抽样，就必须对年龄、性别、月收入这三项特性同时规定样本分配数，如表 3-3 所示。

表 3-3　相互控制配额抽样分配表

年龄	月收入								合计
	2 000 元以下		2 000～3 000 元		3 000～4 000 元		4 000 元以上		
	男	女	男	女	男	女	男	女	
30 岁以下	5	2	8	4	2	5	3	1	30
30～40 岁	8	6	20	16	6	17	15	2	90
40～50 岁	7	9	19	26	14	21	13	11	120
50 岁以上	2	1	11	6	13	12	4	11	60
合计	22	18	58	52	35	55	35	25	300

从表 3-3 可以看出，相互控制配额抽样对每一个控制特性所需分配的样本数都做了具体规定，调查员必须按规定在样本中抽取调查单位。由于各个特性同时得到了控制，

从而克服了独立控制配额抽样的缺点，提高了样本的代表性。

总之，选择正确的抽样方法，有利于使选择的样本更好地代表市场总体，减少误差。当存在以下情况时，一般选择非随机抽样方式。

① 受客观条件限制，总体中各单位过于分散，无法采用随机抽样方式。

② 时效性限制。调查时间紧，要求快速取得结果。

③ 调查对象不稳定，变化较快，需要快速得到调查结果。

④ 调查人员有丰富的调查经验，且总体中各单位差异较小。

6. 推断市场总体

抽样调查的目的是用样本指标推断总体指标，通常较多的是用样本平均数推断总体平均数，用样本成数推断总体成数。实际工作中，无论样本选取如何客观公正，设计如何完美，也只是部分单位而不是全部单位，产生抽样误差是无法避免的。虽然抽样误差不可避免，但可以运用大数定律的数学公式加以精确地计算，确定它具体的数量界限，并可通过抽样设计加以控制。

（1）抽样误差

抽样误差是指随机抽样中样本指标与总体指标之间的差异。它是由于随机抽样的偶然因素使样本各单位的结构不足以代表总体各单位的结构，而引起的抽样指标和全及指标之间的偏差。

抽样误差是衡量抽样调查准确程度的指标。抽样误差越大，表明抽样总体对全及总体的代表性越小，抽样调查的结果越不可靠。反之，抽样误差越小，说明抽样总体对全及总体的代表性越大，抽样调查的结果越准确可靠。常见的抽样误差有抽样平均数与总体平均数的绝对离差$|\bar{x}-\bar{X}|$，抽样成数与总体成数的绝对离差$|p-P|$。实际中一般用抽样平均误差来说明样本指标和总体指标之间的平均差异程度。

影响抽样误差大小的因素如下。

1）总体各单位标志值的差异程度。其他条件给定的情况下，总体内各单位标志值的差异程度越小，抽样误差就越小。反之，总体内各单位标志值的差异程度越大，抽样误差就越大。

2）样本单位数目。其他条件给定的情况下，抽取的样本单位数目越多，抽样误差越小。反之，抽取的样本单位数目越少，抽样误差则越大。

3）抽样组织形式。一般说来，单纯随机抽样比分层随机抽样、整群随机抽样误差大，重复抽样比不重复抽样误差大。

从理论上对抽样误差进行介绍时，一般以单纯随机抽样为基础，以重复抽样误差公式为例，计算抽样平均误差。

在重复抽样条件下，单纯随机抽样平均数的抽样平均误差计算公式为

$$\mu_{\bar{x}}=\frac{\sigma}{\sqrt{n}}$$

式中，$\mu_{\bar{x}}$——抽样平均数的抽样误差；

σ——总体标准差；

n——样本单位数。

用于抽样成数抽样平均误差的公式为

$$\mu_p=\sqrt{\frac{P(1-P)}{n}}$$

式中，μ_p——抽样成数的抽样平均误差；

P——总体成数；

n——样本单位数。

在大样本情况下，即 $n\geqslant 30$ 时，可以采用样本标准差代替总体标准差，用样本成数代替总体成数。

【例 3-7】　某居民区有居民 2 000 户，随机抽出 400 户作市场购买力调查，测试结果：平均每户月消费支出为 4 800 元，样本标准差为 300 元，计算抽样平均数的抽样误差。

已知：N=2 000 户，n=400 户，σ=300 元，$\bar{x}$=4 800 元，则

$$\mu_{\bar{x}}=\frac{\sigma}{\sqrt{n}}=\frac{300}{\sqrt{400}}=15(\text{元})$$

【例 3-8】　一批食品罐头共 60 000 瓶，随机抽查 300 瓶，发现有 6 瓶不合格，求合格品率的抽样误差。

已知：N=60 000 瓶，n=300 瓶，n_1=6 瓶，则

$$p=\frac{n-n_1}{n}=\frac{300-6}{300}=0.98$$

$$\mu_p=\sqrt{\frac{P(1-P)}{n}}=\sqrt{\frac{0.98\times(1-0.98)}{300}}\times 100\%=0.808\%$$

从例 3-7 和例 3-8 可以看出，由于随机原因样本指标与总体指标之间的差异情况。显然，总体的标准差越大，即总体各单位之间客观存在的差异越大，抽样误差也就越大；抽样的单位数目越大，抽样误差就越小。因此，在实践中，为了有效控制样本指标与总体指标之间的误差，更准确地推断总体指标，往往可以通过加大样本单位数（样本容量）的办法，或选择恰当抽样方式方法，尽可能采用分层随机抽样方式和不重复抽样方法，减小或控制抽样误差。

（2）推断总体

在市场抽样调查中推断总体，即是用样本指标推断总体指标的过程。推断的方法有点估计和区间估计两种。

1）点估计。点估计是直接以样本指标作为总体指标的估计值，不考虑抽样误差，

仅作近似的估计。

【例 3-9】 某市有居民 5 万户，抽取 500 户调查，得出居民人均生活费月支出为 850 元，推断该市 5 万户居民人均生活费月支出也是 850 元，这就是点估计，完全不考虑抽样误差，在抽样推断中，点估计应用较少。

2）区间估计。区间估计就是在一定的抽样误差范围内建立一个置信区间，并联系这个区间的置信度，以样本指标推断总体指标。

① 抽样估计的置信度。统计推断是概率推断，在区间估计过程中，必须处理好抽样误差范围与置信度之间的关系。所谓置信度就是继续推断时的可靠程度，抽样推断可靠程度是指市场调查总体所有可能样本的指标落在一定区间的概率度。

对于置信度与抽样误差之间的关系，数理统计的理论可以用正态分布来描述，即在抽样误差前乘以 t，并使置信度成为 t 的分布函数 $F(t)$，将二者关系对应起来建立正态分布概率表，以便使用时查找。这样任何一个置信度都可以查到对应的 t 值。如几个常用的置信度 90%、95%、95.45%、99%所对应的 t 值分别是 1.65、1.96、2、2.58。

② 市场随机抽样的区间估计。区间估计是统计推断的常用方法，它是在考虑到抽样误差的情况下以样本指标推断总体指标的过程，同时必须联系到与抽样误差和置信度的关系。

区间估计可以用样本平均数推断总体平均数，也可以用样本成数推断总体成数。

用样本平均数推断总体平均数的区间估计公式为

$$\bar{x} - t\mu_{\bar{x}} \leqslant \bar{X} \leqslant \bar{x} + t\mu_{\bar{x}}$$

式中，$\bar{X}$ ——总体平均数；

$\bar{x}$ ——样本平均数；

t ——概率度；

$t\mu_{\bar{x}}$ ——抽样平均数误差范围。

以上公式说明，总体平均数表现为样本平均数加减抽样误差范围的区间值，而不是一个固定点值。

用样本成数推断总体成数的区间估计公式为

$$p - t\mu_p \leqslant P \leqslant p + t\mu_p$$

式中，P ——总体成数；

p ——样本成数；

t ——概率度；

$t\mu_p$ ——抽样成数误差范围。

以上公式说明，总体成数表现为样本成数加减抽样误差范围的区间值，而不是一个固定点值。

【例 3-10】　仍以例 3-7 为例，若置信度为 95%，试进行区间估计。

置信度为 95%，则其相应的 t=1.96，则有

$$\bar{x}-t\mu_{\bar{x}} \leqslant \bar{X} \leqslant \bar{x}+t\mu_{\bar{x}}$$

$$4\,800-1.96\times 15 \leqslant \bar{X} \leqslant 4\,800+1.96\times 15$$

$$4\,770.6 \leqslant \bar{X} \leqslant 4\,829.4$$

即该居民区居民月消费支出为 4 770.6～4 829.4 元，这种推断有 95%的置信度。该居民区 2 000 户居民月消费总支出为（4 770.6 × 2 000）～（4 829.4 × 2 000）元，即 954.12 万～965.88 万元，置信度为 95%。

【例 3-11】　仍以例 3-8 为例，若置信度为 95.45%，试进行区间估计。

$$p-t\mu_p \leqslant P \leqslant p+t\mu_p$$

$$98\%-2\times 0.808\% \leqslant P \leqslant 98\%+2\times 0.808\%$$

$$96.38\% \leqslant P \leqslant 99.62\%$$

即该批食品罐头的合格品率为 96.38%～99.62%，这种推断有 95.45%的置信度。

以上计算说明，区间估计与置信度的要求关系极大，置信度要求越高，其推断的区间范围（或置信区间）就越大。反之，置信度要求低，其推断的区间范围就小。

7. 确定样本容量

样本容量是指样本单位的多少。在市场抽样调查中，样本容量的确定是一个必须要解决的实际问题，它关系到样本对总体的代表性，也关系到抽样调查费用和人力的花费。样本太小会影响样本对总体推断的准确性和可靠程度，过大则会造成不必要的人力和费用的浪费，因此在抽样调查中样本的容量要适当。

（1）影响抽样数目的因素

1）总体中各单位之间标志值的变异程度。变异程度越大，需要抽选的样本数目越多，反之，需要抽选的样本数目越少。

2）允许误差的大小。允许误差又称极限误差或最大可能误差，是指抽样误差的范围，以符号 Δ 表示，其计算公式为

$$\Delta = t\mu$$

式中，t ——概率度；

μ ——抽样误差；

Δ ——允许误差，等于 t 倍的抽样误差。

允许误差大，抽样数目可以少抽一些；允许误差小，抽样数目可以多一些。允许误差的大小要根据调查的目的、要求和条件来确定，一般来说，调查准确度要求高，力量强，费用充足，允许误差要小一些，反之可以大一些。

3）抽样方法的不同。一般来说，随机抽样比非随机抽样样本数目少一些，不重复

抽样比重复抽样样本数目少一些。

（2）必要样本数目的确定

在考虑到各方面的因素后，要具体确定样本的大小。抽样调查是以概率论和数理统计的有关理论为依据的，这些理论是以大样本为前提建立的。一般在市场抽样调查中采用的是大样本，其样本单位为50～5 000，可按公式法和经验法进行。

1）公式法。根据市场抽样调查中的置信度和置信区间及总体标准差的大小等因素，计算出确切的样本单位数。

单纯随机抽样的计算公式为

$$n=\frac{t^2\sigma^2}{\varDelta_{\bar{x}}^2}$$

式中，n——样本单位数；

σ——总体标准差；

$\varDelta_{\bar{x}}^2$——抽样平均数的误差范围；

t——概率度。

【例3-12】 某市要调查职工每月食品消费支出情况，已知职工平均每人月食品消费支出标准差为400元，若要求允许误差为30元，置信度95.45%，计算样本数目需要多少人？若其他条件不变，置信度提高到99.73%，样本数目又需要多少人？

已知：$\varDelta_{\bar{x}}=30$元，$\sigma=400$元，置信度$F(t)$=95.45%=0.954 5，$t=2$；置信度$F(t)$=99.73%=0.997 3，$t=3$。

当$F(t)$=95.45%，$t=2$时，则

$$n=\frac{t^2\sigma^2}{\varDelta_{\bar{x}}^2}=\frac{2^2\times400^2}{30^2}\approx712\text{（人）}$$

这说明当允许误差为30元，置信度为95.45%时，需要抽712人来调查才能满足要求。

当$F(t)$=99.73%，$t=3$时，则

$$n=\frac{t^2\sigma^2}{\varDelta_{\bar{x}}^2}=\frac{3^2\times400^2}{30^2}\approx1\,600\text{（人）}$$

这说明当允许误差为30，置信度上升到99.73%，需要抽1 600人调查才能满足要求。

从以上计算可以看出，对抽样调查结果置信度要求越高，样本的数目就要越多。反之对抽样调查结果置信度要求越低，样本的数目就越少。

2）经验法。根据市场抽样调查的经验，得出不同规模总体样本单位数占总体单位数的比重经验数，供抽样调查抽取样本时参考，一般用于非随机抽样。

3.2　确定市场调查方法

市场调查必须选用科学的调查方法。市场调查方法选择的恰当与否，决定着市场调查质量的高低。不同的市场调查方法各有利弊，只有了解各种方法，才能在实际工作中正确选择和应用。

3.2.1　运用文案调查法

微课：学会运用文案调查法

1. 文案调查法的含义和特点

（1）文案调查法的含义

文案调查法又称间接调查法，是利用企业内部和外部现有的各种信息、情报资料，对调查内容进行分析研究的一种调查方法。

文案调查的对象是各种历史和现实的统计资料，即经过他人搜集、记录、整理所积累的各种二手资料。当所需的某个市场资料有限而且已有可靠的文献资料时，文案调查往往是比较有效的调查方法。但是当需要更深入地了解某一个市场情况时，实地调查仍是必不可少的。因此，文案调查往往是实地调查的基础和前提。

（2）文案调查法的特点

文案调查法的特点表现在以下几个方面。

1）文案调查是收集已经加工过的次级资料，而不是对原始资料的搜集。

2）文案调查以收集文献性信息为主，它具体表现为收集各种文献资料，目前仍主要以收集印刷型文献资料为主。

3）文案调查所收集的资料包括动态和静态两个方面，尤其偏重于从动态角度收集各种反映调查对象变化的历史与现实资料。

2. 文案调查法的功能及要求

在市场调查中，文案调查作为对信息收集的重要手段，一直得到世界各国的极大重视。

（1）文案调查的功能

1）文案调查可为市场研究提供重要参考依据。根据市场调查的实践经验，文案调查常被作为市场调查的首选方式。几乎所有的市场调查都可始于收集现有资料，只有当现有资料不能为解决问题提供足够的依据时才进行直接调查。因此，文案调查可以作为一种独立的市场调查方法加以采用。文案调查常用于对市场供求趋势分析、市场现象之间的相关与回归分析、市场占有率分析和市场覆盖率分析等。

2）文案调查可以为实地调查创造条件。如果有必要进行实地调查，文案调查可以为实地调查提供经验和大量背景资料。具体表现在：一是通过文案调查，可以初步了解调查对象的性质、范围、内容等，并能提供实地调查无法或难以取得的资料，有利于进一步开展和组织实地调查，二是文案调查所收集的资料可用来证实各种调查假设，即可以通过对以往类似调查资料的研究来指导实地调查的设计，用文案调查资料与实地调查资料进行对比，鉴别和证明实地调查结果的准确性和可靠性。

3）文案调查可用于进行经常性的市场调查。实地调查与文案调查相比，更费时费力，操作起来比较困难。文案调查经调查人员精心策划，具有较强的灵活性，能随时根据需要，收集、整理和分析各种调查信息。

4）文案调查不受时空限制。从时间上看，文案调查不仅可以掌握现实资料，还可获得实地调查所无法取得的历史资料；从空间上看，文案调查既能对企业内部资料进行收集，还可掌握大量的有关外部环境方面的资料。尤其是在那些地域遥远、市场条件各异，采用实地调查要花费较大的人力、物力和财力的情况，用文案调查的优势更为突出。

文案调查法存在以下几个方面的局限性。

1）无法搜集市场的新情况、新问题。文案调查依据的主要是历史资料，其中，过时资料比较多，现实中正在发生变化的新情况、新问题难以得到及时的反映，因而无法搜集。

2）收集的资料无法直接使用。文案调查所收集、整理的资料和调查目的往往不能很好地吻合，收集资料时易有遗漏，因而收集的资料无法直接使用。

3）文案调查对调查者能力要求较高。文案调查要求调查人员有较扎实的理论知识和较深的专业技能，否则在工作中将力不从心。此外，由于文案调查所收集的文案的准确程度较难把握，其中有些资料是由专业水平较高的人员采用科学的方法搜集和加工的，准确度较高。也有一些资料只是估算和推测的，准确度较低。因此，应明确资料的来源并加以说明。

（2）文案调查法的要求

文案调查的特点和功能决定了调查人员在进行文案调查时，应该满足以下几个方面的要求。

1）广泛性。文案调查对现有资料的收集必须详尽，要通过各种信息渠道，利用各种机会，采取各种方式，大量收集各方面有价值的资料。一般说来，既要有宏观资料，又要有微观资料；既要有历史资料，又要有现实资料；既要有综合资料，又要有典型资料等。

2）针对性。要着重收集与调查主题紧密相关的资料，善于对一般性资料进行摘录、整理、传递和选择，以得到有参考价值的信息。

3）时效性。要考虑所收集资料的时间是否能满足调查的需要。随着知识更新速度加快，调查活动的节奏也越来越快，资料适用的时间在缩短，因此，只有反映最新情况

的资料才是价值最高的资料。

4）连续性。要注意所收集的资料在时间上是否连续。只有连续性的资料才便于动态比较，便于掌握事物发展变化的特点和规律。

3. 文案调查法的渠道

文案调查应围绕调查目的，收集一切可以利用的现有资料。按照资料的来源不同，一般分为内部资料和外部资料。

（1）内部资料的收集

内部资料的收集主要是收集调查对象活动的各种记录，主要包括以下四种。

1）业务资料。包括与调查对象活动有关的各种资料，如订货单、进货单、发货单、合同文本、发票、销售记录、业务员访问报告等。通过对这些资料的了解和分析，可以掌握企业生产和经营商品的供求变化情况等。

2）统计资料。主要包括各类统计报表，如企业生产、销售、库存等各种数据资料及各类统计分析资料等。企业统计资料是研究企业经营活动数量特征及规律的重要定量依据，也是企业进行预测和决策的基础。

3）财务资料。是由企业财务部门提供的各种财务、会计核算和分析资料，包括生产成本、销售成本、各种商品价格及经营利润等。财务资料反映了企业活劳动和物化劳动占用和消耗情况及所取得的经济效益，通过对这些资料的研究，可以确定企业的发展背景，考核企业经济效益。

4）企业积累的其他资料。如平时剪报、各种调研报告、经验总结、顾客意见和建议、同业卷宗及有关图片和视频影像资料等，这些资料都对市场研究有一定参考作用。

（2）外部资料的收集

对于外部资料，可以从以下几个主要渠道加以收集。

1）统计部门以及各级、各类政府主管部门公布的有关资料。如国家统计局和地方统计局定期发布统计公报等信息；计委、财政、工商、税务等各主管部门和职能部门定期或不定期地公布有关政策、法规、价格和市场供求等信息，这些信息都具有综合性强、辐射面广的特点。

2）各种经济信息中心、专业信息咨询机构、各行业协会和联合会提供的信息和有关行业情报。这些机构的信息系统资料齐全，信息灵敏度高，是获取资料的重要来源。

3）国内外有关的书籍、报纸、杂志所提供的各种统计资料；各种博览会、展销会、交易会、订货会以及专业性、学术性经验交流会议上所发放的文件和材料等。

4）国内外各种媒体提供的有关信息等。

（3）互联网资料的收集

互联网是将世界各地的计算机联系在一起的网络，它是获取信息的最新工具，对任何调查而言，互联网都是最重要的信息来源。互联网上的原始电子信息比其他任何形式存在的信息都要多，这些电子信息里面有很多内容是调查所需要的情报。

互联网的特征是查询速度快，数据容量大，同其他资源链接方便。互联网的发展使信息搜集变得容易，从而大大推动了调查的发展。文案调查人员坐在计算机前查询，便能轻松地获得大量信息，而且许多信息都是免费的。例如，在图书馆中查找某些信息效率很低，如果利用搜索引擎查找，输入需要查询的关键字，计算机就自动搜索出来，还可以获得包含该条文的原始文件的全文。

小案例

格林斯潘的成名作

格林斯潘是美国联邦储备系统（简称美联储）前主席，他开创了美国历史上最长的经济上升期，对美国的经济繁荣做出了卓越的贡献，被《纽约时报》喻为美国经济的“火车司机”。在他还只是一名学生的时候，就写出了一份令人刮目相看的调查报告，为其以后的辉煌人生奠定了坚实的基础。

那是 1950 年，朝鲜战争爆发后，美国五角大楼把所有的军用物资购买计划列为保密文件，这可急坏了一些投资家。因为许多投资家都想预测备战计划对股市的影响，即必须提前获悉美国政府对原材料的需求量，特别是对铝、铜和钢材的需求量才可以进行分析。

美国国家工业联合会也想获取这些信息，可是在高度保密的情况下，获取这些信息简直比登天还难。就在美国国家工业联合会一筹莫展的时候，一个年轻人自告奋勇地站出来，这名年轻人就是格林斯潘。当时他只有 24 岁，还没有从纽约大学毕业，只是为了支付高昂的学费，才来到这个投资机构做兼职调查员。老板实在找不到其他合适的人，只好抱着试试看的心理让他去了。

要获取美国政府对原材料的需求量，特别是铝、铜和钢材的需求量，最便捷的路径是查阅美国有关的文件，但这是不可能的。格林斯潘想到了 1949 年，那时候朝鲜战争还没有爆发，军事会议在开听证会的时候召开，所以没有保密。于是，他花了大量精力研究一年来的新闻报道和政府公告，获知 1950 年和 1949 年美国空军的规模和装备基本一致。他从 1949 年的记录中了解到每个营有多少架飞机、新战斗机的型号、后备战斗机的数量，然后再预计出损耗量。根据这些，就能基本预测出朝鲜战争期间每个型号战斗机的需求量。

预测了每个型号战斗机的需求量，格林斯潘又找来各种飞机制造厂的技术报告和工程手册，一头扎了进去。这对他来说虽然有一定的难度，但通过一段时间的研读，他还是弄清了每个型号的战斗机需要多少铝、铜和钢材等原材料，然后再根据每架战斗机的需求量，轻易地算出了美国政府对原材料的总需求量。

之后，格林斯潘写了《空军经济学》等两篇很长的报告，发表在当时有很大影响力的《经济记录》上。由于他计算出的数字非常接近当时美国政府保密文件里的数字，因此给许多投资者带来了丰厚的回报。

格林斯潘正是凭着这次成功，引起了许多人的关注，也为他以后的人生奠定了坚实的基础。1987 年格林斯潘任美联储主席，其后 4 次获得连任。任期之长，在美联储历史上极为罕见。更难能可贵的是，在格林斯潘担任美联储主席 18 年多的时间里，美国经济出现了创纪录的长达 10 年的持续增长期，中间只发生过两次温和的衰退。

（资料来源：http://www.docin.com/p-2517180.html）

分组讨论：

1）结合本案例说明文案调查法的功能、特点和作用。

2）谈谈本案例给你的启示。

3.2.2　运用实地调查法

实地调查法是指调查人员直接深入到被调查单位所在地对其进行调查研究，并对调查获取的第一手资料、信息进行分析得出结论的一种方法。常用的实地调查法有市场访问法、市场观察法和实验调查法等。

1. 市场访问法

市场访问法是由访问者向被访问者提出问题，通过被访问者的口头回答或填写调查表等形式来收集市场信息资料的一种方法，它是市场调查中最常用、最基本的直接调查的方法。市场访问法既可以独立使用，也可以与市场观察法结合应用。

市场访问法的特点是通过直接或间接的回答方式来了解被调查者的看法和意见。市场访问法的实施过程是调查者与被调查者相互作用、相互影响的过程，访问者的人际交往能力在访谈过程中发挥着重要的作用。

在实际运用中，按询问的方法不同，市场访问法可分为面谈访问法、电话访问法、邮寄调查法等。

（1）面谈访问法

1）面谈访问法的含义和特点。

面谈访问法是由访问者通过面对面的询问和观察被访问者而获得市场信息的方法。

访问中可以事先设计好调查提纲，调查者可以依次提问，也可以围绕调查问题自由交谈，采取个人面谈、小组访谈等多种形式。个人面谈即通过调研者与被调查者个人进行交流来获得信息。小组访谈通常是一个小组的被调查人员共同出席座谈会，在座谈会上集思广益，调查者从中获得信息。

面谈访问法的优点：一是可直接了解消费者的态度，真实性较高；二是调查时可对调查提纲进行及时修改和补充，具有较大的灵活性；三是访问中可以互相启发并向被调查者解释某些问题。面谈访问法的不足：被调查者的主观偏见常常影响资料的准确性；如果调查的范围较广，带来的成本费用较高，信息反馈也会不及时。

面谈访问法一般适用于调查范围较小而调查项目比较复杂的情况。

2）面谈访问法的形式。

① 入户访问。入户访问是指调查员到被调查者的家中或工作单位进行访问，直接与被调查者接触，或是利用访问式问卷对问题进行逐一询问，并记录下对方的回答；或是将自填式问卷交给被调查者，讲明方法后，等对方填写完毕再回来收取问卷的调查方法。

在决定采用入户访问方法之前，首先要尽可能详细、具体地规定抽取家庭户的办法，以决定到哪些户（单位）去访问。同时，调查时必须严格按照规定进行抽样，绝对不可以随意、主观地选取调查户。

入户以后要具体确定访问的对象。根据研究的目的不同，确定的访问对象也不同。如果调查的内容主要涉及整个家庭，则一般是访问户主；如果调查的内容主要涉及个人的行为，一般是访问家庭中某个年龄段的成员，或是按某种规定选取一位家庭成员进行访问。不管是哪一种情况，抽样方案中都要规定具体的方法，使调查员有据可依。对于只选一位家庭成员的情况，一般利用“入户随机抽样表”来确定。

② 拦截访问法。拦截访问是指在某个场所拦截在场的一些人进行面谈访问调查，这种方法常用在商业性的消费者意向调查中。

拦截访问法主要有两种方式：一是由经过培训的访问员在事先选定的若干个地点，如交通路口、户外广告牌前、商城或购物中心内外等，按照一定的程序和要求，选取访问对象，征得其同意后，在现场按照问卷进行简短的面访调查；二是在事先选定的若干场所内，根据研究的要求，摆放若干供被访者观看或试用的物品，然后按照一定的程序，在事先选定的若干场所的附近拦截访问对象，征得其同意后，带到专用的房间或厅堂内进行面谈访问调查。这种方法常用于需要进行实物显示的或特别要求有现场控制的探索性研究，或需要进行实验的因果关系研究，如广告效果测试，某种新开发产品的试用实验等。

小案例

楚汉酒店的经营之道

楚汉大酒店座落在南方某个省会城市的繁华地段，是一家投资几千万元的新建大酒店，但开业初期生意很不景气。酒店经理为了寻找症结，分别从大中型企业、大专院校、机关团体、街道居民邀请代表参加座谈会，并亲自走访了东西南北四区的部分居民，还在旅游景点拦截了一些外地游客进行调查。结果发现存在以下问题：本酒店没有停车场，顾客来往很不方便；本市居民及外地游客对本酒店的知晓率很低，更谈不上满意度；本酒店与其他酒店相比，经营特色是什么，大部分居民也不清楚。为此，酒店做出了兴建停车场、在电视上做广告、开展公益及社区赞助活动，并突出经营特色，开展多样化服务等决策。决策实施后，酒店的生意日渐红火。

（资料来源：http://www.docin.com/p-1808853979.html）

分组讨论：

1）本案例中应用的是哪种调查方法？

2）如果你是该酒店的调查人员，你会采用什么调查方法完成调查任务？

（2）电话访问法

电话访问法是由调查员通过电话与被调查者交谈获取信息的一种方法。这种调查方法速度快，成本低，覆盖面广，交谈比较自由，能迅速获得资料，且不受地区大小的限制。

电话访问受通信条件的限制，对被调查者的选择有局限性，交谈的时间也不宜太长，因此，调查的问题不够深入，只能得到简单的资料；由于调查员不能看到对方的表情、姿态等形体语言，辨别真实性及记录准确性较差，拒访情况较多；如果电话询问的被调查者较少，所调查的资料也无法代表全部总体。因此，这种方法一般只适用于对热点问题、突发性问题、特定问题和特殊群体的调查。

（3）邮寄调查法

邮寄调查法是将设计好的调查问卷以信函形式寄给被调查者，由被调查者填写意见后寄回的一种访问方法。

邮寄访问的工作程序：设计问卷，确定样本量，选定邮访对象，联系邮访对象，再次电话联系，收回问卷，数据处理等。

这种调查方法成本低，调查范围广，被调查者可以自由、充分的回答问题，使答复较为真实可靠。但这种方法也有缺点：回收率一般比较低，影响调查效果；由于调查人员不在场，被调查者如果不能正确理解问卷内容，会出现答非所问的现象；有些问卷被延迟寄回，时效性差，等等。为了提高回收率和准确性，要注意调查问卷设计的科学性，

并在寄出的邮件里附上回信的邮资，并承诺寄回者有参加抽奖的机会，以提高被调查者参与调查的积极性。

邮寄调查一般用于对时效性要求不高，受访者名单、地址、邮编都比较清楚，调查费用比较紧张的调查项目。如果企业有多次邮寄访问调查的先例，积累了邮访对象的样本群体，并建立了良好的合作关系，邮寄访问能够取得满意的效果。

小案例

强生公司的一次邮寄调查

强生公司是一家国际知名的婴儿用品生产公司，该公司想利用其在婴儿用品市场的高知名度来开发婴儿用的阿司匹林，但不知市场的接受程度如何。由于强生公司有一些关系较好的市场调查样本群体，且问题比较简单，但需要由被调查者做出解释，故决定采用费用较低的邮寄调查法进行市场调查。通过邮寄方法的调查分析，强生公司得出了这样一个结论：该公司的产品被消费者一致认为是温和的（这种反应与强生公司所做广告的宣传效果是一致的），但温和并不是人们对婴儿阿司匹林的期望。相反，许多人认为温和的阿司匹林可能不具有很好的疗效。为此，强生公司认为如果开发这种新产品，并做出适合于该产品的宣传就会损坏公司的整体形象，公司多年的努力也将付之东流。因此，强生公司最终决定放弃这种产品的开发。

（资料来源：http://www.docin.com/p-1808853979.html）

分组讨论：

谈谈邮寄调查法在当今网络环境下的应用前景。

2. 市场观察法

（1）市场观察法的含义及特点

1）市场观察法的含义。

市场观察法是观察者根据研究目的，有组织、有计划地运用自身的感觉器官或借助科学的观察工具，直接搜集当时正在发生的、处于自然状态下的市场现象有关资料的方法。

与面谈访问法不同，市场观察法主要观察人们的行为、态度和情感。它是调查员到现场运用观察技巧见证并系统地记录信息，而不通过提问或交流形式完成。观察法既包括观察人、物体，也包括观察事件，既可以进行人员观察，也可以由机器观察。

2）市场观察法的特点。

① 客观性。观察者所观察的是当时正在发生的、处于自然状态下的市场现象，其

结果必然是客观的。

② 能动性。观察者根据研究市场问题的某种需要，有目的、有计划地搜集市场资料，所观察的内容都是经过周密设计的，是为科学研究市场服务的。

③ 全面性。在实地观察之前，观察者要根据市场调查目的对观察对象、观察项目和观察的具体方法等做详细计划，设计出系统的观察方案，是科学、系统、全面的观察。

科学的观察必须制定周密的计划，并对观察者进行系统的培训，使之掌握与市场调查有关的科学知识，具备观察技能，避免产生观察误差，以保证调查资料的可靠性。

（2）市场观察法的类型

观察者为了取得所需要的市场现象资料，往往要在不同情况下采取不同类型的观察方法。

1）参与观察与非参与观察。根据观察者是否参加到被观察的市场活动中，可以分为参与观察和非参与观察。

① 参与观察，是指观察者直接参与市场活动，并在参与市场活动时对市场现象进行观察，搜集市场资料的观察方法，这种观察也称为局内观察。

参与观察按观察者参与市场活动的深度不同，又可分为完全参与观察和不完全参与观察。完全参与观察，是观察者完全参与到市场活动中，以买方或卖方的身份出现，与其他商品买者或卖者处于同等地位，并在买卖活动中进行观察。不完全参与观察，是观察者只参与部分市场活动，并在其间对市场现象进行观察。

实施参与观察，一般必须经过如下步骤：进入观察现场，与被观察者建立良好关系；确定观察内容，制订观察计划；进行实地观察并做好观察记录；退出观察现场，进入研究阶段。

② 非参与观察，是指观察者以旁观者的身份对市场现象进行观察，也称局外观察。观察者不参与任何市场活动，被观察的市场活动参加者也将其视为外人。

参与观察和非参与观察各有优缺点。一般来说，参与观察对市场现象的观察较深入、细致，不但可以观察到市场现象的具体表现，还可以了解市场交易双方之间较深层次的活动。但是参与观察一般所花费的时间较长，观察者必须实际参与市场活动的全过程或某个阶段，才能观察到现象的表现。非参与观察则能做到比较客观、真实地搜集资料，不会因为参与了市场活动而对市场现象产生某些主观倾向，但非参与观察难以对市场现象做出很深入的观察。在实际调查中，应根据调查目的和调查内容，确定应选用的方法。

2）有结构观察和无结构观察。根据观察者对观察内容是否有统一设计、有一定结构的观察项目和要求，市场观察法可分为有结构观察和无结构观察。

① 有结构观察。观察者事先制定观察计划，对观察对象、范围、内容、程序等都做出严格的规定，在观察过程中必须严格按计划进行。

有结构观察的突出特点是观察过程的标准化程度高，所得到的调查资料比较系统。但必须事先对市场现象做探索性分析研究，制定出既有实用性又有科学性的观察计划。

有结构观察的实施一般有以下几个步骤：选择观察对象，确定观察内容；将观察内容设计成具体项目，并制成观察工具；对市场现象进行观察，并应用标准化记录工具做好记录。

② 无结构观察。观察者对观察的内容、程序等事先没有做严格规定，只要求观察者有一个总的观察目的和原则，或有个大致的观察内容和范围，在观察时根据现场的实际情况，进行有选择的观察。

无结构观察的优点是灵活性大，调查者可以在事先拟定好提纲的基础上充分发挥主观能动性。但无结构观察的资料一般不够系统，不便于资料的整理和分析。

在采用实地市场观察法搜集市场资料时，对于能够确定的市场现象，可以采取有结构市场观察法；而对于不确定的市场现象，由于调查者事先无法对它制定详细的观察计划，只能用无结构市场观察法。

3）人员观察和机器观察。按实施观察的方式不同，可分为人员观察和机器观察。

① 人员观察。观察员深入到现场，利用自身的眼、耳、鼻、舌、身等感觉器官，见证并记录下市场信息。在观察过程中通过眼睛获得的信息量最大，其他感觉器官也可以对市场现象做出直接感知。

② 机器观察。观察者通过科学仪器（如照相机、摄像机、望远镜、显微镜、探测器等）记录市场信息。这些观察工具大大提高了观察者对市场现象的观察深度，既提高了人类对事物的观察能力，又通过调查表、文字、照片、图片、音频、视频等对观察结果进行了记载，增加了观察资料的翔实性。

随着现代科学技术的发展，将会有新的可作为观察工具的发明成果出现，从而进一步提高人类对市场现象的观察能力。

4）直接观察和间接观察。按观察的对象不同，可分为直接观察和间接观察。

① 直接观察。观察员对所发生的事或人的行为直接观察和记录。在观察过程中，调查人员所处的地位是被动的，也就是说调查人员对所观察的事件或行为不加以控制或干涉。

② 间接观察。观察员通过对实物的观察，来追索和了解过去所发生过的事情。间接观察又称为对实物的市场观察。

5）自然情境市场观察法和实验室市场观察法。按照观察的情境条件不同，市场观察可分为自然情境市场观察和实验室市场观察。

① 自然情境市场观察。它包括自然行为的系统现象观察和偶然现象的观察，收集到的材料较为客观真实，但对观察对象本质上的东西把握不够。

② 实验室市场观察。它是在实验室的模拟环境中，按照一系列严密的观察计划进行的，这种观察能捕捉到较为深层次的东西，有利于探讨事物内在的因果关系。

（3）市场观察法评价

市场观察法观察的是处于自然状态下的市场现象，较好地保证了观察结果的客观性；观察者可以身临其境地了解现象实际发生的全部过程，获得更深入的资料，从而不受历史的或将来的意愿的影响；有时对于特定问题，市场观察法是唯一可用的调研方法。但是，市场观察法只能观察表面现象而观察不到被调查者内在的因素，如行为背后的动机、态度等；有些行为记录在调查时会受到限制或拒绝，如果被观察的行为不是经常发生，那么花费时间较长，而且成本很高。

市场观察法主要用于外形观察、店铺观察、流量观察（如测定交通路口或车站码头客流量或车流量，观察商场购物环境、商品陈列、服务态度等对消费者购买行为、购买动机的影响，对生产经营者现场考察与评估等），适宜做小范围的探索或辅助调查，有时也用于对竞争对手进行跟踪或暗访观察或对新产品跟踪测试等情况。

小案例

不同的观察角度

在美国有一间鞋子制造厂。为了扩大市场，该厂的厂长便派一名市场经理到非洲一个孤岛上调查市场。那名市场经理一抵达，发现当地的人们都没有穿鞋子的习惯，回到旅馆，他马上发电报告诉："这里的居民从不穿鞋，此地无市场。"接到电报后，厂长思索良久，便吩咐另一名市场经理去实地调查。当这名市场经理一见到当地人们赤足，没穿任何鞋子的时候，兴奋万分，一回到旅馆，马上电告厂长："此岛居民无鞋穿，市场潜力巨大，快运一百万双鞋子过来。"

（资料来源：https://wenda.so.com/q/1448472539728213）

分组讨论：

1）观察法在市场调查中的作用。

2）此案例中两个市场经理的做法对你有何启示？

3. 实验调查法

（1）实验调查法的含义

实验调查法是指市场调查者有目的、有意识地改变一个或几个影响因素，来观察市场现象在这些因素影响下的变动情况，以认识市场现象的本质特征和发展规律的调查方法。如根据一定的调查研究目的创造某种条件，采取某种措施，把调查对象置于非自然状态下观察其结果。某种商品在改变品种、包装、设计、价格、广告、陈列方法等因素时，观察因变量引起的效果。实验法的最大特点是把调查对象置于非自然状态下开展市场调查，可提高调查的精确度。

（2）实验调查法的构成要素

实验者：实验调查的有目的、有意识的活动主体。

实验对象：实验调查所要认识的客体。

实验环境：实验对象所处的各种社会条件的总和。

实验活动：改变实验对象所处社会条件的各种实验活动。

实验检测：在实验过程中对实验所作的检查或测定。

（3）实验调查法的步骤

应用实验调查法的一般步骤：①根据调查项目和课题要求，提出研究假设；②进行实验方案设计，确定实验方法；③选择实验对象，要选择在同类事物中具有较高代表性的实验对象；④进行正式实验，严格按照实验设计规定的进程来进行实验，对实验结果进行认真的观测和记录；⑤整理、分析实验资料并作实验检测，得出实验结论，写出调查报告。

（4）实验调查法的应用形式

实验调查法的应用范围很广，如改变商品包装、改变产品价格、改进商品陈列以及进行新产品试验等，均可以用到实验法。其应用主要有以下三种形式。

1）无控制组的事前事后对比实验。

这是最简单的一种实验调查法，它是在没有控制组作参照的情况下，考察实验组在改变实验因素前后发生的变化，从而来测定实验因素对调查对象产生影响的实验效果。因此，它是一种纵向对比，即在前后时间上的比较，如表 3-4 所示。

表 3-4　无控制组的事前事后对比表

项目	实验组	控制组
事前实验测定值	X_1	—
事后实验测定值	X_2	—

在表 3-4 中没有控制组，只有实验组的事前实验和事后实验所产生的事前实验测定值 X_1 及事后实验测定值 X_2。

其实验效果可用 E 来表示，即

$$E = X_2 - X_1$$

【例 3-13】　某食品厂为了提高酥饼的销售量，将原有的纸盒包装改为铁盒包装，为此，该厂决定采用无控制组的事前事后对比实验来考察实验结果。整个实验期前后为 2 个月，前一个月用纸盒包装，销售量为 1 000 盒，后一个月用铁盒包装，销售量为 1 500 盒，实验效果为

$$E = X_2 - X_1 = 1\,500 - 1\,000 = 500\text{（盒）}$$

上述结果表明，采用铁盒包装销售量增加 500 盒，效果是明显的，所以该厂决定采用铁盒包装。

无控制组的事前事后对比实验是一种纵向比较，操作起来简便易行，表面上看比较科学，但事实上其实验误差较大，因为它无法消除事前事后实验期间其他非实验因素的影响。在进行事前实验和事后实验期间其他非实验因素会发生改变，这样实验组的事后测定值就不纯粹是实验因素改变的结果，还有非实验因素，如自然因素、商业因素、心理因素等改变的结果，这些都会影响实验效果的准确性。

2）有控制组的事后实验。

有控制组的事后实验是指在同一时期内，对实验组改变其实验因素进行实验，对控制组则不改变任何实验因素按常规活动，将实验组和控制组的事后测定值进行对比。因此，这是一种横向比较，即在同一时间上的不同比较，如表 3-5 所示。

表 3-5　实验组与控制组对比表

组别	实验后结果
实验组	X_2
控制组	Y_2

在 3-5 表中，没有事前实验的测定值，只有实验组和控制组的事后实验测定值，其实验效果也有两种指标。

实验效果可表示为

$$E = X_2 - Y_2$$

【例 3-14】　某品牌服装厂为了解明星广告是否对消费者购物产生影响，选择了 A、B 专卖店为实验组，再选择与之条件相似的 C、D 专卖店为控制组进行观察。在实验组 A、B 专卖店中，店内设置有多幅醒目的明星照片广告，而控制组 C、D 专卖店没有类似的广告设置，实验期为一个月。实验结果如下：实验组 A、B 专卖店的销售量分别为 280 件和 300 件，控制组 C、D 专卖店销售量分别为 180 件和 140 件，实验效果为

$$E = X_2 - Y_2 = (280+300) - (180+140) = 260\text{（件）}$$

上述结果表明，采用明星广告的两个专卖店一个月的销售量比无明星广告的两个专卖店多销 260 件，明星广告对消费者购物的影响效果是明显的，所以该厂应该采用明星广告的方式促销。

这种有控制组的事后实验最明显的优点是，克服了前面的无控制组的事前事后实验所存在的非实验因素影响。由于这是一种横向对比实验，在同时间里，诸如自然因素、商业因素、心埋因素等非实验因素基本相同，在实验对比中可以抵消。这种实验法的缺点：选择控制组难度较大，实验效果的准确性直接取决于控制组与实验组的可比性，两者之间客观条件越接近，实验效果的准确性越高；反之，实验效果的准确性就越低。

3）有控制组的事前事后对比实验。

有控制组的事前事后对比实验是指在实验中分别设立控制组和实验组，在实验组中引入实验因素，控制组中不引入实验因素按常规活动，然后将实验组事前事后实验的测

定值同控制组的事前事后实验测定值进行对比的实验调查方法。因此，它既有纵向对比，又有横向对比，如表 3-6 所示。

表 3-6　实验组与控制组前后对比表

项目	实验组	控制组
事前实验测定值	X_1	Y_1
事后实验测定值	X_2	Y_2

实验效果可表示为

$$E=(X_2-X_1)-(Y_2-Y_1)$$

【例 3-15】 某公司为了测试本公司某种商品的新包装效果，选定 A、B、C 三家超市作为实验组，再选择与之条件相似的 D、E、F 三家超市为控制组，控制组在实验前后一直都用原包装，实验组在实验前用原包装，在实验期用新包装。实验期前后对比时期各为一个月，实验前后的销售量如表 3-7 所示。

表 3-7　某商品实验前后销售量对比表

单位：千克

项目	实验组（A、B、C）	控制组（D、E、F）
事前实验测定值	X_1：3 000、2 900、2 800	Y_1：2 800、3 200、2 700
事后实验测定值	X_2：3 250、3 300、2 900	Y_2：2 900、3 200、2 750
实验前后变量	750	150

从表 3-7 中可以看出，在实验前，实验组和控制组的销售量均为 8 700 千克；在实验后，实验组销售量为 9 450 千克，控制组的销售量为 8 850 千克。

实验效果为

$$\begin{aligned}E&=(X_2-X_1)-(Y_2-Y_1)\\&=(9\,450-8\,700)-(8\,850-8\,700)\\&=750-150\\&=600\text{（千克）}\end{aligned}$$

包装改进后可扩大该商品的销售，实验结果为增加销售量 600 千克。由此可以判断采用新包装后可以扩大销售。

实验组事前事后对比，其绝对变化量为 X_2-X_1，在这个变化量中，包括实验因素对经济变量的影响，也包括其他非实验因素对经济变量的影响。

控制组事前事后对比，其绝对变化量是 Y_2-Y_1，由于在控制组中不引入实验因素，因此，在绝对变化量 Y_2-Y_1 中就没有实验因素对经济变量的影响，而只受到非实验因素的影响。

有控制组的事前事后对比实验，不但能够反映实验组与控制组的区别，而且能够区

分实验变量与非实验变量的影响，这种方法的应用比较复杂，它必须对实验组和控制组分别做出实验前后的检测，才能计算实验效果。在实际应用中，实验者要根据市场实际情况适当选择设计。

（5）实验调查法的优缺点

1）实验调查法的优点。

① 实验调查法的结果具有一定的客观性和实用性。它通过实地实验来进行调查，将实验与正常的市场活动结合起来，取得的数据比较客观，具有一定的可信度。

② 实验调查法具有一定的可控性和主动性。调查中，调查者可以成功地引起市场因素的变化，并通过控制其变化来分析、观察某些市场现象之间的因果关系以及相互影响程度，是研究事物因果关系的最好方法。

③ 实验调查法可提高调查的精确度。在实验调查中，可以针对调查项目的需要，进行合适的实验设计，有效地控制实验环境，并反复进行研究，以提高调查的精确度。

2）实验调查法的缺点。

① 实验对象和实验环境的选择，难以具有充分的代表性。

② 实验调查的结论带有一定的特殊性，其应用范围受到一定限制。

③ 实验中，人们很难对实验过程充分有效地控制，因此，准确区分和检验实验效果与非实验效果很困难。

④ 实验调查时对调查者要求比较高，花费的时间较长。

实验调查法常用于对产品、包装、价格、广告、销售等方面的测试。

小案例

会变脸的咖啡杯

美国一家咖啡店准备改进咖啡杯的设计，为此进行了咖啡杯选型、产品名称、图案等市场实验。首先，他们设计了多种咖啡杯子，让 500 个家庭主妇进行观摩评选，研究主妇们用干手拿杯子时，哪种形状好；用湿手拿杯子时，哪一种不易滑落。调查得出的结论是选用方型长腰杯子。然后他们利用各种颜色会使人产生不同感觉的特点，对咖啡杯子的颜色进行了实验调查。实验方法是现场邀请 30 多人，让她们每人各喝 4 杯相同浓度的咖啡，但是咖啡杯的颜色分别为咖啡色、青色、黄色和红色 4 种。试饮的结果，使用咖啡色杯子的人认为“太浓了”的占 2／3，使用青色杯子的人都异口同声地说“太淡了”，使用黄色杯子的人都说“正好”，而使用红色杯子的 10 人中，竟有 9 个说“太浓了”。根据这一调查，公司决定咖啡店里的杯子以后一律改用红色杯子。该店借助于颜色，既可以节约咖啡原料，又能使绝大多

数顾客感到满意。这种咖啡杯投入市场后，与市场上其他公司的产品开展激烈竞争，结果以销售量比对方多两倍的优势取得了胜利。

（资料来源：http://www.docin.com/p-1651276153.html）

分组讨论：

1）本案例中应用的是什么调查方法，这种方法有什么优缺点？

2）这个调查结果可信吗？如果让你设计调查方案，你有什么好的建议？

3.2.3 运用网络调查法

1. 网络调查法的含义和特点

（1）网络调查法的含义

网络调查法是指在互联网上针对特定的问题进行调查设计、搜集和掌握市场信息的一种调查方法。与传统调查方法相类似，网络调查也有对原始资料的调查和对二手资料的调查两种方法。

（2）网络调查法的特点

网络调查法的特点表现在以下几个方面。

1）网络调查成本低。传统调查（如面谈访问、电话访问、邮寄调查等）往往要耗费大量的人力、物力，而网络调查只需一台联网的计算机，通过站点发布电子问卷或组织网上座谈，利用计算机及统计分析软件进行整理分析，省略了传统调查中的印刷问卷、派遣人员、邮寄、电话、繁重的信息采集与录入等工作，既方便又便宜。

2）网络调查速度快。网上信息传播速度非常快，如用 E-mail，几分钟就可把问卷发送到各地，问卷的回收也相当快。利用统计分析软件，可对调查的结果进行即时统计，整个过程非常迅速，而传统的调查要经过很长一段时间才能得出结论。

3）网络调查隐匿性好。网民是在完全自愿的情况下参与调查的，对调查的内容往往有一定的兴趣，因此，回答问题时更加大胆、坦诚，调查结果可能比传统调查更为客观和真实。

4）网络调查具有互动性。网络自身的技术特性赋予了网络调查互动性的优势，网络调查不受时空的限制，可以 24 小时向世界各地进行调查，抽样框相当大，调查范围也相当广泛。

2. 网络调查的方法

根据调查方法的不同，网络调查可分为网上问卷调查法、网上讨论法和网上市场观察法等。

（1）网上问卷调查法

网上问卷调查法是在网上发布问卷，被调查者通过网络填写问卷，完成调查过程的一种方法。

根据所采用的技术，网上问卷调查一般有两种：一种是站点法，即将问卷放在网络站点上，由访问者自愿填写；另一种是通过 E-mail 方式将问卷发送给被调查者，被调查者完成后将结果通过 E-mail 等返回。

（2）网上讨论法

网上讨论法可通过多种途径实现，如网络新闻组（Usenet）、微博、微信、BBS 等等。主持人根据市场调查目的、任务及要求发布调查项目，请被调查者参与讨论，被调查者在主持人的引导下进行网上讨论，发表各自观点和意见。网上讨论法是小组讨论法在互联网上的应用，它的结果需要主持人加以总结和分析，要求事先设计好信息收集和数据处理的模式，保证得出有效的调查结论。

（3）网上市场观察法

网上市场观察法是对网站的访问情况和网民的网上行为进行观察和监测，重点是监测网络用户的网上行为，号称“基于互联网用户的全景测量”。它不仅记录了用户访问的网站，而且还记录了网民的上传和下载软件、收发电子邮件等全部网上行为，因此，称为“全景测量”。

3. 网络调查的评价

网络调查对于新闻媒体来说可能是一把双刃剑。

一方面，网络调查的优势在于它可以在更广的范围内，对更多受众进行信息收集的工作。与传统研究方法相比，研究者可以以较少的投入获得大量被调查者的情况和资料，而且设计问卷的能力不仅仅局限于政府机构或者大型媒体，这也潜在地使调查过程更为民主化。此外，网络调查还可以以自填的回答方式，通过标准化的方法向被调查者呈现一份多媒体的问卷，这显然是传统的调查方法难以做到的。

另一方面，日益增多的网络调查良莠不齐，致使人们难以区分它的好坏。人们可能干脆不理睬，也可能根据其内容、主题、娱乐性或者调查的其他特性，有选择地作出是否参与调查的决定，从而影响到网络调查的可信度。

网络调查适用于产品消费调研、广告效果测试、生活形态研究、社情民意调研、企业生产经营调研、市场供求调研等市场情况的调研。

小案例

网 络 问 路

澳大利亚一家出版公司计划向亚洲推出一本畅销书，但是不能确定用哪一种语言、在哪一个国家推出，后来决定在一家著名的网站做一下市场调研。方法是：请人将这本书的精彩章节和片段翻译成亚洲多种语言，然后刊载在网上，看一看究竟用哪一种语言翻译的摘要内容最受欢迎。过了一段时间，他们发现，网络用户访问最多的网页是用汉字和韩文翻译的内容。于是，他们跟踪一些留有电子邮件地址的网上读者，请他们谈谈对这部书摘要的反馈意见，结果大受称赞，于是，该出版公司决定在中国和韩国推出这本书。该书一经出版就受到了广大读者的普遍欢迎，并获得了可观的经济效益。

（资料来源：http://www.doc88.com/p-0863293189655.html）

分组讨论：

结合本案例，谈谈网络调查法的优势和不足。

知识拓展

全面统计报表

全面统计报表也是一种全面调查方式，是按统一规定的表格形式、统一的指标体系、统一的报送程序和报送时间，自上而下统一布置，自下而上逐级定期提供基本统计资料的调查方式。全面统计报表曾经是我国搜集统计信息最主要的组织方式之一。

统计报表具有统一性、全面性、周期性、可靠性等特点。

统计报表按其性质和要求不同，有如下几种分类：按报表内容和实施范围不同，分为国家统计报表、部门统计报表和地方统计报表；按报送周期长短不同，分为日报、旬报、季报、半年报和年报；按填报单位不同，分为基层统计报表和综合统计报表。

市场普查和全面统计报表都属于全面调查，但二者并不能互相代替。市场普查属于不连续调查，调查内容主要是反映市场现象全面详细的基本统计资料；而全面统计报表属于连续调查，调查内容主要是需要经常掌握的各种统计资料。全面统计报表要经常填报，因此报表内容固定，调查项目较少；而市场普查是专门组织的一次性调查，在调查时可以包括的单位和项目更多，分组更细。

另外，全面报表统计是依据定期统计报表制度，从全部基层填报单位逐级汇总上报，层层取得统计资料的一种全面的统计调查方式，它是适应计划经济体制而建立起来的。随着统计信息技术现代化体系的建立，全面统计报表在报送程序和报送手段上已发生了深刻的变化，网络远程传输方式正在替代传统自下而上的邮寄电信报送方式。

市场典型调查

市场典型调查是根据市场调查研究的目的，在对市场总体进行分析的基础上，有意识地选择若干有代表性的单位进行调查研究，从而达到认识市场总体特征及其发展变化规律的非全面调查。

“典型单位”是具有代表性的个别事物，即对总体有代表性的单位。市场典型调查比较灵活，能够补充全面调查资料的不足，验证全面调查数据的真实性。市场典型调查一般用于调查样本较大，而调查者又对总体情况比较了解，同时又能比较准确地选择有代表性典型单位的情况。

选择典型单位是做好典型调查的基础，典型不是人们随心所欲地选出来的个别事物，而应具有充分的代表性。

这里所讲的“代表性”，应根据研究目的的不同来确定。如果是想了解市场总体的一般表现，可选中等水平的单位作为典型调查的单位；如果是为了推广成功经验或总结失败教训，可以选择先进典型或后进典型，也可以选择上、中、下各类典型进行比较。典型单位可以是单个的，也可以是整群的。在一段时期内，典型单位可以是临时选定的，也可以是固定的，固定的典型有利于观察其动态发展趋势及规律性。但随着时间的推移，有些单位可能会失去代表性，这时应及时选出新的有代表性的单位来作典型。

1. 市场典型调查的特点

1）市场典型调查主要是定性调查。它主要依靠调查者深入基层进行调查，对典型单位直接剖析，取得第一手资料，能够透过事物的现象发现事物的本质和发展规律。

2）市场典型调查是根据调查者的主观判断，选择少数具有代表性的单位进行调查。调查者对调查单位的了解程度、思想水平和判断能力等对选择典型的代表性起着决定作用。

3）市场典型调查的方式是面对面的直接调查。它主要依靠调查者深入基层与典型单位直接接触与剖析，因此，对现象的内部机制和变化过程往往了解得比较清楚，资料比较全面、系统。

4）市场典型调查方便、灵活，可以节省时间、人力和经费。市场典型调查的单位少，调查时间短，反映情况快，调查内容系统周密，了解问题深，使用调查工具不多，运用起来灵活方便，可以节省很大的人力、物力和财力，可以深入、细致地研究市场现象的本质和规律，时效性强。但是它在选择典型单位时难免完全避免主观随意性，所以对于调查结论的适用范围，只能根据调查者的经验判断，无法用科学的手段进行准确测定，也难于对市场现象总体进行定量研究。

2. 市场典型调查应注意的问题

（1）正确地选择典型单位

要做到正确选择典型单位，不能凭调查者的主观意志，必须根据市场调查的目的和客观实际情况，采取实事求是的态度，保证典型单位的客观性。一般来说，当市场现象的发展比较平衡，总体各单位之间无明显差异时，从总体中直接选择的典型单位即可保证对总体的代表性；当市场现象总体不平衡，总体各单位之间具有明显的差异时，应先对总体进行分类，在各类中选择典型单位才能保证其客观性。

（2）注意点与面的结合

典型单位虽然是同类事物中具有代表性的部分或单位，但毕竟是普遍中的特殊，一般中的个别。因此，要慎重对待调查结论，对于其适用范围要作出说明，特别是对于要推广的典型经验，必须考察、分析是否具备条件，条件是否成熟，切忌“一刀切”。

（3）要把调查与研究结合起来

市场典型调查只有在调查过程中认真研究市场现象，才能得到对市场现象本质和规律性的认识。

市场重点调查

市场重点调查是从市场调查对象总体中选择少数重点单位进行的非全面调查，目的是用重点单位的调查结果来反映市场总体的基本情况。

重点单位是指在总体中具有举足轻重地位的单位，这些单位虽然数目不多，但就调查的标志值来说，它们在总体中却占了绝大部分比重。

例如，要了解我国钢铁企业的基本情况，只要对鞍钢、宝钢、武钢、包钢和首钢等几家大型钢铁企业的产销情况进行调查即可。当市场调查的任务不要求掌握全面的准确资料，而且在总体中确实存在着重点单位时，进行市场重点调查能以较少的人力和费用，较快地掌握调查对象的基本情况。

市场典型调查与市场重点调查的区别：市场典型调查必须选择对总体具有代表性的典型单位进行调查，如何选择取决于调查者的主观判断，调查的目的是借以认识同类现象的本质和规律性，市场典型调查可以在一定条件下用典型单位的量推断总体总量；而市场重点调查选择的是总体中的重点单位进行调查，重点单位的选择具有客观性，目的是通过对重点单位的调查认识总体的基本情况，重点调查不具备用重点单位的量推断总体总量的条件。

1. 市场重点调查的特点

1）市场重点调查涉及的单位较少，调查速度快，可以节省人力、物力及财力。

2）市场重点调查适用的对象是调查总体中确有重点单位存在的市场现象。

3）市场重点调查所获的资料是少数重点单位的情况，其精确度难免受影响，对总体的推断不可能十分准确，所以调查的目的只是为了掌握和了解总体的基本数量状况。

2. 市场重点调查应注意的问题

市场调查实践中，能否采用市场重点调查的方式，是由市场调查任务和研究对象的特点决定的。一般来讲，当市场调查任务只要求掌握基本情况，而部分单位又能比较集中地反映所研究项目的情况时，就可采用市场重点调查。

实 训 项 目

一、选择市场调查方式

实训任务：根据模块 1 中选定的调查项目，运用抽样调查相关知识，进行抽查调查。

实训目标：

1）明确抽样调查各个环节的具体操作及其重要性，了解抽样调查在市场调查中的作用和意义。

2）掌握抽样调查的主要种类及调查的具体方法，能够掌握抽样调查方案的设计和实施，包括如何选择具体的抽样方式、样本容量的确定、抽样误差的计算等，从而深刻体会并关注抽样调查对市场现象的调查分析及影响。

3）掌握抽样调查的实施步骤。

实训内容：

1）根据所学的抽样调查的相关理论，对该项目的抽样调查方案进行设计。

2）确定调查总体范围并抽取样本。

3）搜集样本资料并在此基础上进行数据收集和整理。

4）计算样本指标并利用样本指标对总体参数进行估计。

5）以书面报告的形式解释抽样推断结果。

实训要求：

1）各组选择其中一种抽样调查方式来完成本次调查任务。

2）选择恰当的调查方法搜集资料，并认真进行资料的审核、汇总。

3）推断过程科学合理。

4）具有可操作性，能够指导调查工作的顺利实施。

实训组织：以小组为单位，集体讨论设计抽样方案内容，分工完成抽样调查方案的设计、调查资料的收集、整理、汇总，进行抽样推断，形成书面报告。

实训考核：在班级分别进行小组展示，对各小组展示过程、抽样调查的质量进行评价，自评、他评和教师评价相结合，评价标准如下。

1）抽样调查方案的设计是否完整、内容是否科学。（30分）

2）搜集资料的方法选择是否科学、恰当。（20分）

3）资料的整理汇总及抽样推断是否准确。（20分）

4）发言代表口头表达是否顺畅，仪态是否大方得体。（10分）

5）提交的书面报告是否能够准确、完整地载明本次调查的结果。（20分）

展示交流：

1）以小组为单位，通过抽签决定各组代表展示的顺序，将抽样调查方式的设计过程和设计结果在班内进行交流，每组5分钟，如有条件的话，用PPT形式展示。

2）本组成员进行补充，其他组成员进行提问、质疑，教师对各组的调查活动进行点评，并提出相应的修改意见。

3）由各组成员对本部分内容进行梳理和归纳，教师进行总结和拓展。

4）各组根据教师和同学所提意见进行修改、完善。

5）以书面报告的形式解释抽样推断结果。

二、确定市场调查方法

实训任务：根据模块一中选定的调查项目，在本模块中要选择一种恰当的市场调查方法，完成本调查小组项目调查任务。

实训目标：能够用恰当的市场调查方法高效搜集有关信息，完成调查任务。

实训内容：

1）要完成选定的调查项目，应该收集哪些资料？

2）用哪种调查方法获得这些资料？

3）实施市场调查时应采用的技巧和注意问题有哪些？

4）进行资料的审核与整理，并对下一步的调查提供有价值的信息。

实训组织：以小组为单位，确定调查方法，寻找相关信息，通过一些信息源搜寻，对搜寻的信息进行汇总整理并进行评价。

实训考核：

1）各小组的调查结果在班级内进行交流展评。

2）学生成绩=小组自评（20%）+他人评价（30%）+教师评价（50%）。

展示交流：

1）以小组为单位进行展示，完成本组选定的调查方法的展示。每组 5～10 分钟，可以采用头脑风暴法、情境模拟法、角色扮演法等方法完成。

2）本组成员进行补充，其他组成员进行提问、质疑，教师对各组的调查过程和结果进行点评，并提出相应的修改意见。

3）由各组成员对本部分内容进行梳理和归纳，教师进行总结和拓展。

4）各组根据教师和同学所提意见对调查方法与结果进行修改。

5）提交小组调查报告和个人观察总结（书面）。

综合训练 3

一、单项选择题

1）抽样误差是指（　　）。

A．在调查过程中由于观察、测量等差错所引起的误差

B．在调查中违反随机原则出现的系统误差

C．随机抽样而产生的代表性误差

D．人为原因所造成的误差

2）抽样极限误差反映了样本指标与总体指标之间的（　　）。

A．抽样误差的平均数　　B．抽样误差的标准差

C．抽样误差的可靠程度　　D．抽样误差的可能范围

3）市场抽样调查的目的在于（　　）。

A．对调查单位做深入研究　　B．用样本指标推断总体指标

C．计算和控制抽查误差　　　　　　D．了解样本全面情况

4）从某生产线上每隔 55 分钟抽取 5 分钟的产品进行检验，这种抽样方式属于（　　）。

A．等距随机抽样　　　　　　B．分层随机抽样

C．整群随机抽样　　　　　　D．单纯随机抽样

5）事先将全及总体各单位按某一标志分层，然后按比例从各层中分别抽选调查单位的抽样组织方式叫作（　　）。

A．分层随机抽样　　　　　　B．单纯随机抽样

C．整群随机抽样　　　　　　D．等距随机抽样

6）以文字、图像、符号、音频、视频等形式所记载的各种信息，被称为（　　）。

A．加工信息　　B．物质性信息　　C．历史信息　　D．文献性信息

7）问卷回收率比较高的调查类型是（　　）。

A．邮寄式问卷　　B．报刊式问卷　　C．自填式问卷　　D．送发式问卷

8）事先制订好观察计划，对观察对象、范围、内容、程序等都作出严格的规定，在观察过程中必须严格按计划进行的观察方法被称为（　　）。

A．有结构观察　　B．参与观察　　C．验证性观察　　D．静态观察

9）市场观察法最突出的优点是（　　）。

A．适用性强　　　　　　B．灵活性大

C．简便易行　　　　　　D．直接性和可靠性明显

10）为了某种特定目的，由调查人员通过现场实地调查，直接从有关调查对象处收集的资料为（　　）。

A．原始资料　　B．二手资料　　C．现成资料　　D．次级信息

二、多项选择题

1）常用的随机抽样方式有（　　）。

A．分层随机抽样　　　　　　B．多阶段随机抽样

C．等距随机抽样　　　　　　D．整群随机抽样

2）在市场调查活动中选用市场普查方式，适用的情况是（　　）。

A．市场范围较小　　　　　　B．总体单位数量较少

C．调查时间充裕　　　　　　D．总体单位数量多

3）对于抽样误差下列表述中正确的有（　　）。

A．凡进行抽样调查都会产生抽样误差

B．抽样误差都是可以计算和控制的

C．抽查的单位越多，抽样误差就会越小

D．在总体中个体单位之间的差异程度越大，抽样误差也越大

4）文案调查法的特点主要表现为（　　）。

A．调查周期短　　B．调查费用低

C．不受时间和空间限制　　D．调查周期长

5）邮寄调查法与面谈调查法相比较，优点表现为（　　）。

A．调查对象广泛　B．费用低　C．结果较为客观　D．回收率高

三、判断题

1）抽样误差是抽样调查中无法避免的误差。（　　）

2）普查由于取得的调查资料较全面，所以可以经常搞。（　　）

3）重复抽样条件下的抽样平均误差总是大于不重复抽样条件下的抽样平均误差。（　　）

4）理论上最符合随机原则的抽样方式是单纯随机抽样。（　　）

5）整群随机抽样要求各群之间保持异质，而每一群内个体之间则同质。（　　）

6）入户访问调查一般是指到被调查者的家中或工作单位进行的访问调查。（　　）

7）直接观察是指调查人员对自然物品、社会环境、行为痕迹等事物进行观察，以便间接反映调查对象的状况和特征，以获取有关的信息。（　　）

8）商业区、购物中心、超市、广场、繁华街道等公共场所都可以作为街头拦截访问的地点。（　　）

9）由于电话访问时借助电话来作为中间媒介，调查者与被调查者无须面对面进行交谈，因而克服了面谈中被调查者难以接触的问题。（　　）

10）结构性观察经常用于非正式的探索性调研，很少用于正式的市场调查与预测。（　　）

四、计算分析

1）某市有常住居民 55 万户，采取随机重复抽样，抽选 100 户进行某食品需求量调查。得知样本平均每户需求量为 6 千克，样本标准差为 2 千克，请根据资料计算抽样误差。

2）某县城有居民家庭 24 000 户，采取随机重复抽样，抽取样本 1 200 户进行调查，得知家庭轿车普及率为 10%，请根据资料计算抽样误差。

3）某地有 50 万户常住居民家庭，采取随机重复抽样，抽取 100 户调查某商品需求量，得出户均需求 5 千克，样本方差 88 千克，请根据资料计算抽样误差。

4）某地有常住居民 20 万户，采取随机重复抽样，抽取 1%住户进行电冰箱预期购买调查，得知样本下年度购买电冰箱为 180 户。请计算：

① 下年度预期购买率抽样误差；

② 试以 95.45%把握程度预测下年度该地居民预期新增购买量置信区间。

5）某乡有 5 000 农户，按随机重复抽样方式抽取 100 户进行调查，得知平均每户的年纯收入为 12 000 元，标准差为 2 000 元。要求：

① 以 95%的置信度（t=1.96）估计全乡平均每户年纯收入的区间；

② 其他条件不变，抽样允许误差缩小一半，请计算应抽取多少农户进行调查。

五、案例分析

案例一　青少年视力健康抽样调查显示：靖江市七成中学生近视

中国江苏网讯：近日，市老科协、靖江光明医院对靖江市青少年视力健康进行抽样调查。调查显示，靖江市小学生近视率为 35%，中学生近视率为 76%，其比率总体略高于全国平均水平。其中，50%以上的学生及家长缺乏视力保健基本科普知识，近 40%视力低下的学生未采取任何矫正措施。

（1）近视人群呈低龄化趋势

4 月 22 日，调查小组来到外国语学校，从一年级至八年级中各抽调一个班，进行视力检查。结果显示，一年级的一个班级共 58 人，竟有 24 人近视，二年级的一个班级有 28 人近视，八年级一个班级的近视率已达 92%以上。

记者了解到，到靖江市各大医院眼科就诊的青少年每年都呈大幅上升趋势，有许多家长认为近视不是病，对孩子视力不重视，直到近视情况严重才去医院接受治疗。调查显示，被调查人群中最小的近视小孩只有 4 岁，越来越多的近视学生是因为看电视、玩电脑造成的。每年寒暑假，都是青少年验光配镜的高峰期，其中小学生的配镜数已日渐增多。

（2）不良习惯造成视力下降

光明医院医生祁汉钦说，近视的原因是多方面的。一是遗传因素，父母有近视的，特别是度数较高的，子女近视发病的可能性就比较高；还有就是外因造成的，影响视力的不良行为最普遍的是坐姿不正确。近几年来，中、小学学生近视眼的患病率明显增高，并有继续上升趋势。这不仅影响了孩子的健康，还会对其今后的学习、就业产生不良影响，应引起家长和全社会的高度重视。

此次抽样调查中，中小学生近视的度数从 100 度到 1 000 多度都有。大多数孩子说，平时功课任务重，整天埋首在作业堆中，很难保证坐姿正确。惠丰初中一名初二男孩经医生初步检查，双眼近视已达 1 400 多度。有的学生在光线不足或过强的地方长时间近距离学习，导致近视严重。惠丰初中一名学生因家境贫困，晚上回家学习时采光环境很差，导致视力逐渐下降，现在双眼近视已有 300 度。

（3）半年进行一次视力检查

调查中，学生普遍存在双眼视力不平衡现象。祁汉钦介绍，这表明学生及家长对保护视力的知识了解得不够，缺少定期视力检查。

据了解，正常情况下，眼科检查周期为半年一次。原先视力较好的人群，可以检查

是否有近视趋势。检查出有近视的孩子，应及早采取科学有效的方法进行治疗。

调查中还发现，有很多孩子佩戴了街边未经科学验光的眼镜，两眼视力不平衡，且度数逐年加重。祁汉钦医生提醒，一旦孩子被确诊为患有真性近视，家长应及时给孩子佩戴合适的眼镜。但配镜时一定要慎重，应选择专业医院进行医学验光验配，以免加重近视的发展。

在孩子佩戴眼镜的初期，应每隔2～3个月去专业的眼视光检查机构进行复查矫正，以后应当每年1次再给孩子重新验光，以适应发育期孩子采光度变化较快的情况。孩子戴上眼镜后，应注意保持正确的视物习惯，不要过长时间看书或看电视。

（资料来源：http://www.glasses.com.cn/news/detail-i43892.html）

分组讨论：

1）本案例是运用的哪种抽样调查方式，它有何优缺点？

2）结合本案例，谈谈样本选取对调查结果的影响。

案例二 日本人对国际市场信息的分析和利用

20世纪60年代初，我国大庆油田的位置、规模是保密的。日本人为了和中国人做成炼油设备的交易，力图了解大庆油田的位置、产量和加工能力。他们从1964年《人民日报》上看到“大庆精神大庆人”的字眼，从而断定“大庆油田”确实存在。后来他们在1966年某期《中国画报》上看到王进喜戴着大皮帽的照片，从而判断大庆油田大致在-30℃的东北北部。1966年10月，日本人又从《人民中国》杂志上看到王进喜的事迹报道，其中有一段是“王进喜一到马家窑看到大片荒野就说‘好大的油海，我们要把石油工业落后的帽子抛到太平洋去’”，于是，日本人从地图上找到了“马家窑”的位置。为了弄清大庆油田的炼油能力，他们从1966年的一期《中国画报》上找到一张炼油厂反应塔照片，从反应塔扶手栏杆与塔的相对比例推算塔的直径，从而计算出大庆炼油厂年加工原油能力约为100万吨。在1966年大庆已有820口井出油，年产360万吨，预计1971年产量将达到1 200万吨。由此，日本人推断中国在近几年中必然会感到炼油设备不足，购买日本设备是完全可能的，于是，布置他们的石油化工设备公司按照中国的特点设计。当中国向世界各国征求设备设计时，日本人很自然地捷足先登了。

（资料来源：http://www.docin.com/p-246404647.html）

分组讨论：

1）请结合案例说明文案调查法的作用。

2）该案例给你哪些启示？

综合训练3参考答案

模块 4　市场调查实施

学习目标

◎知识目标

1. 学会组建市场调查队伍，明确调查员职责。
2. 掌握对调查员培训的项目、内容和方法。
3. 学会调查过程中的误差控制、质量控制、进度控制和成本控制的基本方法。

◎能力目标

1. 能够组建实施市场调查的队伍，做好调查队伍的管理机构设置和任务分工。

2. 能够选择、管理和控制市场调查员，按照一定的方法和过程对调查员进行培训。

3. 能够组织和实施好市场调查，在调查过程中按要求控制好调查误差，保证调查质量，控制好调查进度和调查成本。

◎职业素养目标

1. 培养团队合作意识和责任意识。
2. 培养较强的吃苦耐劳精神。
3. 激发学习热情，锻炼抗挫折能力和随机应变的能力，增强分析总结能力。

案例导入

日清——智取美国快餐市场

在我国方便面市场上，尽管品牌繁多，但令消费者真正动心的却寥寥无几，于是许多方便面生产企业感叹“消费者的口味越来越挑剔了，真是众口难调呀。”

可是，日本一家食品产销企业集团——日清食品公司，却不信这个邪，它坚持“只要口味好，众口也能调”的独特经营宗旨，通过周密的市场调查，从人们的口感差异性出发，不惜人力、物力、财力在食品的口味上下功夫，终于改变了美国人“不吃汤

面”的饮食习惯，使日清公司的方便面成为美国人的首选快餐食品。

日本日清食品公司在准备将营销触角伸向美国食品市场的计划制定之前，为了能够确定海外扩张的最佳切入点，曾不惜高薪聘请美国食品行业的市场调查权威机构，对方便面的市场前景和发展趋势进行全面细致的调查和预测。可是美国食品行业的市场调查机构所得出的结论，却令日清食品公司大失所望——“由于美国人没有吃热汤面的饮食习惯，而是喜好干吃面条，单喝热汤，绝不会把面条和热汤混在一起食用，由此可以断定，汤面合一的方便面很难进入美国食品市场，更不会成为美国人一日三餐必不可少的快餐食品。”

日清公司并没有盲目相信这一结论，而是派出自己的专家考察组前往美国进行实地调查。专家组设计了调查问卷和访问提纲，到商场或进入家庭实施问卷调查和家庭访问，最后专家考察组得出了与美国食品行业的市场调查机构截然相反的调查结论，即美国人的饮食习惯虽呈现出“汤面分食，决不混用”的特点，但是随着世界各地不同种族移民的大量增加，这种饮食习惯正在悄悄地发生着变化。再者，美国人在饮食中越来越注重口感和营养，只要在口味和营养上投其所好，方便面就有可能迅速占领美国食品市场，成为美国人的饮食“新宠”。

日清食品公司基于自己的调查结论，从美国食品市场动态和消费者饮食需求出发，确定了“系列组合拳”的营销策略，全力以赴地向美国食品市场大举挺进。以此“系列组合拳”的营销策略，日清食品公司果敢地挑战美国人的饮食习惯和就餐需求。他们以“投其所好”为一切业务工作的出发点，不仅出奇制胜地突破了“众口难调”的产销瓶颈，而且轻而易举地打入了美国快餐食品市场，开拓出了一片新天地。

（资料来源：http://www.docin.com/p-1515222255.html）

思考与讨论：

1）在日清食品公司智取美国快餐市场的调查实施案例中，你认为调查方法和技巧起到了怎样的作用？

2）你认为调查员如何在调查过程中获得真实的信息？

3）你认为调查实施中的调查员（案例中的专家）应具备怎样的素质和能力？

模块 4：案例导入参考答案

4.1　组建市场调查团队

4.1.1　组织市场调查人员

在组织实施市场调查时，调查人员要与被调查者接触，填写问卷或观察表格，记录

并提交数据。调查人员的工作质量直接影响到数据搜集质量的高低，合格的市场调查人员需要通过选拔和培训来提高其素质。

1. 市场调查人员的配置

市场调查人员一般可以分为市场调查管理人员、市场调查实施主管、市场调查督导员与一般调查员等，调查队伍中各人员的具体职责可以概括如下。

（1）市场调查管理人员

市场调查管理人员的职责是组织、协调各部门的关系，制定管理规则和调查人员的职责，确保项目目标、预算及计划顺利执行。管理人员一般熟悉市场调查工作流程，具有较强的组织管理能力，职位一般是公司的总经理、副总经理及各部门的经理。

（2）市场调查实施主管

市场调查实施主管的工作职责主要包括：了解调查项目的目的和具体的实施要求；根据调查设计的有关内容和要求挑选调查员；负责督导团队的管理和培训；负责调查实施中的质量控制。

实施主管是市场调查管理人员和调查督导员的中间桥梁，要求既要掌握市场调查的基本理论和方法，又要有比较强的组织和运作能力，还要有丰富的现场操作经验。实施主管水平的高低，决定一个市场调查机构的水平。

（3）市场调查督导员

市场调查督导员是调查项目运作的监督人员，负责对市场调查实施过程进行检查监督和对调查结果的审核，可分为现场督导和技术督导。现场督导，主要负责日常工作的管理；技术督导，主要负责调查员访问技巧的指导，二者可以合二为一。

（4）一般调查员

一般调查员即调查员，是实施调查过程和执行调查任务的一般人员，其主要职责为执行调查任务，开展实际调查工作。

2. 调查团队的管理结构

若想很好地实施市场调查，需要组建一支市场调查团队，该团队的成员可以是参与本市场调查项目的工作人员，也可以是额外聘用或临时抽调的调查员；该团队可以是专门的调查机构或公司的调查部门，也可以是该调查项目专门实施调查任务的团队。团队成立后应有一个合适的管理结构，常见的实施市场调查的团队有以下几种管理结构。

（1）直线式

直线式管理结构（图 4-1）适合用于调查项目比较小，不需要太多的调查员，调查样本数量少，在较小的范围内实施的调查。项目负责人首先需要明确调查督导员和调查员，组成一个调查团队，然后进行分组。在组织培训后，项目负责人指挥几个组的督导员展开调查即可。这样的组织形式节省人员，效率较高。

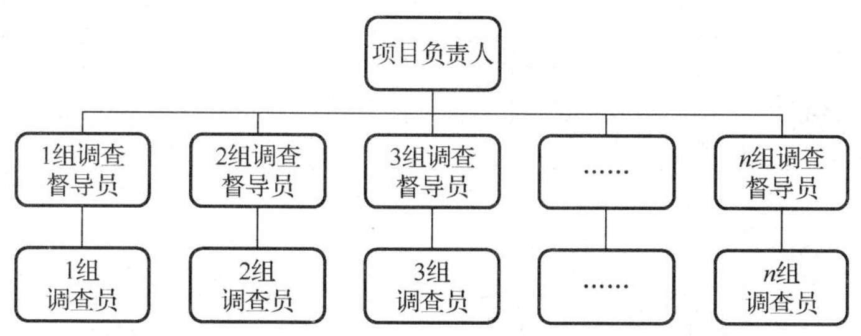

图 4-1　直线式管理结构示意图

（2）职能式

职能式管理结构（图 4-2）适合对各职能要求比较专业的调查项目。一个项目负责人领导若干职能人员，各个职能人员分别负责所有调查小组的培训、质量检验或复核、经费等。职能人员根据自己的职能划分，与各调查小组督导员联络，对其提出一些要求和支持，协助他们完成调查实施的全部或部分工作，并向项目负责人汇报。

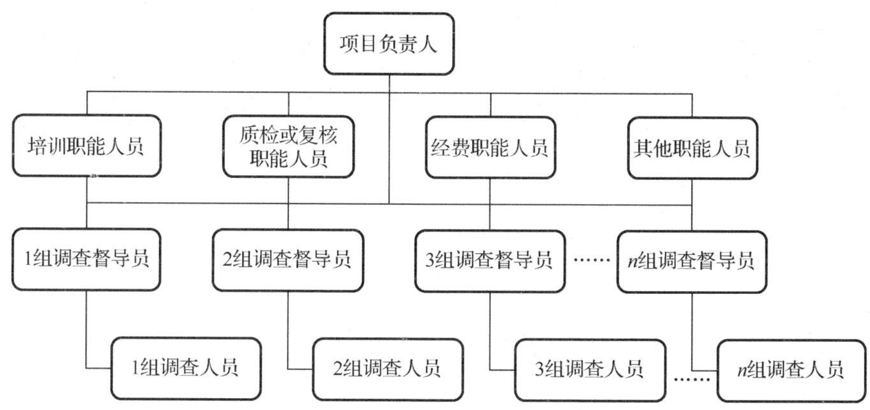

图 4-2　职能式管理结构示意图

（3）直线职能式

直线职能式管理结构（图 4-3）适合用于调查项目较大或相当复杂，需要大量的调查员和非常大的样本，并在一个较大的范围内展开调查的情况。一般调查小组的规模比较大，任务分配变得复杂，往往需要后勤工作、质量检验和复核工作配合实施。项目负责人统一对各职能部门或职能组进行管理，也可以直接与督导员联系。每一个调查组需要配备若干职能人员，职能人员根据自己的工作职能展开工作。如财务和后勤负责调查组的生活安排、居住旅行、设备采买、经费管理等事宜。他们向本组的督导员负责，由本组的督导员负责指挥，而督导员则向上一级的职能部门或职能组反映情况。这样的设置和安排，可以减轻项目负责人和督导员的工作量，便于分工和专业化管理，保证调查的效率。

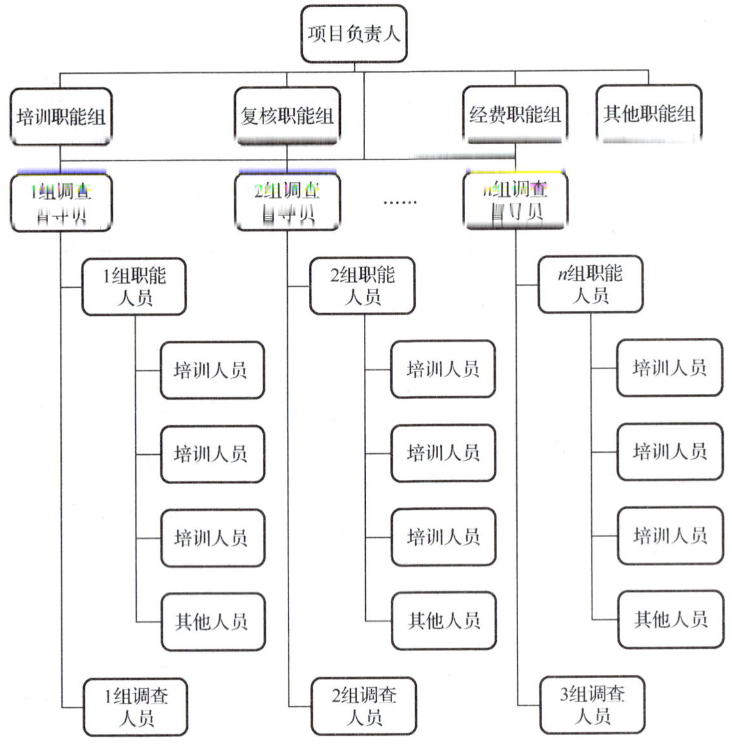

图 4-3　直线职能式管理结构示意图

（4）矩阵式

矩阵式管理结构（图 4-4）多用于企业的调查部门、独立的调查公司和学术性调查机构。由调查机构负责人和各职能部门或人员组成。其日常工作由机构负责人统一指挥，工作内容是市场开发、宣传推广等。调查项目确定后，即刻召集调查员展开调查活动，有时多个调查项目同时开展。

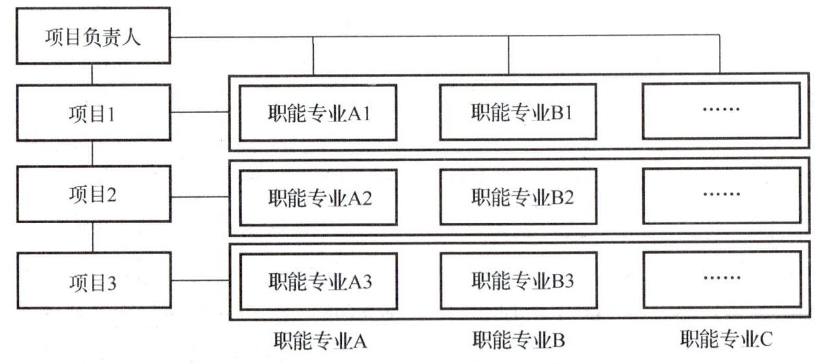

图 4-4　矩阵式管理结构示意图

调查小组的管理工作由督导员负责。调查规模较小时，全部督导工作主要由督导员完成；调查规模较大时，督导工作由督导员和其他职能人员共同完成。

4.1.2　选择并培训市场调查员

市场调查中最重要因素就是实施调查的人，即一般调查员。调查员是调查的直接执行者，对调查问卷的回收率、调查的完成度、问卷的真实度、调查的质量等起着至关重要的作用。如果调查员采集的数据资料错误百出，那么无论后续的整理、分析工作做得再好也没有意义。因此，调查员的选择、培训与管理也要纳入整个调查工作之中。

1. 选择市场调查员

微课：市场调查员的挑选

市场调查是一项综合性很强的复杂的工作，需要调查人员具备以下基本素质。

（1）思想品德素质

一位具有良好思想品德素质的调查人员，应该具有强烈的事业心、社会责任感和法制观念；具有良好的职业道德和谦虚和善的态度。面对繁杂的调查项目，做到实事求是，不弄虚作假，严谨细致，务实创新，是对调查员职业道德的基本要求。

（2）心理素质

调查工作充满挑战，在调查过程中，调查员可能面对各种挫折，经受各种拒绝、猜测、冷嘲热讽，因此要具备良好的心理素质，做好自我定位。同时，为了避免错答漏答，还要有足够的细心和耐心，保持开朗的性格、乐观积极的心态，善于倾听和思考，有一定的人际交往能力。

（3）业务能力素质

调查员要有较强的业务能力以适应此项工作。要有较广博的理论知识，能够分析、鉴别、综合信息资料；要有较强的语言和文字理解能力和交流沟通能力；要有良好的表达能力，阅读、书写和记忆能力，还要有良好的注意力分配能力、独立外出能力和自我约束能力等。

（4）身体素质

市场调查是一项非常艰苦的工作，特别是入户访问和拦截调查，对调查人员的体力要求较高，因此，拥有一个健康的体魄是做好调查工作的前提和基础。

（5）形象素质

调查员的形象会影响被调查者的合作态度。因此，要求调查人员仪表端正、大方；举止谈吐得体，态度亲切、热情；具有把握谈话气氛的亲和力等。

2. 培训市场调查员

（1）培训的分类

市场调查员常常要通过培训来提升其素质，培训分为普通性培训和专业性培训两种类型。

微课：市场调查员的培训（一）

微课：市场调查员的培训（二）

微课：市场调查员的培训（三）

1）普通性培训。普通性培训是针对新聘用的或者第一次从事调查工作的调查员进行的培训，主要内容包括自我介绍、职业道德要求、心理素质要求、形象素质要求、保密性要求及应变能力等内容，培训调查员态度严谨，手段合法，不弄虚作假，以健康和积极的心态面对调查工作。

2）专业性培训。专业性培训是针对多次参与过调查任务的调查员进行的培训，主要是按调查项目的要求规范其行为。包括如何选择被调查者；如何按照规范要求进行操作，包括提问、记录答案、使用卡片等；如何保持中立态度，在调查实施过程中不加入自己的观念和意见来引导被调查者；如何提高调查技巧，即调查者怎样做及为什么要这样做等。

（2）培训的方式

1）集中讲授。将接受培训的调查员集中起来，采用讲课的方式进行培训和训练。讲授的内容包括调查项目的背景资料、讲解问卷及实施要求、介绍调查技巧等。

2）模拟训练。对调查员进行模拟训练，更强调操作中的实际运用，侧重于对应变方法的培训。在模拟训练中，培训者会模拟多种状况给调查员训练与演练。

3）以会代训。以会议的形式，代替训练，即通过开会交代布置调查任务，培训调查员。

4）以老带新。用了解调查项目或有经验的调查员来带领新调查员开展调查工作。

5）实习锻炼。即督导员陪同调查员一起进行调查，在调查工作的开展过程中训练调查员。

（3）培训实施调查的技巧

为了适应市场的变化，企业越来越重视市场调查工作。调查的方法很多，其中以访问面谈调查最广，如入户访问，街头拦截访问等。无论是否依托问卷，在访问调查中，调查员都是一个颇为重要的角色，他们的服饰穿着、语气表情、询问方式都会影响到调查能否成功地进行。要想获得成功的访问，顺利的实施调查，就必须掌握一定的技巧。

1）获得合作。调查员的首要任务是获得被调查者的合作，而调查员面对的是不同阶层、不同年龄的被调查者，他们一般并不认识调查员，他们往往根据调查员的服饰、

发型、性格、年龄、声调、口音等来决定是否采取合作态度。因此，调查员必须保持本身端正的仪容、用语得体、口齿伶俐、态度谦和礼貌，给人以亲切感，使被访人员较易放心地接受访问。

自我介绍是访问开始时的重要步骤之一，调查员应使被调查者感到他（她）是可信的。如果访问备有礼品，在访问开始时，调查员可以委婉地暗示。调查员可进一步解释调查目的和意义，说明接受访问后所提供的资料可供改善目前的产品及促进社会发展等。同时向被调查者作出保密承诺。另外，调查员应当具备应付拒绝或不情愿接受访问的技巧，以提高访问的可能性。

2）询问问题。在调查过程中，向被调查者询问问题是必不可少的，而调查员掌握表达问题的艺术是非常重要的，因为这方面的偏差可能是访问调查误差的一个重要来源。询问问题的主要规则是：①用问卷中的用词来询问；②慢慢地读出每个问题；③按照问卷中问题的次序发问；④详细地询问问卷中的每个问题；⑤重复被误解的问题。

如果被调查者不理解问题中的一些概念，访问指导上又没有要求作出特别的解释，调查员不得随意解释，以免造成访问偏差。因为每个调查员的解释可能并不一样，并且有些解释可能是错误的，建议的方法是重复问题或回答“正如您想的那样好了”。

在许多场合，被调查者会自愿提供一些与下面估计要问的问题相关的信息，在这种情况下，调查员要调整应答者的思路，使其不要离题太远，但又不能影响应答者的情绪。调查员可以这样说：“关于这个问题，我们等一下再讨论，让我们先讨论……”通过按序询问每个问题，就不会有漏问问题的现象发生。

3）适当追问。追问是进行开放性问题调查的一种常用技术，开放性问题对调查员来讲具有更大的难度，但开放性问题可以让被调查者充分发表意见，使调查获取更多的信息。追问可以分为勘探性追问和明确性追问两种。

① 勘探性追问，是在被调查者已经回答的基础上进一步挖掘、询问问题的方法，目的在于引出被调查者对有关问题的进一步阐述。例如：

问：您喜欢这种电动工具的哪些方面呢？

第一次回答：外观漂亮。

追问：您还喜欢什么呢？

第二次回答：手感好。

追问，您还有没有喜欢的方面呢？

第三次回答：没有了。

通过这种勘探性追问，扩展了被调查者的回答，完整地记录下了被调查者所喜欢的。

② 明确性追问，是让被调查者对已回答的内容做进一步详细的解释，目的在于进一步明确被调查者给出的答案。例如：

问题：您喜欢这种电动工具的哪些方面呢？

第一次回答：很好，不错。

追问：你所谓的“很好，不错”是指什么呢？

第二次回答：舒适。

追问：哪些方面让您感到舒适呢？

第三次回答：手握着操作时手感很舒适。

通过明确性追问，从“很好，不错”这一般化的回答中，调查员抽取了更确切、得体的答案。

追问的目的是鼓励被调查者积极回答，这些追问应当是中性的，不应当有任何提示或诱导。

4）记录回答。尽管记录回答看起来非常简单，但错误经常在记录阶段发生，每一个调查员应当使用同样的记录技巧。例如，对调查员来说是使用钢笔还是铅笔这似乎没有多大意义，但对必须擦去并重写模糊的字的编辑人员而言，用铅笔就非常重要。记录封闭式问题的应答规则随具体问卷变化而变化，一般是在反映应答者回答的代码前打钩或画圈。调查员经常会省略记录过滤性问题的答案，因为他们认为随后的回答使得这些答案很明显，但编辑和编码人员并不知道应答者对问题的实际回答。调查员应当清楚记录开放式问题的规则：①在访问期间记录回答；②使用应答者的语言；③不要摘录或释义应答者的回答；④记录包括与问题的目标有关的一切事物；⑤包括调查员的所有追问。

5）结束访问。访问技巧的最后一个方面是如何结束访问并退出居民家中。实地调查员在所有相关信息未调查完之前不应当结束访问，如果调查员匆促离开，他（她）可能就不能够记录所有问题被问后应答者提供的自发性评论或补充性意见。这些评论或意见可能会产生新的产品思想或其他创意性营销活动。避免匆促离开也是礼貌的一个方面，如果应答者问起研究的目的，调查员也应当尽己所能给予解释。

在未来的一段时间里再次访问被调查者也许是必要的，这样，友好地离开应答者是极其重要的，因为他们的合作值得我们这样，他们也应当为他们的时间和合作得到感谢。

（4）培训调查员的心理适应能力

调查时的基本心理要求：调查态度和蔼友好，不紧张，不拘束；提出的问题能抓住重点；善于选择访问的时机；有较强的判断能力；善于完整清楚地记录等。

1）避免调查被拒绝。

① 调查一开始被拒绝。为了避免调查一开始被拒绝，选择合适、合理的调查对象是唯一的解决方案。如何选择，应按照专业性培训的内容进行。

② 调查过程中被拒绝。调查进行到一半或一部分时，被调查者提出不愿再配合下去，为了避免前功尽弃，调查员应在调查过程中用一些鼓励性的语言或感谢的语言或生动的语言来激发被调查者的热情和耐心，促使调查顺利进行到最后。

③ 找到避免被拒绝的方法。了解了调查被拒绝的原因，就要找到避免调查被拒绝的方法，选择恰当的时机和对象，调查时为被调查者不断讲解问题，观察被调查者的询

问和回答情况。

2）进行心理适应训练。

① 训练合理控制环境。理想的调查应该在没有第三者的环境下进行，但是调查总会受到各种干扰，调查员要利用各种随机应变的方法来控制环境，使得调查继续下去。

② 训练调查员保持中立的态度。调查员惊讶的表情，对某个问题的赞许的言语和对问题本身自己的看法都会影响到被调查者。

③ 训练调查员被拒绝后的心理调整。调查员在调查过程中被拒绝是正常现象，要训练调查员强大的心理素质和抗挫折能力，只要能达成调查目标的整体样本数，在调查过程中被一些难以观察和揣摩的被调查者拒绝是正常的，不必影响后续的调查工作。

小案例

调 查 风 波

小张在一家市场调查公司工作，入职不久就参加了公司组织的各种培训，小张信心满满，对工作憧憬十分美好。有一次，组长让小张设计一份关于烟草的调查问卷，小张很快就做好了，并且直接将调查问卷用于实际调查中，结果接待的第一个受调查者刚填写不久就拒绝继续填写。因为，小张设计的调查问卷中有两道题是这样的：①你结婚了吗？②你一天抽多少支烟？

分组讨论：

1）你认为一个合格的市场调查人员需要接受哪些培训？

2）在调查问卷的设计上，需要注意哪些问题？

4.2　监控市场调查实施过程

4.2.1　学会调查实施中的质量控制

市场调查是一个系统工程，一方面是项目、经费、人力和设备的合理利用，另一方面是抽样范围、抽样方法、现场调查的有机组织。在市场调查项目的实施环节，现场调查的组织和数据的质量控制是两个最为重要的方面，而质量控制的目的是要尽量避免与减少误差，使调查结果能反映所调查事物的真实情况。

1. 相关的概念

（1）统计数据质量

统计数据质量是指通过调查收集到的统计信息对用户需求的满足程度，国际公认的标准包括以下几个方面。

1）适用性，是指收集的调查信息是否有用，是否符合用户的需求。

2）准确性，是指统计估算值与目标特征值即“真值”之间的差异程度。

3）及时性，是指调查基准期与统计数据发布时间之间的间隔时间。

4）可比性，是指同一项目的统计数据在时间上和空间上可比程度。

5）可衔接性，是指不同调查项目之间（即同一调查机构内部不同调查项目之间）、不同机构之间调查收集的统计数据的衔接程度。

6）可取得性，是指调查员从被调查者处取得统计信息的容易程度。

（2）调查信息的质量控制与质量保证

质量控制是通过对实际操作性能的测量并与标准相比较，一旦出现偏差就采取相应措施的调整过程。

质量保证则包括了以保证质量为目标的一切活动。质量保证的目标是防止、减少或限制调查中错误的发生，并在第一时间就予以纠正。

质量保证是预测问题，关注的是预期的结果，而质量控制则是对已经确认的问题进行相应处理。调查团队必须有效地实施质量控制，在此基础上才能提供质量保证。

（3）误差

误差泛指原始数据及其统计指标与真实情况之间的差别。凡是调查就一定有误差，误差或大或小总是存在的，不可能完全避免。在抽样调查过程中，误差可分成抽样误差、现场调查误差及数据处理误差。现场调查误差又包括计量误差和无回答误差。抽样误差因抽样而产生，是能够计量和控制的。现场调查误差虽不像抽样误差一样可以估计或可以测量，但它可以使用质量控制技术对误差加以控制，使其达到最小，但是处理起来很难，所以要尽量避免现场调查误差。

2. 现场调查误差的两种主要类型

（1）计量误差

计量误差是指对一个问题所做的回答记录与它的真值不同。这可能是由于被调查者、调查员、调查问卷、收集数据形式或测量工具造成的。

（2）无回答误差

无回答误差是由于种种原因没有能够对抽出的样本单元或问卷中的某些项目进行计量。无回答包括单元无回答和项目无回答。单元无回答可用权数调整法补救，项目无

回答可用插补、臆测等方法补救。

3. 调查实施阶段的质量控制要点

1）与被调查者建立密切融洽的关系，树立和维持良好的专业信誉，取得地方官员和社区的支持。

2）调查员是成功的关键。要确保聘用具备一定调查能力和基本素质的人当调查员，并进行严格正规的培训。

3）加强对调查员的管理和监控。采取现场旁听、检查已完成的问卷、监控调查的进度等措施加强对调查员的管理和监控。由督导员对部分样本进行重访，将重访的结果与原来的回答进行比较，以判定关键问题的最初回答是否正确。对发现的错误和无回答进行追踪回访。

4）应用控制表。调查员要将全部作业的状况写在作业控制表（作业控制表是数据收集过程中的跟踪表格）上，如问卷完成的数量、需要回访的表格数目等。调查员要按照标准化、规范化的现场工作流程来操作并定期向督导员报告。所有的调查员要接受相同的培训，使用相同的手册、相同的编码规则和统一的分类标准，对所有的样本单元都使用一致的数据收集程序。

5）建立严格的现场调查质量控制与核查制度，并严格执行。做好初审、复审，发现错、漏项应及时予以改正、补充。对调查质量的评估可以包括实施调查过程中的质量评估和调查数据的质量评估。

① 实施调查过程中的质量评估。第一，调查员的工作质量。包括调查过程是否规范，问卷的填写是否合格，工作记录是否齐备，完成的时间是否正确等。第二，管理的工作质量。包括培训材料、操作控制文件如问卷收集表、项目进度表以及检查性文件等。

② 数据质量的评估。良好的现场调查操作也不能保证数据质量就一定是高的。在数据分析阶段之前，对原始数据的质量进行评估是十分必要的。应从以下两个方面对原始数据的质量进行评估：第一，受访者的配合程度。在调查问卷的尾部，一般要设计几个题项，内容主要包括被调查者对问卷的理解程度和被调查者的配合程度。第二，问卷回答率。问卷回答率是评价数据质量的一个重要的量化指标。

4.2.2 学会调查实施中的进度控制

1. 时间管理

1）确保项目按照时间计划进行是非常重要的。例如，调查结果必须在某月某日提交上来，否则会影响到委托方是否开发新产品的决策。

2）判断是否可以加快项目进程，是否需要额外增加调查员来加速。如果项目要延期，必须与客户沟通，通知客户。

2. 合理的进度安排

一个调查项目的实施要做到有计划、按步骤、平稳地进行，对实施进度进行合理安排是至关重要的。调查员每天的工作量如果过大，质量就难以保证。对于具体的调查项目，调查员也需要一个不断熟悉的渐进过程，进度安排应考虑这一点。

第一阶段，慢节奏，适合于调查实施初期。

第二阶段，快节奏，适合于调查进入常态以后。

第三阶段，慢节奏，适合于调查过程中的阶段分析时或调查接近尾声时，需要对有问题的问卷进行补充等，此时每天安排的问卷数量可以少些。

调查进度的安排还要根据调查员的实际能力、被调查者所在地点的远近以及其他相关因素综合考虑，还要考虑督导人员的检查督导工作能否同步进行。

4.2.3　学会调查实施中的成本控制

市场调查实施过程中的成本控制在于人、财、物的成本控制。人是指人的用工成本，从这个角度讲需要在保证质量的前提下提高调查员的效率；财是费用支出的成本，包括与调查范围和调查难易程度相关的交通费、补贴、奖金等；物是指调查用材料等物品的购置或印刷费用，尤其是问卷的印制费用，如果无效问卷过多就会增加成本。

以问卷调查实施的成本控制为例，在规定的时间内，调查越多奖励越多，就会调动调查员的积极性，但是也可能引发严重的舞弊行为。如果规定在指定的时间内完成指定的份数，按工作的实际小时数计算，则可以有效地避免按份数支付方法的缺点，但是项目的花费很难确定，而且需要更严格的监督。

因此，调查实施中的成本控制，要根据调查项目的性质来确定一套具体的、有针对性的控制方案，以达到有效控制成本的目的。

知识拓展

调查前的准备工作

1. 必要的前期准备工作

1）调查的宣传活动。在调查之前利用各种渠道进行宣传，可以扩大活动影响，为调查活动顺利开展提供便利。

2）与被调查者联系。预约有技巧，通过与该社区居委会的接触，了解被调查者的大致情况。

2. 必要的辅助工具

（1）调查指导手册

条理清楚的指导手册对于现场工作人员的工作指导具有不可忽视的作用。调查指导手册包括调查员手册和督导人员手册。

1）调查员手册。调查员手册的内容主要是现场应遵守的操作条例和有关的技术指导。文字性的手册便于随时查阅。手册内容包括怎样第一次接触被调查者、筛选正确的样本、就近访问的技巧、问卷审核的方法和规则以及一些疑难解答等。

2）督导人员手册。督导人员应该先熟悉调查员手册，专门的督导人员手册应该可以为调查的管理提供指导。一般包括：①作业管理，包括如何给调查员分配任务，怎样向调查员分发和回收问卷（如果财务也由督导负责，如何处理开销凭证及向调查员分发报酬）；②质量检查和执行控制，即解释对调查员工作进行质量检查的原则和方法及如何通过各种表格记录调查实施过程中各环节的执行情况等。

（2）相关文件准备

相关的文件包括调查问卷、样本单位名单录；受访者的地址统计表、显示地理位置的地图等；调查中需要的卡片、相关表格；介绍信、调查员证等证明文件；必要的物品准备。现场调查中常用到的物品包括礼品、测试用品（概念测试、包装测试、口味测试和产品留置）、使用工具、记录笔、访问夹、手提袋（装问卷及礼品）、手表（记录访问时间）等。

3. 进行试调查

问卷排好版以后，可以先打印十份左右进行调查。认真对待问卷，同正式调查一样开展认真的询问模拟，从而发现疑问记录下来。需要完成的问卷数量是以在试调查中是否发现了问题来决定。

实 训 项 目

组织与实施市场调查

实训任务：根据模块 1 中各调查小组选定的调查项目，在本模块中按照方案中制定的市场调查方式和方法，组织和实施市场调查。

实训目标：通过实训，掌握组织和实施市场调查的步骤、方法和内容，将理论与实践相结合，并将所学知识运用到实际的调查实施工作中。

实训内容：

1）选择和培训调查员，组成调查团队。

2）制定培训计划，进行调查员培训。

3）实施调查并在调查过程中控制调查质量、进度和成本。

4）总结调查得失，评选调查实施任务完成效率高、误差小、成本低的团队。

实训要求：

1）分小组进行，各组组长担任项目负责人或调查督导员（取决于调查项目和调查团队的管理结构）。

2）组长担任调查员培训的培训师，制定培训方案，并模拟培训过程，培训内容应符合调查需要。

3）实施调查应做好相应计划与安排，保证调查过程的真实性。

4）实施调查后，各小组应及时分析调查过程与效果。

实训组织：各小组按照以下步骤组织实施市场调查，具体的项目按照之前的设定进行，可采取前面任务中已经设计好的问卷。

1）选择和培训调查员。①选择调查员，成立调查机构。列出选择调查员的条件和应具备的素质，选出适当数量的调查员。②确定培训内容。培训内容包括基本内容、项目内容和人员心理适应训练等。培训方法要适应培训内容，培训时间不少于 2 课时。③实施培训。理论与实践结合，实施模拟调查。

2）实施调查并控制过程。按照事先制定的调查方案和计划实施调查。调查过程中有针对性地控制误差，并进行质量控制、进度控制和成本控制，及时总结调查中采取的控制措施和控制效果。

3）总结与分析。结合调查过程总结实施情况和调查任务的完成情况，各小组分析出现的问题，总结解决问题的方案，并用文字、数字、图片进行记录。

实训考核：考核要点及评分标准如表 4-1 所示。

表 4-1　组织实施市场调查模拟实训评价表

考核项目	分数	考核标准	自评得分	教师评分记录
1）选择和培训调查员	40			
① 选择调查员，成立调查机构	10			
② 确定培训内容	10			
③ 实施培训	20			
2）实施调查并控制过程	40			
① 按照计划实施调查	20			
② 控制过程	20			
3）总结与分析	20			
合计	100			

展示交流：以小组为单位，将调查实施过程和调查实施的效果用课件进行展示，展示内容包括调查活动计划、调查团队分工、调查人员安排、调查时间、地点、主要调查技巧与方法、调查开展情况、调查任务完成情况等，展示人与展示方式不限。

综合训练 4

一、单项选择题

1）市场调查团队里的最高负责人是（　　）。

A．调查人员　B．项目负责人　C．职能负责人　D．督导人员

2）调查督导人员的职责不包括（　　）。

A．了解调查项目的目的和具体的实施要求

B．根据调查设计的有关内容和要求挑选调查员

C．负责督导团队的管理和培训

D．负责协调各部门之间的关系

3）拒绝造假是对调查员的基本要求，也属于对调查员（　　）方面的素质要求。

A．文字能力与交流能力　B．谦虚的态度

C．职业道德　D．调查的实际能力

4）调查员的行为语言不当，有可能造成（　　）。

A．找不到被调查者　B．一开始调查被拒绝

C．调查速度慢　D．在调查过程中被拒绝

5）原始数据及其统计指标与真实情况之间的差别指的是（　　）。

A．误差　B．质量　C．进度　D．成本

6）督导员陪同调查员一起进行调查，在培训调查员中属于（　　）训练法。

A．集中讲授　B．以老带新　C．以会代训　D．实习锻炼

7）问题：您喜欢这种电动工具吗？

第一次回答：喜欢，不错。

追问：你所谓的“喜欢，不错”是指什么呢？

第二次回答：舒适。

追问：舒适具体指哪方面呢？

第三次回答：手握着操作时手感很舒适。

以上在调查中采取的追问方式属于（　　）。

A．勘探性追问　B．明确性追问　C．中性追问　D．鼓励性追问

8）调查进度分为三个阶段，三个阶段的调查速度应该是（　　）。

A．快、快、快　　B．快、慢、慢

C．慢、快、快　　D．慢、快、慢

9）“您好，送您一个礼品吧，可以帮我们做一份问卷调查吗？”以这种方式开始调查（　　）。

A．非常合适　　B．可以采取　　C．不合适　　D．千万不能用

10）调查结束时候的正确做法是（　　）。

A．转身离开　　B．匆促离开

C．道谢并礼貌离开　　D．再寒暄一会儿以表示感谢

二、多项选择题

1）市场调查团队的管理结构有（　　）。

A．直线式　　B．职能式　　C．直线职能式　　D．直线矩阵式

2）专项训练的方式可以是（　　）。

A．集中讲授　　B．以老带新　　C．以会代训　　D．实习锻炼

3）进行合适的心理适应训练的方式有（　　）。

A．训练合理控制环境　　B．训练调查员保持中立的态度

C．训练其接触不同的陌生人　　D．训练调查员被拒绝后的心理调整

4）实施调查的技巧包括（　　）方面。

A．获得合作　　B．询问问题　　C．适度追问　　D．记录回答

5）现场调查误差主要有（　　）两种类型。

A．计算误差　　B．计量误差　　C．无回答误差　　D．回答误差

三、判断题

1）直线式管理机构的调查团队可以不用设置职能负责人员。（　　）

2）调查员应具备良好的文字理解能力和交流沟通能力。（　　）

3）调查员进行问卷调查不需要什么技巧，照着问卷念即可。（　　）

4）实施调查的成本控制是财务部门的事情，调查一旦开始无法控制。（　　）

5）调查人员如果遇到被调查者拒绝，转身就走马上寻找下一个被调查者，避免耽误时间。（　　）

6）调查一开始被拒绝和调查过程中被拒绝没有本质区别。（　　）

7）市场调查是调查人员的事情，与其他人员没有关系。（　　）

8）市场调查的实施可以外包给专门调查机构，也可以自己组成团队开展。（　　）

9）市场调查实施对调查人员的要求没有那么高，在选人方面可以不用那么严格。（　　）

10）市场调查实施的环节可以独立进行，与其他市场调查的任务没有什么关联。（　　）

四、案例分析

美国李维斯公司的分类市场调查

美国李维斯公司是以生产牛仔裤而闻名世界的。20 世纪 40 年代末期的销售额仅为 800 万美元，但到 20 世纪 80 年代销售额达到 20 亿美元，是 20 世纪 40 年代的 250 倍，这主要得益于他们的分类市场调查。该公司设有专门负责市场调查的机构，调查时应用统计学、行为学、心理学、市场学等知识和手段，按不同国别分析研究消费者的心理差异和需求差别，分析研究不同国别的经济情况的变化、环境的影响、市场竞争和时尚趋势等等，并据此制定公司的服装生产和销售计划。例如，1974 年，公司对联邦德国市场的调查表明，大多数顾客认为服装合身是首选条件，为此，李维斯公司随即派人在该国各大学和工厂进行服装合身测验。一种颜色的裤子就定出了 45 种尺寸，因而扩大了销量。

李维斯公司根据美国市场调查，了解到美国青年喜欢合身、耐穿、价廉、时髦，为此将这四个要素作为产品的主要目标，因而该公司的产品在美国青年市场中长期占有较大的份额。后来，李维斯公司通过市场调查，了解到许多美国女青年喜欢穿男裤，为此，公司经过精心设计，推出了适合妇女需要的牛仔裤和便装裤，使该公司的妇女服装的销售额不断增长。虽然美国及国际服装市场竞争激烈，但是李维斯公司靠分类市场调查提供的信息，确保了经营决策的正确性，使公司在市场竞争中处于不败之地。

（资料来源：https://www.docin.com/p-1222479196.html）

分组讨论：

1）李维斯公司为什么要设置专门负责市场调查的机构？

2）分析调查员在实施调查时被拒绝的原因可能有哪些？

3）谈谈你对调查前的培训工作的认识，如果不进行培训就开始实施调查可能出现哪些问题？

4）调查质量的控制只有在调查过程中才能控制吗？谈谈你的想法。

综合训练 4 参考答案

模块 5　调查资料整理与分析

学习目标

◎知识目标

1. 掌握市场调查资料整理的含义、步骤与内容。
2. 熟悉市场调查资料整理的基本方法。
3. 掌握市场调查资料分析的基本方法。

◎能力目标

1. 能够对不同类型数据进行审核、整理和分析，并用适当的形式来反映数据处理的结果。
2. 能够运用相应软件绘制统计表和统计图。

◎职业素养目标

1. 练就自身严谨、细致的工作态度和工作作风。
2. 提升使用统计语言来分析市场现象的意识。

案例导入

雅各布的《战斗情报》

1935 年 3 月 20 日，有位名叫伯尔托尔德·雅各布的瑞士作家，出于对希特勒纳粹主义的义愤，出版了一本名为《战斗情报》的书，向外界公开披露了希特勒军队的内幕。这本长达 172 页的书籍详细地描述了德国军队的组织结构和各级司令部、各师和各军管区的番号、编制、装备、人数、驻扎地点，还有 168 名陆军各级指挥官的姓名、年龄、经历和任职时间，甚至还谈到了最新成立的装甲师，这无疑是一份绝密的军事情报。

这些极其重要的军事机密是怎样泄露出去的呢？德国情报机关迅速将雅各布秘密绑架到了柏林。当情报人员严厉地盘问他情报材料的来源时，雅各布的回答使德国人大为震惊："我的全部材料都是从德国报纸上得来的。"

原来，雅各布长期搜集德国报刊上发表的所有军事及军情的信息，做成卡片，进行细致的分析。这样的材料越来越多，雅各布将其组成了一幅德国军队组织状况的清晰图画，而这幅图画与实际情况竟然相差无几。

德军情报人员根据雅各布的交代，一一核对其来源，《战斗情报》这本书的全部材料确实都是从德国公开发行的报纸上得来的，没有任何人泄露军事秘密。雅各布的工具只是一把剪刀、一罐糨糊、一个卡片盒和一个情报人员的头脑。他凭着灵敏的嗅觉、高超的分析能力，从公开发表的新闻报道的字里行间，寻觅到德国法西斯军事核心的秘密情报，并用这些情报向人们预示了即将压到欧洲大陆上空的战争乌云。

（资料来源：http://wenda.so.com/q1384527815061048）

模块 5：案例导入参考答案

思考与讨论：

结合本例谈谈为什么要进行资料的整理。

5.1　整理市场调查资料

当市场信息被收集上来以后，各种调查资料是分散零乱的，不能完整系统地反映总体的情况，这些资料如果未经加工整理和分析，是不能用以说明任何问题的。因此，有必要对全部资料进行系统的加工整理，只有经过整理、分析，才能揭示市场经济现象的内在联系和本质，为企业经营决策提供依据。调查资料整理是市场调查的继续和深入，又是市场分析的基础和前提。

微课：调查资料的整理

5.1.1　完成调查资料的审核

市场调查资料整理是根据研究目的，运用科学的方法，对调查资料进行审核、分类或分组、汇总，使之系统化和条理化，并以集中、简明的方式反映调查对象总体情况的工作过程。

1. 调查资料整理的意义与步骤

（1）调查资料整理的意义

1）市场调查资料的整理是市场调查研究中十分重要的环节。通过市场调查取得的原始资料都是从各个被调查单位收集来的、零散的、不系统的资料，只能表明各被调查单位的情况，反映事物的表面现象，不能说明被研究总体的全貌和内在联系，收集的资料难免出现虚假、差错、短缺、冗余等现象，只有经过加工整理，才能使调查资料条理化、简明化，确保调查资料的正确性和可靠性。

2）市场调查资料的整理可以大大提高调查资料的使用价值。市场调查资料的整理过程是一个去粗取精、去伪存真、由此及彼、由表及里、综合提高的过程，它能有效提高信息资料的浓缩度、清晰度和准确性，从而大大提高调查资料的使用价值。

3）市场调查资料的整理也是保存调查资料的客观要求。市场调查得到的原始信息资料不仅是当时企业做出决策的客观依据，而且对今后研究同类市场现象具有重要参考价值。因此，每次市场调查后都应认真整理调查的原始信息资料，以便于今后长期保存和研究。

对市场调查人员来说，市场调查资料的整理也是一个对市场现象认识、深化的过程。如果说，实地调查阶段是认识市场现象的感性阶段，那么，整理资料阶段就是认识市场现象的理性阶段。只有经过调查资料的整理，才能发现市场现象的变化规律。

（2）市场调查资料整理的原则

1）真实性原则。保证资料的真实性是市场资料整理以及分析的根本。

2）准确性原则。描述事实要准确，数据的准确性直接影响后续分析的正确性。

3）完整性原则。尽可能全面、如实地反映全貌，避免以偏概全，使资料分析的结果产生假象，从而对研究的结论产生错误影响。

4）统一性原则。对调查指标有统一的解释，对各项数值的计算方法、计量单位要统一，以免造成计算的失误。

5）简明性原则。资料尽可能简单、明确，恰当地选择文字、图表加以说明，做到类别分明。

（3）市场调查资料整理的程序

1）设计和编制资料整理方案。这是保证统计资料的整理有计划、有组织进行的重要一步。资料的整理往往不是整理一个或两个指标，而是整理多个有联系的指标所组成的指标体系。整理方案是否科学，对于统计整理乃至统计分析的质量都是至关重要的。

2）对市场调查资料进行审核、订正。在汇总前，要对调查得来的原始资料进行审核，审核它们是否准确、及时、完整，若发现问题要及时加以纠正。统计资料的审核也包括对整理后次级资料的审核。

3）进行科学的统计分组。用一定的组织形式和方法对原始资料进行科学的分组是统计整理的前提和基础。

4）统计汇总。对分组后的资料进行汇总和必要的计算，就使得反映总体单位特征的资料转化为反映总体特征的资料。

5）编制统计表。统计表是统计资料整理的结果，也是表达统计资料的重要形式之

一，根据研究的目的可编制各种统计表。

2. 调查资料的审核

在整理汇总之前，必须对统计资料进行一次全面细致的审查，可以避免统计资料的遗漏、错误或重复，保证资料准确、真实、完整和一致，达到市场调查资料整理的目的和要求。对统计资料的审核应从以下几方面进行。

（1）市场调查资料的审核内容

所谓市场调查资料的审核，是指对已经收集到的市场资料进行总体检验，检查其是否齐全、是否有差错，以决定是否采用此份调查资料的过程。

对市场调查资料的审核是多方面的，主要审核资料的准确性、及时性和完整性等。

1）市场调查资料准确性的审核。市场调查资料的来源必须是客观的，这方面的审核主要审查：被调查者是否属于规定的样本范围内；调查资料是否存在明显的错误，是否真实可信；调查资料口径、计算方法、计量单位等是否统一。

2）市场调查资料及时性的审核。对市场调查资料及时性的审查，就是检查各调查单位的资料在时间上是否符合本次调查的要求，其中包括资料是否延迟、填写的资料是否是最新的资料等，从而避免将失效、过时的信息资料作为决策的依据。

3）市场调查资料完整性的审核。完整性审核主要审查调查对象是否齐全，有没有被遗漏的调查对象；调查的项目是否都有完整资料，有没有遗漏；调查资料详细程度是否符合要求等。

（2）市场调查资料审核的一般方法

1）计算检查。从计算方法是否正确、计算结果有无差错等角度进行检查，并加以适当纠正。

2）逻辑检查。根据调查项目之间的内在联系和实际情况进行逻辑判断，看是否符合逻辑，是否有互相矛盾及违背常理的地方，并加以纠正。在检查中，还需要根据自己所掌握的经验知识和对有关情况的了解，检查有关数字的比例关系是否合理。如某被调查者年龄为 13 岁，文化程度为大学本科，这一资料就不是真实可信的。

3）经验判断。经验判断是指根据已有的经验，从各个有关方面对统计资料进行查对核实，看资料是否真实、准确，是否符合客观要求。

（3）对不合格市场资料的处理

在审核中，如发现不合格资料，可以根据不同情况予以处理。

1）对于在调查中已发现并经过认真核实后确认的错误，可以由调查者代为更正。

2）对于资料中可疑之处或有错误、有出入的地方，应进行补充调查。

3）无法进行补充调查的，应坚决剔除那些有错误的资料，以保证资料的真实、准确。

5.1.2 完成调查资料的编码与分组

1. 对调查资料的编码

利用计算机进行汇总时，一般必须对调查项目进行编码，才能保证计算机的高效处理。

所谓编码，就是将调查表或调查问卷中的各个项目转化为数字符号的过程。编码首先要将数据进行分类，然后每一个类别指派一个数字代码。对调查资料编码，可以使众多的资料简化为一连串数字，使这些资料能输入并存储在计算机中，便于进一步分析研究。编码是一项重要的工作，编码的质量如何，不仅影响数据录入速度和质量，而且影响数据处理的最终结果。

（1）事前编码

事前编码是在调查问卷设计时对有结构型问卷进行的编码。一般来说，调查问卷中的多数问题都是封闭式的，预先已经设计出可供选择的答案，为了便于计算机处理，在设计问卷的同时也给这些答案设计了编码，这种编码方式称为事前编码。事前编码适用于问卷中的封闭式问题。

【例 5-1】 某调查机构正在进行一项消费者对某种商品评价的调查，要求被调查者回答以下问题：①消费者的性别；②消费者的职业；③消费者的年龄；④消费者对此商品综合评价分数（0～10）。

在资料的编码过程中，可做如下处理：①用数字 1 代表男性，2 代表女性；②根据分析的需要，将消费者的职业分为工人、农民、军人、机关干部、学生、公司职员、教师和其他 8 大类，并分别用数字 1～8 代表；③根据分析的需要，将消费者的年龄分为 18 岁以下、18～45 岁、45～60 岁、60 岁以上 4 组，并分别用数字 1～4 代表；④根据分析需要，用数字 1～5 分别代表消费者对商品评价的分数。编码说明书如表 5-1 所示。

表 5-1 编码说明书

性别		职业		年龄		评价分数	
回答	编码	回答	编码	回答	编码	回答	编码
男性	1	工人	1	18 岁以下	1	好	1
女性	2	农民	2	18～45 岁	2	较好	2
		军人	3	45～60 岁	3	一般	3
		机关干部	4	60 岁以上	4	较差	4
		学生	5			差	5
		公司职员	6				
		教师	7				
		其他	8				

若某个被调查者是一位女教师，年龄是 40 岁，对该商品的评价是较好，则其编码是 2722。

（2）事后编码

事后编码是在数据的搜集工作结束后开始整理时，对所有问题的可能答案进行的编码。对于开放式问题，只能采取事后编码的方式，对于封闭式问题，如果未做事前编码，也必须进行事后编码。

对于开放式问题的事后编码，它所依据的不应该仅是答案的文字，更重要的是这些文字所能反映出来的被调查者的思想认识。

事后编码可以按下列步骤进行。

1）挑选少量有代表性的问卷，对答案进行全面的阅读和初步分析，以便初步判定答案的分布情况。在大型调研中，这项工作可以作为编辑过程的一部分或单独的一个部分完成。

2）将全部有意义的答案列成频数分布表。

3）确定可以接受的分组数。此时主要是从调查目的出发，考虑分组的标准是否能紧密结合调查目的，同时也要考虑计算机和软件的处理能力及要求。

4）根据拟定的分组数，对列在答案频数分布表中的答案进行挑选归并。在符合调查目的的前提下，保留频数多的答案，然后把频数较少的答案尽可能归并成含义相近的几组。对那些或含义相距甚远、或频数不够多的答案，最后以“其他”来概括，单独作为一组。

5）为所确定的分组选择正式的描述词汇。

6）根据分组结果制定编码规则。

7）对全部回收问卷的开放式问题答案进行编码。

（3）编码明细单

目前，市场资料分析工作越来越多地应用到了相关软件，而在用计算机处理资料时，面临的第一个问题是如何准确地录入资料，这要求把文字资料转化成数码形式的数据。为此，必须制定一套规则，即编码明细单，它有利于减少在数据转录过程中产生大量的录入错误。编码明细单是一份说明问卷中各个问题（变量）及其答案，与计算机数据文件中的字段、数码位数及数码之间一一对应关系的文件。对照编码明细单，就可以很方便地录入资料。制定编码明细单时，需要注意以下几个问题。

1）所有的资料都必须转换成数值，不允许使用字母或其他字符。

2）每一个数值码占据一列，要为每个变量留出足够的列数。

3）对无信息的答案赋予标准代码。例如，可以用“8”表示“不知道”，“9”表示“无回答”，“0”表示“不适合”。

4）尽可能用真实的数字作为编码，例如，年龄 29 岁，编码就为 29，这样可以保持数据库的原始资料性质。

2. 对调查资料的分组

市场调查资料分组是指根据市场调查的目的和要求，按照市场现象的一定标志，把调查总体划分为若干组成部分的整理方法。通过分组，使得同一组内的各单位在分组标志上有同质性，不同组之间的单位具有差异性。因此，通过分组可区分市场现象的类型，反映市场现象总体的内部结构，分析市场现象之间的依存关系。

（1）分组标志的选择

市场调查资料分组的关键在于正确选择分组标志。分组标志是对总体进行分组的依据，分组标志选择的正确与否是资料分组能否发挥作用的基本前提。分组标志一经选定，必将突出总体单位在此标志下的差异，而将总体单位在其他标志下的差异掩盖起来。因此，同一调查总体由于选择的分组标志不同，得出的认识结论便有所不同，甚至是相反的结论。为此，在进行分组时应遵循以下原则选择分组标志。

1）根据研究问题的目的和任务选择分组标志。每一总体都可以按照许多个标志来进行分组，具体按什么标志分组，主要取决于统计研究的目的和任务。例如，研究人口的年龄构成时，就应该按“年龄”分组。

2）在若干个同类标志中，选择能反映问题本质的标志进行分组。有时可能有几个标志似乎都可以达到同一研究目的，这种情况下，应该进行深入分析，选择主要的、能反映问题本质的标志进行分组。例如，研究居民的购买力时，居民的工资水平和居民的家庭收入都是有关标志，但相比较而言，居民家庭的人均收入水平更能反映居民购买力的真实情况，是应该被采用的关键性标志。

3）结合所研究现象所处的具体历史条件，采用具体问题具体分析的方法来选择分组标志。事物都在不断地发展和变化，在不同的阶段调查对象表现出的性质和特征会有所不同。因此，在进行分组时，必须用发展的观点选择分组标志。例如，有的标志在当时能反映问题的本质，但后来由于社会经济的发展变化，可能已经时过境迁，就要选择新的分组标志来进行分组。

此外，在将调查资料与历史资料对比时，应注意可比性问题。尤其在改变分组标志时，必须注意选择与历史资料可比的分组标志。

（2）分组界限的确定

根据分组标志的特征不同，统计总体可以按品质标志分组，也可以按数量标志分组。

1）按品质标志分组。按品质标志分组，即选择反映事物属性差异的品质标志作为分组标志进行分组。当分组标志一经确定，组名称和组数就确定了，不存在组与组之间的界限区分的困难。例如，居民按文化程度标志分组，划分为大学及以上、高中、初中、小学、文盲等。

2）按数量标志分组。按数量标志分组，即选择反映事物数量差异的数量标志作为分组标志进行分组，确定各组在数量上的差别，并通过数量上的变化来区分各组的不同

类型和性质。按数量标志分组有单项式分组和组距式分组两种。前者指所描述对象的数量特征可以按一定次序一一列举它的数值，如表 5-2 所示的某工厂日产量分布情况即为单项式分组；后者指所描述的数量特征在一个区间里可以有无限个数值，无法一一列举，如表 5-3 所示的某单位职工的月工资情况即为组距式分组。

表 5-2　某工厂日产量分布情况

日产量/件	人数
16	100
17	500
18	200
合计	800

表 5-3　某单位职工的月工资情况

月收入	人数
2 000 元以下	30
2 000～5 000 元	70
5 000 元以上	20
合计	120

（3）分组形式的确定

资料分组按照所用的分组标志的多少及组合形式的不同，可分为简单分组及平等分组体系、复合分组及复合分组体系。

1）简单分组及平等分组体系。简单分组是只用一个标志对总体进行分组。它只能反映现象在某一标志特征方面的差异情况，而不能反映现象在其他标志特征方面的差异。对于同一总体运用两个或两个以上标志进行简单分组后平行排列形成的体系称平行分组体系。

2）复合分组及复合分组体系。复合分组是对同一总体按两个或两个以上标志层叠进行的分组。进行复合分组时，要注意先按主要标志分组，再按次要标志分组。由复合分组形成的体系称复合分组体系。

5.1.3　完成调查资料的录入与汇总

1. 对调查资料的录入

录入调查资料是把经过编码的调查资料输入计算机的存储设备（软盘、硬盘或闪存）中，这样便可供计算机统计分析了。数据的录入形式有三种：①以单独数据文件的形式录入和存在；②录入到专门的统计分析软件中（如 Excel，SPSS）；③直接录入到调查软件中。

大多数调查资料通过智能录入系统进行，即使用相关的数据库软件包。数据库软件不仅可以存储数据，而且在录入过程中，通过事先的数据库结构的编辑，可以对录入员录入的过程进行逻辑检查，从而避免数据录入过程中出现某种类型的错误，如录入无效的编码或者是太广的编码。同时，数据库对于跳答问题的录入也能进行很好的控制，减少错误的跳跃模式。

为了保证数据录入的准确性，有必要对录入的结果进行核查，核查的方式主要有双机录入和三机录入。所谓双机录入，是将同一份调查资料分别由两个录入员进行录入，将两次的结果进行逐个比较，相同的部分是被认为没有错误的，如果出现不同的部分，需检查调查资料，及时予以修正。所谓三机录入，是将同一份调查资料由不同的录入人员录入 3 次，将 3 次的结果通过计算机进行比较，采用“2 排 1”的选择，如果 2 个结果是相同的，排除那个不同的答案。三机录入的方式可以减少翻阅问卷的人工劳动。

无论是双机录入还是三机录入，都会增加调查的时间和费用成本，而且是成倍地增加。但是为求得数据的收集、录入各个环节的准确性，越来越多的企业和市场调查公司在录入工作开始之前，认真挑选录入人员，并对其进行培训，明确任务的具体要求及注意事项，并加强对录入质量的监督和核查，及时发现错误并予以更正。市场调查技术发达的国家在数据的采集中常使用计算机辅助电话调查（computer assisted telephone interview，CATI）、计算机辅助面访（computer assisted personal interview，CAPI）的方式进行，键盘录入的过程在访问的时候就已经完成了。对于简单的问卷调查，使用调查卡进行光学扫描录入能从时间上节约不少成本。

2. 对调查资料的汇总

原始资料的统计汇总是在原始资料分组的基础上，采用手工汇总或计算机汇总技术得出分组处理的各组频数，进而编制各种频数分布表。

（1）计算机汇总技术

在现代市场调查中，由于调研课题涉及的调研内容多，调研范围大，样本量也很大，由问卷提供的原始资料非常多，同时，又要求进行多方向的数据加工开发，因此，一般都采用计算机技术进行汇总处理。

计算机汇总应遵循以下程序：开发合适的数据处理软件、编码、数据录入、逻辑检查、汇总制表。

（2）手工汇总技术

在市场调查中，当对某些问题的调查所要求的样本量不是很大时，亦可采用手工汇总技术对调查问卷原始数据进行汇总处理。手工汇总技术主要有划记法、过录法、折叠法、卡片法等。

划记法又叫点线法，是用点线符号计算各组总体单位数的汇总方法，常用的划记符号一般用“正”表示。划记法简单易行，但它只能汇总总体单位数，而不能汇总变量值，

一般在总体单位不多时使用。

过录法又叫登记法，是将要汇总的资料过录到事先设计好的整理表上，然后合计出各组的总体单位数或变量值，并将其结果填入统计表。过录法既可以汇总总体单位数，又可以汇总变量值，而且便于核对和计算。但是过录工作比较烦琐，易发生登记性的误差，一般用于总体单位数不太多、分组比较简单的情况。

折叠法是把要汇总的所有调查表的同一栏（行）的项目及其数字全部折叠在边上，一张一张叠放在一起，同时放上汇总用的空白表，然后把这些调查表同一栏（行）的数字逐一加总，将汇总结果填入正式的汇总表。折叠表简单易行，容易掌握，适用于对变量值的汇总。该方法在我国统计工作中使用较广泛，但汇总计算必须细致。

卡片法是利用特制的摘录卡片，将每个总体单位需要汇总的项目和数值摘录在一张卡片上，然后根据卡片进行分组和汇总计算。卡片法比划记法准确，比过录法和折叠法简便，可以保证汇总数字的质量，提高时效性，是汇总大量调查资料的一种科学的汇总方法。采用卡片法汇总的步骤是：编号—摘录—分组计算。

5.1.4　学会调查资料的列示

统计表和统计图都是将已整理的资料用简明的表格或图形表达出来，使人获得明晰而直观的印象，避免冗长的文字叙述，便于比较分析。

1. 调查资料的表格形式列示

（1）统计表的编制

统计表是表现调查资料的一种重要形式，即将调查到的原始资料经过加工整理，使之条理化、系统化，编制成便于对比分析的表格。

统计表是由纵横交叉的直线组成的左右两边不封口的表格。从形式上看，统计表由总标题、横行标题、纵栏标题、统计数据组成，如表 5-4 所示。

表 5-4　“十二五”期间某市居民收入增长情况统计表

年份	收入/元	实际增长率/%
2011	19 200	7.5
2012	20 812	8.4
2013	22 435	7.8
2014	23 983	6.9
2015	25 685	7.1

1）总标题。总标题是统计表的名称，它必须简明扼要地说明统计表中全部统计资料的时间、地点和内容。总标题一般放在表格上方中间位置，如表 5-4 所示，“‘十二五’期间某市居民收入增长情况统计表”为总标题。

2）横行标题和纵栏标题。横行标题通常用来表明调查单位和分组的名称，一般置于表格左边，表 5-4 中“2011，2012，……，2015”为横行标题。纵栏标题通常用来表明标志和指标的名称，一般置于表格上部，“收入、实际增长率”为纵栏标题。

3）统计数字。统计数字是各标志或指标的具体数值，位于各纵栏标题与横行标题的交叉处。

从统计表的内容看，可分为主词栏和宾词栏。主词栏是表中资料所说明的对象，它可以是时间、单位，也可以是总体或分组，一般位于表的左边。表 5-4 中主词是“年份”和 2011～2015 各年。宾词栏是各种指标，包括指标名称及数据，一般位于表的右边。表 5-4 中“收入”和“实际增长率”及数值即为宾词。宾词栏和主词栏的位置不是固定不变的，特别是主词栏的分组太多时，往往将一些分组移到宾词栏中，这由统计表如何设计得更为合理而定。

（2）频数表的编制

在观察值个数较多时，为了解一组同质观察值的分布规律和便于指标的计算，可编制频数分布表，简称频数表。

频数表的编制方法如下：

1）求全距。找出观察值中的最大值与最小值，其差值即为全距（或极差），即

$$全距=最大值-最小值$$

2）确定组数和组距。根据观察值的数量的多少和全距的大小确定组距和组数，组距和组数互为制约，组数越多组距越小，组数越少则组距越大。一般可先确定组距，再根据组距确定组数。组距一般为 10 的倍数，以便于汇总和计算。组数一般设 3～10 个组，观察单位较少时组数可相对少些，观察单位较多时组数可相对多些。

3）确定组限。每组的上、下两个端点的数值分别称为上限和下限，且下限包含在本组内。确定组限时，首组的下限应小于或等于观察值中的最小值，末组的上限应大于或等于观察值中的最大值，其组中值为该组的（下限+上限）/ 2。当观察值中出现了极大值或极小值时，应采用开口组。

4）编制频数表。采用计算机或用划记法将原始数据汇总，得出各组的频数，制成科学实用、简明美观的表格。

2. 调查资料的图形形式列示

统计图一般是根据统计表的资料，用点、线、面或立体图像鲜明地表达其数量或变化动态。市场调查常用的有折线图、直方图、饼图、条形图等。

（1）折线图

折线图是用直线段将各数据点连接起来而组成的图形，以折线方式显示数据的变化趋势。在折线图中，数据是递增还是递减、增减的速率、增减的规律（周期性）、峰值等特征都可以清晰地反映出来。所以，折线图常用来分析数据随时间的变化趋势，也可

用来分析多组数据随时间变化的相互作用和相互影响。××考试 2011～2017 年通过率统计表（表 5-5）的内容可用××考试 2011～2017 年通过率折线图（图 5-1）表示。

表 5-5　××考试 2011～2017 年通过率统计表

年份	通过率/%
2011	20.80
2012	15.00
2013	25.00
2014	24.80
2015	27.83
2016	39.88
2017	40.16

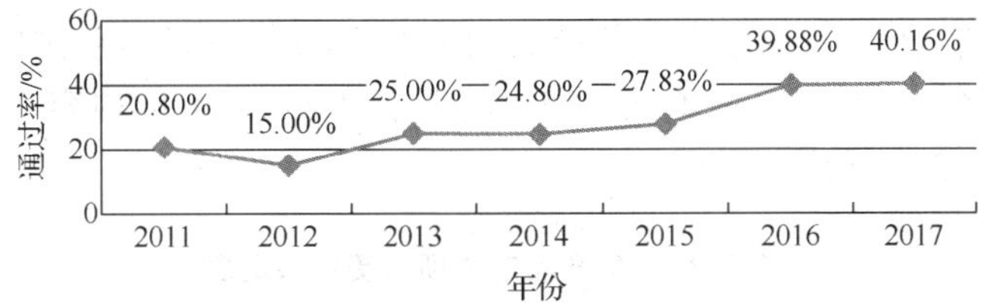

图 5-1　××考试 2011～2017 年通过率折线图

折线图可以显示随时间（根据常用比例设置）而变化的连续数据，因此，非常适用于显示在相等时间间隔下数据变化的趋势。在折线图中，类别数据沿水平轴均匀分布，所有值数据沿垂直轴均匀分布。

（2）直方图

直方图是用来展示数据分布的一种图形，它是用矩形的宽度和高度来表示频数分布的，以宽度相等的条形的长度或高度来反映统计资料。绘制图形时，在平面直角坐标系中，用横轴表示数据分组，纵轴表示频数，这样，各组与相应的频数就形成了一个矩形，即直方图。例如，某班 40 名学生某次英语成绩统计表（表 5-6）的内容可用某班 40 名学生某次英语成绩直方图（图 5-2）表示。

表 5-6　某班 40 名学生某次英语成绩统计表

成绩/分	人数
50～60	2
60～70	9
70～80	10
80～90	14
90～100	5
合计	40

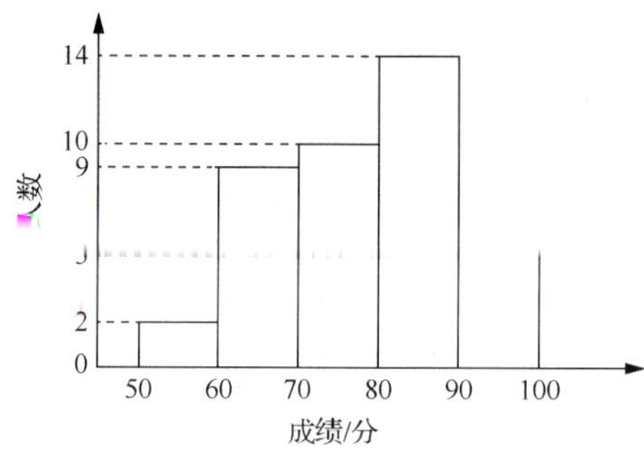

图 5-2　某班 40 名学生某次英语成绩直方图

（3）饼图

饼图也称圆形图，是用圆形面积的大小代表总体数值，用圆形的扇形面积反映总体内部各构成指标的数值。常用于在总体分组的情况下，反映总体的结构、各组所占比重，即百分比资料。例如，某产品成本项目费用情况表（表 5-7）的内容可用某产品成本项目费用饼图（图 5-3）表示。

表 5-7　某产品成本项目费用情况表

成本项目	费用/万元	比重/%
原材料	240	53
辅料	12	3
人工	87	20
能耗	75	17
包装	32	7
合计	446	100

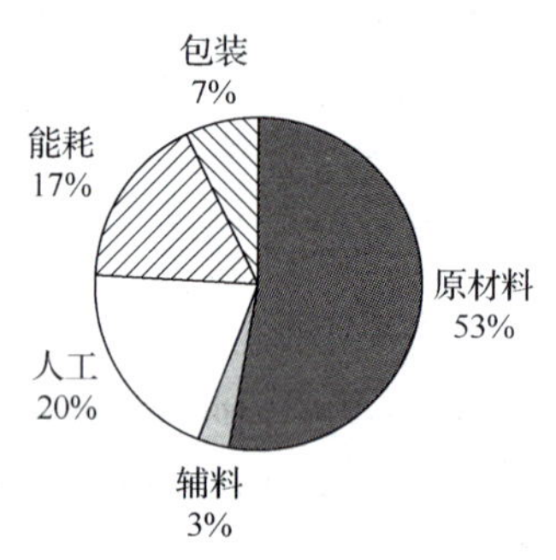

图 5-3　某产品成本项目费用饼图

（4）条形图

条形图是用宽度相同的条形的高度或长度来表示数据变动的图形。条形图的排列可

以纵列，也可以横排，纵列的称垂直条形图或柱形图，横排的称水平条形图，常用于同一指标在不同总体间的比较，也可以反映同类指标数值在不同时间上的发展变化。以表 5-6 的内容绘制某班 40 名学生某次英语成绩条形图，如图 5-4 所示。

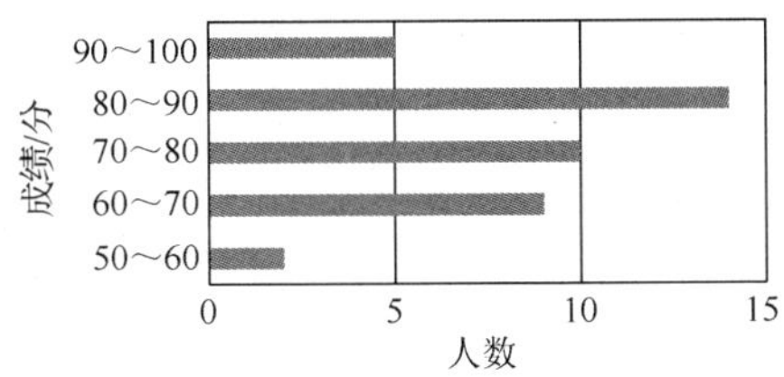

图 5-4 某班 40 名学生某次英语成绩条形图

小案例

巴黎的一天

每天清晨，15 万只雄鸡在巴黎周围唔唔报晓，与此同时，300 万座闹钟唤醒了沉睡中的巴黎人。

巴黎人每顿早餐可消耗 70 吨咖啡、1 吨茶叶、25 吨可可、65 万公升牛奶以及 250 万只羊角面包。早餐完毕，170 万名妇女和 270 万名男子匆匆出门，向 8 万名早起晚睡的守门人问好致意，从 300 万件邮件中取走各自的信件，然后汇入上班的人流。当天出版的 250 万份报纸，有 1/3 是被路上买走的。有 30%的郊区居民进城上班，同时有 13%的城市居民到郊外上班。全市 3 700 辆公共汽车运送 50 万名乘客，而 343 个地铁站每天迎接的乘客达 150 万人。这些人当中有 3.3 万名月票拥有者可以通过自动门上车，但每天从这儿抓获的无票乘客也至少有 1 000 人。巴黎的出租车共 1.34 万辆，15 万人乘出租车上班，另外还有 100 万人驾驶私人汽车。这些人在全市每天发生的 90 起严重车祸中占比最大，每 3 天就有 2 人死于车祸。

在巴黎大小法院里，离婚案件最为频繁，平均每天有 20 对夫妇解除婚约，各奔东西，但是在同一天却有 200 对怀着柔情蜜意的青年男女去市政府登记结婚。此外，每天还有 27 名青少年因各种原因弃家而走。

中午，300 万人涌向 6.1 万家餐馆、饭店、食堂和咖啡馆用便餐。大约 100 万家庭主妇利用餐前饭后的空隙时间，购买 3 400 吨蔬菜、380 吨鱼虾、400 多万只鲜蛋、2 000 吨水果。正当巴黎人在埋头工作时，8 000 名外国游客却兴致勃勃地登上了埃菲尔铁塔，另有 3 700 人在凡尔赛城堡游览，3 500 人徜徉在卢浮宫的画廊里。

入夜，忙碌了一天的人们行色匆匆地赶回家里，200 万台电视机成了他们忠实的伴侣。上床之前，他们还要把2 700吨垃圾送出家门。粗心大意者在白天遗失的物品不计其数，不过有420件第二天又会出现在招领处。消防队员日夜奋战以对付每天发生的24起火灾，在一天结束之前，警察局将统计出发生在当天的37起失窃案和47起抢劫案。

每天平均都有240个巴黎人死亡，其中有8个还是天真烂漫的孩子。然而，有470个婴儿也在这一天呱呱坠地，开始了平均为71岁零二个月的生命旅程。

（资料来源：http://www.docin.com/p-300570349.html）

分组讨论：

1）案例中的数据是如何得出的？

2）谈谈统计整理与分析的作用。

5.2 分析市场调查资料

市场调查所获得的全部原始资料经过审核、编码、分组、汇总和制表等阶段之后，就可以转入下一步的工作，即资料分析。资料分析的主要任务是利用经过调查得来的全部情况和数据，去验证有关各种因素的相互关系和变化趋势，以揭示其所包含着的某种意义，具体地说明调查结果。

5.2.1 掌握数据的集中趋势分析

对调查数据的集中趋势分析是对被调查总体的特征进行准确描述的重要前提。集中趋势分析主要用平均指标进行描述。平均指标是反映社会经济现象总体单位数量标志一般水平的综合指标，它将总体各单位某一数量标志差异抽象化，反映现象的集中趋势，又称统计平均数。

平均指标可分为数值平均数和位置平均数两大类。前者包括算术平均数、调和平均数和几何平均数，它们都是根据分布数列中各单位的标志值及其分布频数计算而得到的；后者包括众数和中位数，它们是根据分布数列中某些单位标志值所处的位置来确定的。

1. 平均指标分析

平均指标又称平均值或均值，它是数列中全部数据的一般水平，是表示某变量所有数值集中趋势或平均水平的统计量。例如，调查300户居民的月均食品消费为300元，这说明居民月均食品消费大多数集中在300元左右或平均水平为300元。又如，调查消费者对某一商品评价平均分为8.5分，则说明消费者对此商品评价大多数集中在8.5分

左右，换言之，大部分消费者对此商品印象良好。

算术平均数分为简单算术平均数和加权算术平均数两种。

（1）简单算术平均数

简单算术平均数的计算公式为

$$\overline{x}=\frac{\sum x}{n}=\frac{x_1+x_2+\cdots+x_n}{n}$$

式中，$\overline{x}$——算术平均数；

x——各个观察值；

n——观察值的个数；

$\sum$——求和符号。

（2）加权算术平均数

加权算术平均数的计算公式为

$$\overline{x}=\frac{\sum xf}{\sum f}=\frac{x_1f_1+x_2f_2+\cdots+x_nf_n}{f_1+f_2+\cdots+f_n}$$

式中，$\overline{x}$——算术平均数；

f——各组的权数；

x——各个观察值；

n——观察值的个数；

$\sum$——求和符号。

【例 5-2】 某单位职工的月工资情况如表 5-8 所示，计算该单位职工的月平均工资。

表 5-8　某单位职工的月工资情况

月收入	人数 f	组中值 x	xf
2 000 元以下	30	1 500	45 000
2 000～3 000 元	70	2 500	175 000
3 000～4 000 元	60	3 500	210 000
4 000 元以上	20	4 500	90 000
合计	180	—	520 000

$$\overline{x}=\frac{\sum xf}{\sum f}=\frac{520\ 000}{180}\approx 2\ 888.89\ （元）$$

即该单位职工的月平均工资约为 2 888.89 元。

2. 众数分析

众数是一种位置平均数，它是一群数据中出现次数最多的那个数值，或者说是频率最高的那个数值，一般用符号 M_0 表示。

在实际工作中，有时为了方便，常用众数表示现象的一般水平。例如，为了掌握农贸市场上某种农副产品的价格水平，可不必登记该商品的全部成交量、成交额，只要用该市场当日成交量最多的那一个价格作为代表，这种价格也就是众数价格。

众数是一个不易确定的平均数，当变量数列没有明显的集中趋势时，则无众数可言；如果所有变量值出现的次数一样多，即无众数，如果两个变量值出现的次数一样多，则属于复众数。例如，某农场 10 名工人一天的植树量分别是 10 株、12 株、12 株、13 株、15 株、15 株、15 株、15 株、18 株、19 株，则其众数为 15 株。

3. 中位数分析

中位数是指将被研究总体中各个单位的标志值按照大小顺序加以排列，位于中间位置的那个标志值就是中位数。由于中位数的位置居中，数列中有一半数值大于它，另一半数值小于它，因而，在许多场合，用中位数反映现象的一般水平有其特殊的意义。例如，在研究城乡居民一般水平时，存在极高收入者，这时用居民收入的中位数比算术平均数更能代表居民收入的一般水平。

中位数的计算方法是，先将总体各单位的标志值按大小顺序排列，然后按下列公式来确定中位数的位置

$$\text{中位数位置} = \frac{n+1}{2}$$

式中，n——总体单位的项数。

若总体单位的项数 n 为奇数，则 $(n+1)/2$ 即为中位数位置，该位置的标志值就是中位数；若 n 为偶数，则 $(n+1)/2$ 居于数列中两个标志值之间，中位数为这两个标志值的简单算术平均数。

【例 5-3】 某车间甲、乙两个小组分别有工人 9 人和 8 人，他们的身高资料如下：

甲组工人的身高（厘米）：155、159、161、170、172、175、175、176、178。

乙组工人的身高（厘米）：154、157、160、168、170、173、174、175。

甲组中，中位数位置是：（9+1）/2=5，中位数是 172 厘米。

乙组中，中位数位置是：（8+1）/2=4.5，中位数位置在第 4 项和第 5 项之间，所以中位数是：（168+170）/2= 169（厘米）。

5.2.2　熟悉数据的离散程度分析

数据的离散程度是用来测量各变量值远离中心值的程度。标志变异指标是综合反映总体各单位标志值差异程度的指标，可以说明变量值的变动范围和离散程度，经常把该指标与平均指标结合起来使用。

反映离散程度的指标主要有全距、标准差和标准差系数等。

1. 全距

全距是数据中两个极端值之差，一般用 R 来表示。采用全距可以说明标志变异程度，全距值越小，说明总体单位变量值越集中，则平均数的代表性就越大；反之，全距值越大，说明总体单位值越分散，则平均数代表性越小。全距只考虑两个极端值，而不考虑中间各个变量值的变化，所以，它只能粗略地反映总体各单位标志值的差异程度，其应用受到一定的限制。

在实际调查中，全距常用来检查产品质量的稳定性和进行质量控制。在正常生产条件下，全距在一定范围内波动，若全距超过给定的范围，就说明有异常情况出现。因此，利用全距有助于及时发现问题，以便采取措施，保证产品质量。

2. 标准差

标准差又称均方差，是各数据偏离平均数的距离的平均数，用 σ 表示。标准差是表示一组数据中各个数值与平均数的离散趋势。一般说来，标准差越大，说明各个数值彼此之间的差异就越大，各个数值距离平均数这个中心的离散趋势也越大，平均数的代表性就越小；标准差越小，说明各个数值之间差异就越小，各个数值与平均数的离散趋势也越小，平均数的代表性就越大。标准差计算公式如下：

$$\sigma=\sqrt{\frac{\sum(x-\bar{x})^2}{n}}\quad\text{（统计资料未分组时用）}$$

$$\sigma=\sqrt{\frac{\sum(x-\bar{x})^2 f}{\sum f}}\quad\text{（统计资料已分组时用）}$$

式中，σ ——标准差；

x ——某一变量的各个取值；

$\bar{x}$ ——某一变量的平均数；

n ——数据的个数；

f ——各组的权数。

【例 5-4】　要调查居民人均月购买副食品的情况，从甲、乙两个街道各抽选 5 户调查，调查数据如下：甲街道分别是 75 元、78 元、80 元、82 元、85 元；乙街道分别是 40 元、60 元、90 元、100 元、110 元。

通过计算，这两个街道的居民人均月购买副食品都是80元，它们的标准差分别为

$$\sigma_{甲}=\sqrt{\frac{\sum(x-\bar{x})^2}{n}}=\sqrt{\frac{(75-80)^2+(78-80)^2+(80-80)^2+(82-80)^2+(85-80)^2}{5}}\approx 3.4\ （元）$$

$$\sigma_{乙}=\sqrt{\frac{\sum(x-\bar{x})^2}{n}}=\sqrt{\frac{(40-80)^2+(60-80)^2+(90-80)^2+(100-80)^2+(110-80)^2}{5}}\approx 26.1\ （元）$$

计算结果表明，在甲乙两个街道人均月购买副食品额相等的情况下，甲街道的抽样标准差为3.4元，乙街道的抽样标准差为26.1元，乙街道抽样标准差明显高于甲街道抽样标准差，这说明乙街道居民购买副食品额的代表性较甲街道差。

3. 标准差系数

标准差系数又称变异系数，它是标准差与其平均数的比值，是衡量调查资料中各观测值变异程度的另一个统计量。当对两个或多个资料的变异程度进行比较时，如果度量单位相同，平均指标也相同，可以直接利用标准差来比较其离散程度。如果度量单位或平均指标不同时，比较其变异程度就不能采用标准差，而需采用标准差系数（相对值）进行比较。标准差系数的计算公式为

$$v_\sigma=\frac{\sigma}{\bar{x}}\times 100\%$$

式中，v_σ——标准差系数；

σ——标准差；

$\bar{x}$——某一变量的平均数。

【例5-5】 对甲、乙两个工厂职工的人均月收入情况进行调查，得知甲厂职工人均月收入是3 000元，标准差是260元，乙厂职工人均月收入是4 500元，标准差是300元，那么，哪个工厂的平均值代表性更好一些呢？

从标准差的角度来看，甲厂的标准差是260元，乙厂的标准差是300元，所以甲厂的平均值代表性好于乙厂。但是由于两个厂职工的人均月收入是有差别的，需要计算标准差系数来进行比较。甲厂的标准差系数为8.7%，即260/3 000 × 100%；乙厂的标准差系数为6.7%，即300/4 500 × 100%，说明乙厂职工的人均月收入代表性更好一些。

小案例

纸尿裤和啤酒

沃尔玛公司（以下简称沃尔玛）拥有世界上最大的数据仓库系统。为了能够准确了解顾客在其门店的购买习惯，沃尔玛对其顾客的购物行为进行了购物篮关联规则分析，从而知道顾客经常一起购买的商品有哪些。

在沃尔玛庞大的数据仓库里集合了其所有门店的详细原始交易数据。在这些原始交易数据的基础上，沃尔玛利用数据挖掘工具对这些数据进行分析和挖掘，一个

令人惊奇和意外的结果出现了，跟纸尿裤一起购买最多的商品竟是啤酒。这是数据挖掘技术对历史数据进行分析的结果，反映的是数据的内在规律。那么这个结果符合现实情况吗？是否有利用价值呢？

为了验证这一结果，沃尔玛派出市场调查人员和分析师对这一结果进行调查分析。经过大量实际调查和分析，他们揭示了一个隐藏在纸尿裤与啤酒背后的美国消费者的一种行为模式：在美国，到超市去买婴儿纸尿裤是一些年轻的父亲下班后的日常工作，而其中 30%～40%的人同时也会为自己买一些啤酒。产生这一现象的原因是，美国的主妇们常叮嘱她们的丈夫不要忘了下班后为小孩买纸尿裤，而丈夫们在买纸尿裤后又随手带回了他们喜欢的啤酒。另一种情况是丈夫们在买啤酒时突然记起他们的责任，又去买了纸尿裤。既然纸尿裤与啤酒一起被购买的机会很多，那么沃尔玛就在他们所有的门店里将纸尿裤与啤酒并排摆放在一起，结果是纸尿裤与啤酒的销售量双双增长。按常规思维，纸尿裤与啤酒风马牛不相及，若不是借助数据挖掘技术对沃尔玛超市一年多的原始交易数据进行详细分析，沃尔玛是难以发现数据内这一有价值的规律的。

（资料来源：https://book.2cto.com/201303/19371.html，有改动）

分组讨论：

1）是什么让沃尔玛发现了纸尿裤与啤酒之间的关系？

2）从本案例中，你得到哪些启示？

实 训 项 目

整理和分析调查资料

1. 课堂实训

实训任务：对模块 4 中搜集到的调查资料进行整理和分析，对调查数据进行图表化描述。

实训目标：学生能够掌握资料审核、分组的技巧及统计制表的基本技能，从而掌握资料整理的方法和技巧。

实训内容：整理调查资料，对问卷资料进行审核、登记、分组、编制图表、列示调查资料，并对资料进行分析。

实训步骤：

1）对市场调查资料进行审核、订正。在汇总前，要对调查得来的原始资料进行审核，审核它们是否准确、及时、完整，发现问题并加以纠正。此外，还要完成对整理后次级资料的审核。

2）进行科学的统计分组。用一定的组织形式和方法，对原始资料进行科学的分组。

3）统计汇总。对分组后的资料进行汇总和必要的计算，得出反映总体特征的资料。

4）编制统计表、统计图，用数据图表化进行描述。统计图表是统计资料整理的结果，也是表达统计资料的重要形式之一，根据研究的目的编制统计图表，准确反映市场现象的特征。

实训组织：以小组为单位进行审核与校对，小组在班内交流，进行交叉检查。

实训考核：教师根据问卷审核、分类及编表是否科学进行成绩评定。

2. 上机实训

实训任务：学会运用 Excel 软件对资料进行正确的图表化处理。

实训目标：学生掌握数据编码的基本技能，提高学生 Excel 软件的应用能力，会设计数据库的格式，录入数据，建立数据库。

实训内容：将所搜集的资料进行编码，建立明细单，录入数据，形成数据库。根据数据库编制所需的统计表和统计图，计算所需统计分析指标。

实训组织：以小组为单位进行审核与校对，小组在班内交流，进行交叉检查。

实训考核：根据编码是否规范，能否运用计算机汇总数据、绘制图表并进行统计分析等评定成绩。

展示交流：以小组为单位，各小组对模块 4 中搜集到的调查资料进行整理、汇总和分析，展示本组整理汇总的过程，并提交小组制作的统计表和统计图。教师对各小组展示过程的优点和不足进行点评，师生共同对整理的步骤进行归纳总结。

知识拓展

利用计算机 Excel 功能绘制统计图

1. 打开 Excel 电子表格，输入统计表，如表 5-9 所示。

表 5-9　某地区不同学历人口比重统计表

学历	人口比重/%
文盲	1.5
小学	8.6
初中	40.8
高中	21.3
专科	10.6
本科	11.4
硕士	4.2
博士	1.6
合计	100

2. 选择需要的统计图类型。选中数据区域，单击“插入”→“图表”按钮，弹出“插入图表”对话框，如图 5-5 所示，单击“饼图”图标。表 5-9 主要反映各学历层次的人口比重，选择饼图较为合适。

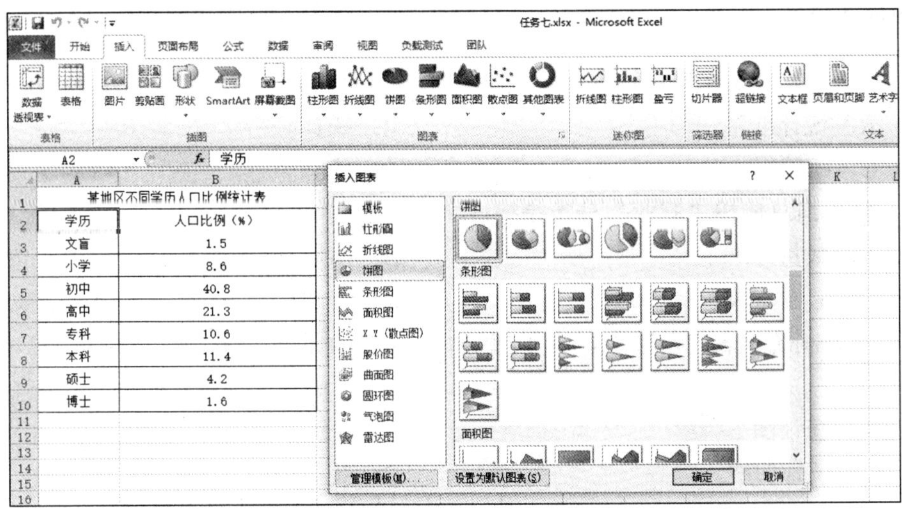

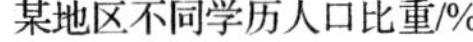
图 5-5　插入图表

3. 单击“确定”按钮，即可得到该统计表的数据统计图。通过“设置数据系列格式”可得到调整后的数据统计图，如图 5-6 所示。

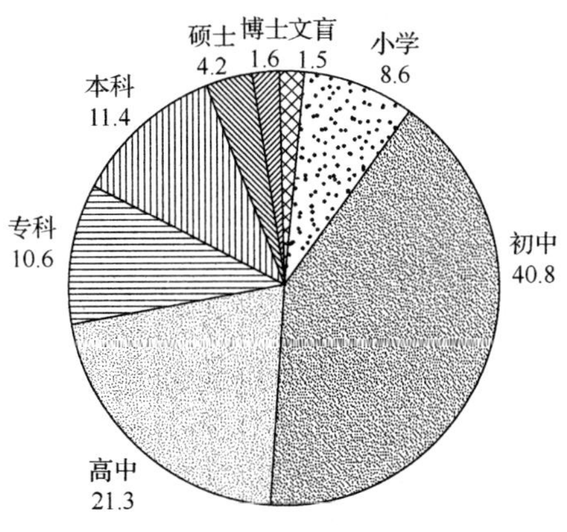

图 5-6　数据统计图

综合训练 5

一、单项选择题

1）（　　）是统计调查的继续，又是统计分析的前提。

A．统计准备　　B．统计分析
C．统计报告　　D．统计整理

2）将人口总体按“职业”分类是按（　　）分组的。

A．数量标志　　B．品质标志
C．品质与数量标志　　D．变量值

3）在编制统计表的基础上，为了使统计资料的表达直观生动、通俗易懂，往往需要绘制（　　）。

A．统计图　　B．统计表格
C．统计曲线　　D．统计地图

4）统计分组表现为（　　）。

A．组内同质性，组间同质性　　B．组内同质性，组间差异性
C．组间同质性，组内差异性　　D．组内差异性，组间差异性

5）分组数列中，组距和组数的关系是（　　）。

A．组距的大小和组数的多少成正比　　B．组距的大小和组数的多少成反比
C．组距越大，组数越多　　D．组距越小，组数越少

6）下列分组中（　　）是按品质标志分组。

A．企业按年生产能力分组　　B．产品按品种分组
C．家庭按年收入水平分组　　D．人口按年龄分组

7）（　　）是指用直线段依次联结各散点而形成的折线的升降起伏，来表示被研究现象的变动情况及其发展趋势的图形。

A．折线图　　B．饼图　　C．条形图　　D．散点图

8）（　　）是以若干宽度相等的平行条形的高低或长短，来表示统计数字资料的图形。

A．折线图　　B．饼图　　C．条形图　　D．散点图

9）（　　）是反映离散趋势的指标。

A．标准差　　B．众数　　C．中位数　　D．平均数

10）资料的（　　）是将调查表或调查问卷中的各个项目转化为数字符号的过程。

A．审核　　B．分组　　C．编码　　D．汇总

二、多项选择题

1）统计表在形式上是由（　　）构成。

A．总标题　　B．横行标题　　C．纵栏标题　　D．数字资料

2）统计资料的审核主要包括审核统计资料的（　　）。

A．完整性　　B．准确性　　C．及时性　　D．适用性

3）平均指标可分为数值平均数和位置平均数两大类，下面各项属于位置平均数的有（　　）。

A．算术平均数　　B．调和平均数　　C．中位数　　D．众数

4）统计分组的方法，根据分组标志的特征不同，可以分为（　　）。

A．按品质标志分组　　B．按数量标志分组

C．按品质数列分组　　D．按数量数列分组

5）市场调查资料审核的一般方法包括（　　）。

A．计算检查　　B．逻辑检查　　C．经验判断　　D．专家评估

三、判断题

1）市场调查资料审核就是对实地调查资料的审核。（　　）

2）众数是总体中出现次数最多的数值。（　　）

3）事先编码通常在问卷结束后进行，主要针对开放题。（　　）

4）事后编码主要针对开放题和封闭题中的“其他”项进行编码。（　　）

5）对市场调查资料分组的关键在于正确选择分组标志。（　　）

6）按销售额的多少进行分组是按品质标志进行分组。（　　）

7）在调查报告的三种类型中，最高级别的是分析型调查报告。（　　）

8）平均指标反映了市场现象的集中趋势。（　　）

9）组距数列中，组数的多少和组距的大小成正比。（　　）

10）市场调查资料审核常用的方法有逻辑审核、计算审核及经验判断。（　　）

四、案例分析

某公司有业务员36名，某月的销售额如下（单位：万元）

60　72　78　86　60　73　78　87　77

62　74　79　88　65　75　79　89　84

66　76　80　89　65　76　82　90　92

67　76　83　91　70　76　84　92　71

要求：根据上述资料进行适当分组，并编制频数分布表，选择一种恰当的统计图列示汇总结果。

综合训练 5 参考答案

模块6　市场发展趋势预测

学习目标

◎知识目标

1. 了解市场预测的含义、原理和种类，掌握市场预测的主要内容和程序。
2. 掌握个人经验判断法、集合意见法、德尔菲法等定性预测的程序、步骤和技巧。
3. 熟悉移动平均法、指数平滑法，掌握直线趋势外推法等几种常用的时间序列预测方法。
4. 掌握一元线性回归分析法。

◎能力目标

1. 能够根据市场预测的基本要求，按照程序进行预测活动。
2. 能够运用个人经验判断法、集合意见法、德尔菲法等定性预测方法进行市场预测。
3. 能够根据掌握的资料，选择恰当的时间序列预测方法进行市场预测。
4. 能够运用一元线性回归分析法进行市场预测。

◎职业素养目标

1. 养成主动学习、团队合作、认真负责的工作态度。
2. 提升自身的专业理论素养。

案例导入

专家预测：我国春节长假旅游市场将继续走高

根据中国旅游研究院（文化和旅游部数据中心）专家对全国60个样本城市开展的“中国大陆居民出游意愿调查”，近年来，在第一季度我国居民出游意愿为82%，其中近半数居民有春节期间出游计划。春节旅游市场仍保持稳定增长，旅游经济运行将呈现旅游需求旺盛，旅游热点从大型城市向县域转移，旅游过年逐渐成主流的特征。

预计 7 天长假期间，国内出游人数将达 3 亿人次以上，同比增长超过 10%，预计国内旅游收入将超过 4 000 亿元，同比增长超过 16%。具体数据如下。

1. 旅游过年渐成主流

从港澳台地区出游来看，过年来选择香港旅游的高达 77.3%，台湾 34.4%，澳门 22.1%；从出境游国家选择看，占比最高的是日本（21.5%）、韩国（21.5%）和法国（17.8%），其次为美国（17.5%）、澳大利亚（16.2%）、新西兰（15.1%）、新马泰（新加坡、马来西亚、泰国）（13.0%）、德国（8.0%）、俄罗斯（7.5%）、菲律宾（5.8%）。

国内游方面，跨省游依旧是游客出游的首选。调查显示，跨省市旅游占比最高的是三亚（13.0%），其后依次是杭州（11.4%）、北京（9.5%）、厦门（8.6%）、大连（8.1%）、秦皇岛（7.4%）、上海（7.1%）、青岛（5.8%）、天津（3.1%）、哈尔滨（2.8%）。

2. 都市休闲游成节假日常态

在景点类型选择上，自然风景区最受游客青睐，选择比例达 38.90%；其次为名胜古迹类景区，选择比例为 23.80%，博物馆和主题公园分别为 15.50%和 14.00%，商业街、娱乐场所和庙会均不足 8%。伴随城市化纵深发展，随子女“进城”的老年人群体逐渐庞大，进城与孩子团聚过年群体越来越多，节后提前返回的市民参加亲友聚会、补充购物也越来越多，春节期间城市商圈依旧繁忙甚至拥挤，博物馆、主题公园、游乐场、动物园、商业街、庙会的选择比例较往年均有所上升。

从出游同伴选择看，选择家人陪伴的比例最高（58.50%），其次是好友结伴出游（28.20%）。出境游客最喜爱的景点为适合亲子、家庭游的休闲类景点，如主题公园、水族馆、地标动物园等是出境游客更为青睐的热门吸引景点。

3. 逃离雾霾成为出游重要动机

受国内雾霾以及国人度假需求上升影响，空气质量和自然环境成为游客选择目的地重要因素。尤其冬季我国局部地区大气污染问题凸显，民众假期“逃离霾伏”意愿较为强烈，北方地区游客赴南方过年游较往年盛行。具体来看，身处雾霾“重灾区”的京津冀游客，在国内目的地选择上稍有区别，北京居民最爱前往三亚、大理、厦门；天津居民更愿意选择前往三亚、厦门、成都；河北石家庄居民较青睐三亚、厦门、丽江；亦有相当比例游客选择赴境外海岛避寒、避霾。

4. 游客出游时长和提前出游比例均明显增加

节日期间公路出游车流压力大，调查显示，选择乘坐长途客车出游占比 22.50%，自驾出游占比 21.40%。为了错开春节返乡回家客流拥堵，人们往往合理错时错峰出行。一些能配合孩子寒假提前出行的游客，在假期选择上的灵活性越来越强，提早预订、提前出游和延迟返程的比例越来越高。以往春节游主要集中在假期 7 天，当前则有向节前、节后扩展的趋势，预计计划春节出游的用户有近 5 成选择拼假提前出行。中国旅游研究院与携程大数据联合实验室数据显示，2017 年春节境外游提前出行旅客占比达 61.79%，较上年提高 3 个百分点；游客境外出行天数集中在 5～8 天，9 天

及以上的游客较 2016 年大幅上升，4 天以内及 5～8 天的游客均有不同程度的下降。

5. 县域旅游异常活跃

春节是一年中旅游热点从大型城市向县域转移的唯一时段，随着农村及乡镇经济发展，农村和乡镇地区人们除了春节走亲戚，聚会、聚餐成为重要的节日活动，特别是外出务工人员利用春节返乡时间参加聚会、休闲的比例越来越多，农家乐休闲市场异常活跃。

（资料来源：https://www.toutiao.com/1637897249605759846５）

思考与讨论：

模块 6：案例导入参考答案

1）案例中，相关数据表明我国旅游市场结构有哪些特点？

2）通过本案例想一想，进行市场预测的基础是什么？要想准确预测市场走向还应掌握哪些相关的知识？

3）如果你是一名旅游公司管理者，本案例对你有什么启示？

预测是在调查研究的基础上，根据过去和现在的已知因素，运用已有的知识、经验和科学方法，去预计和推测事物未来可能的发展趋势，并对这种发展趋势作出定量化的估计和判断，以便调节人们的行动方向，使人们的实践活动更加自觉地按照客观规律向预期的目标前进。

6.1　认识市场预测

6.1.1　认识市场预测的含义和要求

1. 市场预测的含义

市场预测是在对影响市场供求变化的诸多因素进行全面、系统的调查研究的基础上，运用科学的方法和技术，掌握市场供求变化的规律，估计和推断市场的发展变化趋势，并做出合乎逻辑的解释说明的活动或过程。它是人们进行科学的市场决策必不可少的环节，能为决策者提供市场信息服务，是正确的市场决策的基础。简而言之，市场预测就是在取得大量信息资料的基础上，运用数学方法和逻辑方法对市场未来的发展和变化趋势作出定性的描述或定量的推断。

从以上市场预测的概念可以看出，市场预测具有如下特点。

（1）描述性

市场预测是在市场调查研究、广泛收集和科学使用市场信息资料的基础上，通过一

定的程序，运用数学和统计方法，掌握事物的发展变化规律，取得关于事物未来发展变化趋势的各种信息。即市场预测是对市场可能出现的情况、结果和水平作出客观的科学描述，并对描述出的市场各种因素之间相互作用的关系与程度进行分析，反映市场发展变化的客观规律。

在市场预测过程中，无论是建立定量预测的数学模型，还是定性预测的逻辑思维模型，都必须是市场预测者对市场客观现象的规律性认识的一种描述。这种描述既反映了市场预测结果具有科学性，不是主观的猜测，又反映了市场预测具有近似性，即这种描述肯定会有偏差。

（2）服务性

服务性是指市场预测是为市场决策提供服务。从程序上讲，先有市场调查，在市场调查的基础上，才能进行市场预测，最后是市场决策。早在 1956 年，陈云同志在谈到经济工作时指出“我们做工作，要用 90%以上的时间研究情况，用不到 10%的时间决定政策。”这就充分显示了市场调查和市场预测在整个市场决策过程中的重要作用，同时，也说明了市场预测是为市场决策提供市场信息资料的，是为市场决策提供服务的。在实际工作中，要充分认识到市场预测的服务性，并把市场预测与市场决策有机地结合起来，才能收到较好的效果。

（3）系统性

系统性是指市场预测要以系统论为指导，将市场预测视为预测依据、预测分析、预测技术、预测结果等预测要素相互作用、有机结合而形成的活动过程。同时，预测分析也要从系统观点出发，围绕预测对象，针对预测目标，把影响市场发展变化的各种因素视为一个有机的整体，注重研究各种因素之间及各种因素与预测目标之间的内在联系，从内在联系中把握预测目标的运动规律及变化趋势。市场预测的系统性还表现在：它把某类商品或某个局部市场的需求（或销售）预测作为子系统，将其与总体市场预测按一定层次联系起来，形成一个完整、高质量的市场预测结论。

（4）广泛性

广泛性是指不管市场预测的内容范围是大是小，是宽是窄，市场预测所涉及的面都是广泛的。市场的变化受多种因素的影响，其中有国家政治、经济政策的制约，科学技术的发展，社会风尚的变迁，消费心理的改变，周边市场、国际市场的辐射等。要针对市场的某一个方面进行预测，必须联系所有主要的影响因素，既要注意政府经济政策的变化、就业的情况、人口的增减、工资的变动、价格的升降等，又要根据历史资料进行综合对比分析，从变化中找出规律，对所预测的内容进行推断和描述。

（5）局限性

局限性是指人们在对市场的未来发展趋势作出科学判断时，由于人们对未来的认识总有不全面的地方，因而市场预测有一定局限性。这是因为市场现象的发展变化受许多因素的影响，市场规律也只有在市场发展过程中逐步明显化和逐步被人们所认识。同时，

人们对未来的预测，常常受到经验、知识、时间、条件、认识、工具等方面的限制，加上市场预测对象本身具有不可知性，这就导致市场预测误差不可避免，使得市场预测的应用范围和预测的深度都受到不同程度的影响和限制。

2. 市场预测的作用

“凡事预则立，不预则废”，在市场经济中，重视市场预测是市场经济的客观要求，尤其是计算机的普及和应用领域的拓宽，利用计算机进行市场信息资料的积累和处理，为市场预测的广泛应用创造了一定的物质条件，使市场预测的科学性和精度进一步提高，预测的经济效果和社会效果得到较好的体现，并在市场经济活动中发挥着重要作用，主要表现在以下几个方面。

（1）有利于把握市场发展变化的趋势，适应和满足市场需求

市场预测如同市场气象台，运用市场预测，可以经常了解、掌握市场的变化状况，及时调整企业的生产经营方向，生产市场需要的产品，组织消费者需要的商品供给市场。生产企业生产什么，生产多少，何时生产；商贸企业采购什么，采购多少，如何运输，都必须要以市场预测为依据。反过来讲，市场需求又是千差万别的，并且新的需求在不断产生，旧的需求也在不断更新。只有搞好市场预测，才能保证商品营销对路，满足市场需求。否则，就可能出现生产企业生产的产品不被消费者接受，不能成为商品，失去生产的意义，或者是市场急需的商品一时供应不上，造成脱销，给社会稳定带来不良的影响等情况。

（2）有利于发挥市场调节作用，对国民经济进行宏观调控

通过科学的市场预测，判断市场供需和竞争格局的变动趋势，就可以运用经济手段，如价格、税收、信贷、工资和利率等经济杠杆调节市场供需矛盾，调整产业结构和产业政策，充分发挥市场调节的积极作用，繁荣我国的市场经济。

（3）有利于企业改善经营管理，提高企业的竞争能力和经济效益

在市场经济中，市场预测工作越来越成为企业经营管理过程的重要组成部分。市场需要什么，生产企业就生产什么，商贸企业就组织什么货源。要做到这一点，实际上就是要解决如何进行市场预测的问题。企业要想在市场竞争中取胜，也必须有效地进行市场预测，预测未来市场的发展。实际上，市场竞争也就是在市场中获得信息的竞争，谁首先拥有市场信息，谁就掌握了主动，谁也就能够在市场竞争中处于优势地位。所以，企业进行市场预测活动，可以优化企业竞争策略，帮助企业在市场竞争中获胜提供了必要的竞争条件和手段。

3. 市场预测的基本要求

市场预测的准确度越高，预测的效果就越好。然而，由于各种主观原因和客观原因，预测不可能没有误差。为了提高预测的准确程度，预测工作应该满足如下基本要求。

（1）客观性

市场预测是一种对客观市场的调查研究活动，但这种调查研究活动是通过人的主观活动来完成的。因此，市场预测工作不能主观随意地想当然，更不能弄虚作假。

（2）全面性

影响市场活动的因素很多，除市场活动本身的因素外，还有政治、社会、科学技术的因素。这些因素的作用使市场呈现纷繁复杂的局面。预测人员应具有广博的经验和知识，能从各个角度归纳和概括市场的变化，避免出现以偏概全的现象。当然，全面性也是相对的，无边无际的市场预测既不可能也没必要做到绝对的全面。

（3）及时性

信息无处不在，无时不有，任何信息对企业经营者来说，既是机会又是风险。为了帮助企业经营者不失时机地作出决策，要求市场预测必须快速地提供必要的市场信息。过时的市场信息是毫无价值的，甚至会造成决策的失误。信息越及时，市场不可预料的因素就越少，市场预测的结果就越正确。

（4）科学性

市场预测所采用的资料必须科学地进行去粗取精、去伪存真的鉴别和筛选，才能反映预测对象的客观规律。运用资料时，要遵循近期资料影响大、远期资料影响小的科学规则。预测模型也要精心、科学地选择，必要时还需先进行试验，找出最能代表事物本质的模型，以提高预测的精确度。

（5）连续性

市场的发展变化是连续不断的，不可能停留在某一个时点上。与此相对应，市场预测也须连续不断地进行。实际工作中，一旦市场预测有了初步的结果，就应当将市场预测结果与实际情况进行比较分析，及时纠正市场预测误差，使市场预测结果保持较高的动态准确性。

（6）经济性

市场预测需要花费人力、物力、财力和时间。有些市场预测项目，由于预测所需时间较长，预测的因素又较多，往往需要投入大量的人力、物力和财力，这就要求市场预测工作本身必须量力而行，讲究经济效益。在实际市场预测工作中，要保证在一定的市场预测质量的前提下，尽可能节约费用开支，或者在一定的耗费下，形成尽可能多的有用信息，它有利于提高市场预测的经济效益。另外还必须考虑投入与产出的对比关系，当企业自己进行预测所需成本太高时，可以委托专门预测机构或咨询公司来进行预测。

6.1.2 熟悉市场预测的原理及类型

1. 市场预测的基本原理

市场之所以可以被预测，是基于马克思主义哲学的一个基本观点：世界是由物质组

成的，物质是在不断运动的，通过不断的观察和实践，物质世界是可以被认识的。虽然市场的各种因素复杂多变，有时偶然因素也会促使市场发生变化，但人们通过长期的观察、认识，积累起丰富的经验和知识，可以逐步了解市场变化规律，然后，凭借各种先进的科学手段，根据市场发展的历史和现状，推演市场发展变化的趋势，作出相应的估计和推测。

一般来说，市场预测需要运用以下基本原理。

（1）可测性原理

可测性原理，又称可知性原理，是指市场预测对象未来的发展是可测的，人们可以通过对市场规律的认识，并运用科学的方法对市场未来的发展进行预测。在市场预测中，由于市场行情变化多，偶然因素对市场变化产生较大影响，因而不容易揭示市场变动的规律性，使人感到市场似乎变幻莫测。但是，根据可测性原理，影响市场变化多端的因素只要有一定的规律性，在实践中就可以逐步认识、掌握、运用，揭示市场未来变化的大致趋势和动向。

（2）连续性原理

连续性原理，又称连贯性原理或惯性原理，是指一切客观事物的发展都具有符合规律的连续性。任何事物的发展在时间上都具有连续性，表现为特有的过去、现在、未来这样一个过程。没有一种事物的发展与其过去的行为没有联系，过去的行为不仅影响现在，还会影响未来。因此，可以从事物的历史和现状推演出事物的未来。市场的发展也具有这样一个过程，在时间上也表现为一定的连续性。未来的市场是在过去和现在的基础上演变而来的，是过去和现在的延续。所以，企业在进行市场预测时，必须首先从搜集过去和现在的资料入手，然后推测出将来的发展趋势。

在市场预测中，运用连续性原理时需要注意两个问题：一是要求预测目标的历史发展数据所显示的变化具有一定的规律性；二是要注意分析预测目标历史演变规律发生作用的客观条件，在未来预测期内是否会发生变化。

（3）因果性原理

任何市场现象都不可能孤立地存在，都是与周围的各种市场现象相互制约、相互促进的。一个市场现象的发展变化，必然影响到其他有关市场现象的发展变化。

比如，一个国家在一定时期内采用某种特定的经济政策，势必对市场发展产生某种影响，这时的政策是因，市场变化情况是果，经过一段时间后，市场发生了根本性的变化，国家又根据市场发展变化的新情况，制定新的经济政策来刺激市场，或是稳定市场、限制市场，甚至改变市场发展方向等，这时市场情况是因，经济政策又变为果。当然，一因多果或一果多因的现象也经常出现，但有其因就必有其果，这是规律。因此，从已知某一事物的发展变化规律，推演与之相关的其他事物的发展变化趋势，是合理的，也是可能的。

（4）类推性原理

类推性原理是指许多事物相互之间在发展变化过程中具有类似之处。许多事物相互之间在结构、模式、性质、发展趋势等方面客观存在着相似之处。根据这种相似性，人们可以在已知某一市场现象的发展变化情况的基础上，通过类推的方法推演目标市场现象未来可能的发展趋势。人们常说的“举一反三”“以此类推”就是这个道理。在运用类推性原理进行市场预测时注意“一叶障目，不见泰山”的错误倾向。例如，在根据国外轿车普及情况来类推预测我国未来的轿车需求量时，若只根据人均收入水平一个因素来进行预测，必定会得出错误的结论。

（5）系统性原理

系统性原理是把预测对象看作一个系统，以系统管理指导预测活动。系统论认为，每一个系统内部各个组成部分之间相互联系、相互作用，并且同其他事物系统之间也是相互联系、相互制约的。从系统论的观点来看，市场预测不是孤立的，不能封闭起来，它必须同其他预测系统密切结合、相辅相成，彼此交流信息。

进行市场预测，既需要从宏观经济方面预测市场供求关系、消费需求结构及其发展变化趋势，也应从微观经济方面研究本行业和本企业在历史上的市场份额，同行业内部的其他企业的现实经营情况，本企业的经营优势和劣势，影响本企业经营的内部、外部、可控、不可控等各种因素及其变化情况，预测期内采用改善经营管理的新措施、新方法的可能性，可能会遇到的变化和阻力等。这样，才能通过系统、全面、翔实的材料进行市场预测，提出更接近实际情况的整体最优方案，有利于做出正确的经营决策。

2. 市场预测的类型

市场预测的种类很多，它可以按照各种标志加以区分，常用的市场预测分类方法有以下几个。

（1）按市场预测时间的长短分类

1）短期预测。短期预测是指对一年以下的市场发展变化的预测，是确定近期市场活动具体任务的依据。

2）中期预测。中期预测是指对一年以上、五年以下的市场情况的预测分析，它主要为五年计划和长期规划提供切实可行的措施方案。

3）长期预测。长期预测是指五年以上的预测，它是为企业制定长期规划服务的。这种预测着重于研究市场要素的长期发展趋势，为确定企业的长期发展方向提供决策依据。

（2）按经济活动的范围分类

按照经济活动范围的不同，可将市场预测分为宏观市场预测和微观市场预测。

1）宏观市场预测。宏观市场预测是对整个国民经济发展的趋势进行预测，其任务是安排市场总量的供求平衡，指导生产的发展方向，保证各地区市场的正常运行。

2）微观市场预测。微观市场预测是从企业的角度对影响企业生产、经营的市场环境以及企业本身的生产、经营活动的发展趋势作出估计和判断，为企业的生产经营决策提供支持。

（3）按市场预测的方法分类。

按市场预测方法的不同，可将市场预测分为定性预测和定量预测。

1）定性预测。定性预测又称判断预测或直接经验预测，是指预测人员运用经验、知识和判断能力对预测对象内在发展规律进行质的分析，以对市场的未来发展变化趋势作出性质（或程度）预测的方法。

2）定量预测。定量预测是指根据历史和现实的统计数据与市场信息，运用数学方法对市场未来发展的规模、水平、速度和比例关系进行分析测定。

6.1.3 掌握市场预测的内容和程序

市场预测是为决策和管理服务的。无论是国民经济管理，还是企业的经营管理，在实施有效的决策过程中，都需要掌握市场的发展动态，预测市场未来的发展趋势，从而为制定国民经济发展规划和企业的发展计划提供依据。

1. 市场预测的主要内容

从国家宏观经济管理部门的角度进行的是宏观市场预测，主要包括预测生产的发展及其变化、市场容量及其变化、市场价格的变化趋势、消费需求的变化趋势、对外贸易的变化等内容。从企业角度进行的市场预测，则应在宏观预测的指导下，根据已有的资料预测企业目标市场的未来发展趋势，预测企业市场占有率变化，以便及时调整企业的经营发展方向，做出正确的经营决策，在激烈的市场竞争中立于不败之地。因此，市场预测的内容是非常广泛和复杂的，其主要内容有以下几个方面。

（1）社会生产预测

社会生产的发展是形成市场供应量、实现市场需求的物质基础。社会生产方式、水平及其发展变化，对社会分配和消费都起着决定作用。市场供应量的大小和需求量在数量、构成上是否能够得到平衡，归根到底取决于社会生产的发展，取决于国民生产总值的增长及其分配比例关系的变化。生产部门必须生产出符合社会经济发展、适合市场需求的产品，才能实现市场需求，保证市场供应量与需求量之间的平衡。

对生产进行预测主要是对生产的数量、品种及其发展变化趋势进行预测。生产预测既可以国民经济为总体预测其总生产量，也可按不同类别商品的生产进行预测，既可按单项产品进行市场预测，也可按同一商品不同品牌进行市场预测；既可以进行宏观市场预测，也可以进行微观市场预测。这主要取决于市场预测目的的需要。

（2）市场需求预测

市场需求，又称市场容量，是指一定时期、一定地区和一定市场范围内，有货币支

付能力的需求。

市场需求受很多因素的影响，有市场主体外部的因素，如政治、法律、文化、技术、消费心理和消费习惯等；也有市场主体内部的因素，如目标市场的选择、销售价格的制定与变动、促销手段的选择与实施、营销方法的确定等。市场需求预测正是全面考察这些因素后对市场需要量进行的估计和推算。市场需求预测包括质与量两个方面，从质的方面考察，市场需求预测要解决“需要什么”的问题，从量的方面考察，市场需求预测需要解决“需要多少”的问题。

市场需求根据产品的用途不同，可分为生产资料市场需求和生活资料市场需求两类。这两类需求不但在商品的性质上具有明显的不同，而且在需求者、需求数量、购买过程上都具有不同的特点，在对这两类商品的市场需求进行预测时，必须紧密结合我国市场的分工，结合消费者的特点来进行。

（3）市场供应预测

市场需求和市场供应是构成市场活动的两个基本要素。市场供应，是指在一定时期内可以投放市场以供出售的商品资源。市场供应预测，是指对进入市场的商品资源总量及其构成和各种具体商品市场供应的变化趋势的预测。它同市场需求预测结合起来，可以预见未来市场供求矛盾的变化趋势。

通过市场供应预测，可以预见市场的供求趋势，为企业确定生产规模、发展速度和质量水平等提供依据；可以了解新产品开发和老产品更新换代的信息，帮助企业正确面对新产品对老产品的影响，在宏观方面，市场供应预测还能为调节市场供求平衡提供依据。

（4）市场价格预测

商品的价格是其价值的货币表现，在社会主义市场经济中，价值规律起着重要作用。市场价格综合反映着社会在生产中各种复杂的经济关系，对市场起着重要的影响，是市场预测中必须重视的内容之一。市场预测必须对市场价格水平及其变动幅度和规律进行预测。

市场预测中的价格预测，主要是分析形成和影响市场价格的各种因素，预测各种影响因素的变动。它必须预测商品生产中劳动生产率的水平，预测产品的成本、利润等。这些是形成和影响商品价格的主要因素，每种因素的变动都会引起市场价格的变动。对市场价格的预测是在对各种影响因素预测的基础上，对市场价格的未来水平和变动趋势进行预测。同时还要说明市场价格变动的原因，分析市场价格的变动是否合理，并就市场价格变动对市场供求的影响程度等问题进行预测。

市场价格与市场供求有很紧密的联系。有时表现为市场供求决定市场价格的变动；有时又表现为市场价格影响市场供求。在市场价格预测中，必须考虑市场的供求关系，分析市场供求关系对市场价格的影响，同时分析研究市场价格水平对市场供求的反作用。市场价格预测只有充分地考虑到各种影响因素的综合变动，才能对市场价格做出精

确的预测。

（5）市场占有率预测

在现代社会生产中，市场上所销售的各种商品，由独家企业生产或由独家企业营销的情况极为少见，绝大多数商品都是由多家企业生产和多家企业营销。企业注重对市场占有率的预测，能够促进企业在组织生产或营销中，提高经营管理水平，提高生产产品的质量和营销产品的质量，促使企业采用先进的生产技术或先进的营销手段。

2. 市场预测的程序

为了成功地完成市场预测，预测者必须对预测的过程加强组织，遵循一定的程序，以便提高预测工作的效率，提高预测的精度和质量，并使其更有效地为经营决策服务。不同的市场预测方法可能在各个步骤的具体操作上有所不同，但基本步骤是相同的，市场预测的基本程序大致可分为以下几个步骤。

（1）确定市场预测目的

确定市场预测目的是市场预测工作的第一个步骤，是进行市场预测的首要问题，它是市场预测的主题，直接影响到市场预测的结果。确定市场预测目的就是要解决预测什么、通过预测要解决什么的问题，即为什么要进行市场预测。在市场预测中，只有确定了市场预测的目的，才能进一步落实市场预测的对象和内容，选择适当的市场预测方法，收集必要的市场资料，也才能决定市场预测的水平和所能达到的目标。否则市场预测就是盲目的，也是无法顺利开展的。

确定市场预测目的，主要是根据经营决策的需要，针对不同的需要进行不同的市场预测。在社会主义市场经济发展过程中，还需要为制定社会经济发展规划做各种市场预测。市场预测目的通过市场预测工作计划来表现，在确定市场预测目的之后，还应根据市场预测目的落实市场预测的对象和内容，明确市场预测所采用的方法，测算市场预测中人力、物力、财力的需要，安排好各项工作进度。

确定市场预测目的，特别要做到具体明确。因为市场现象具有各种不同的表现和多种影响因素，出于不同的研究问题的需要，可以从各个地区不同方面进行市场预测，市场的各种表现和多种影响因素又是处在不断变化之中的，所以在不同的时间和地点条件下它们存在着明显的不同。

（2）收集、整理市场资料

市场预测必须以充分的历史资料和现实资料为依据。在市场预测中，其预测过程是否能够顺利完成、预测结果准确程度的高低、预测是否符合市场现象的客观实际表现等，在很大程度上取决于预测者是否占有充分的、真实的、适用的、可靠的市场现象历史资料和现实资料。市场预测所需要资料的收集、整理是市场预测的一个非常重要的步骤。

市场预测的历史资料是指预测期以前的各种有关资料，这些资料是反映市场或影响市场的各种重要因素的历史状况和发展变化规律的，是进行市场预测的基本依据。因为

市场的发展变化从时间上看是有联系的，市场过去的发展水平、规模、速度、比例等，必然影响到市场的现在，而市场过去和现在的表现又必然影响到它的未来状况和变化规律。分析研究市场及各种影响因素的历史资料，充分运用历史资料，是保证市场预测客观地对市场未来状况和发展变化趋势作出估计的基本条件。

市场预测的现实资料是指进行预测时或预测期内市场及各种影响因素的资料。市场预测所需要的现实资料，一般是预测者根据需要对市场进行调查的结果，也可以是各种调查机构的已有资料。市场预测必须收集有关现实资料，才能使市场预测的结果既不脱离实际市场现象的长期发展规律，又能对市场的现实变化做出及时的反应，使市场预测结果更加符合客观实际。市场现实资料在其内容上，主要包括市场及其影响市场各种因素的最近表现，此外市场现实资料还特别注意从较小的市场范围内，对很具体的商品生产、技术发展状况、质量、规格、品种、需求状况等资料的收集，并对其进行分析研究，为生产企业和营销企业的市场预测提供资料。

在取得市场预测所需的历史资料和现实资料后，还必须对这些资料进行加工整理。对市场资料进行加工整理，主要是对反映市场现象总体单位特征的资料，根据进行市场预测的目的和市场现象自身的特点，进行分组分类，使这些市场资料系统化、条理化，成为反映市场现象总体特征和规律的资料。经过加工整理的资料才能满足市场预测的需要。一般来说，对于历史资料属于再整理过程，因为积累下来的市场及各种影响因素的历史资料，是已经经过整理的资料，在市场预测前再进行整理，主要是为了进一步满足预测者研究问题的需要。对于现实资料，有相当一部分也属于这种情况，但对于由预测者自身组织的各种调查所得到的那一部分现实资料，则属于初次加工整理，可直接将整理后的资料用于市场预测。

（3）分析市场资料

市场预测者对经过整理的市场资料，还必须进行周密的分析。对市场资料进行周密的分析，主要是分析研究市场现象及各种影响因素是否存在相关关系，其相关的紧密程度、方向、形式等如何，还要对市场现象及各种影响因素的发展变化规律和特点进行分析。如分析研究全国或各地区市场需求量与相应生产部门发展之间的相关关系；分析研究全国或各地区市场需求量与居民收入水平之间的相关关系；分析国内市场与进出口贸易之间的经济联系和制约关系；分析研究全国或各地区社会商品零售额及其构成的发展变动规律等。

在分析研究中可以看到，各种市场现象及各种影响因素资料所反映出的变动规律都不尽相同，有的呈上升趋势，有的呈下降趋势，有的呈波动趋势，有的呈平衡发展趋势，且其变动的幅度也有高有低。存在相关关系的市场现象及各种影响因素的表现也不尽相同，有的呈现单相关，有的呈现复相关；有的呈现正相关，有的呈现负相关；有的呈现线性相关，有的呈现非线性相关等。

（4）选择市场预测方法

选择市场预测方法是指在对市场资料进行周密分析的基础上，根据市场现象及各种影响因素的具体特点，选择适当的市场预测的方法。市场预测的方法很多，各种方法不论是简单的还是复杂的，都有其特定的适用对象。在市场预测中，只有根据对市场资料的周密分析，才能选择适当的预测方法，也才能正确地描述市场现象的客观发展规律，从而发挥各种预测方法的特点，对市场现象作出可靠的预测。

选择市场预测方法一般要考虑以下因素：一是市场预测目的，市场预测的目的不同，对市场预测方法的选择就有不同的要求；二是市场预测期限及范围，每种市场预测方法均有其最适宜的预测期限和预测范围，其最适宜期限和范围与市场现象相匹配时，才能得到比较理想的预测精度；三是市场预测资料及模型，一般来说，资料充分、数据准确可靠宜采用定量预测法，相反，资料缺乏、数据变化较大且不稳定则应采用定性预测法，另外，不同的数据资料模式，适合采用不同的定量预测方法；四是市场预测费用及精度，市场预测费用与预测方法的复杂程度和预测结果的精确程度成正比。预测方法越复杂或预测精度要求越高，预测费用就越大。一般而言，定量预测比定性预测的费用要高。

（5）建立市场预测模型

一般情况下，对定量预测才建立预测模型；对定性预测可认为是建立逻辑思维模型。建立市场预测模型是在获得大量市场资料的基础上，根据有关市场理论、预测目标、资料特点、预测要求及实际情况等，选择符合市场现象发展规律的数学模型，确定经济参数，分析各种因素之间的关系，建立起反映市场现象实际的市场预测模型。

（6）分析、评价市场预测结果

分析、评价市场预测结果是指利用建立的市场预测模型，对各种变量数据进行具体的计算，计算出市场预测对象的点预测值和区间估计值，确定市场预测误差的范围，并对获得的市场预测结果进行分析、检验和评价，如果预测值与测算的实际值相差较小，处在要求允许的误差之内，则预测效果较好，可以采用；反之，如果预测值与测算的实际值相差较大，超出要求允许的误差范围，则预测效果较差，不宜采用，应加以修正或重新预测。修正或重新预测的常用方法是增加样本容量、增加解释变量的个数、改变预测模型结构、改变预测方法等。

（7）撰写市场预测报告

撰写市场预测报告是市场预测的最后一步工作。一般来说，市场预测报告的格式主要由以下几个部分构成：封面、扉页、致函、委托信、目录、摘要、问题界定、解决问题的方法、预测设计、资料分析、结果、局限和警告、结论和建议、附件。

一份内容完整、质量较高的市场预测报告，必须遵循以下要求。

第一，高度重视报告的阅读者和使用者。从某种意义上说，市场预测报告是为阅读者和使用者写的，要充分注意他们的特征及需要。在撰写市场预测报告时，最好记住以

下事实：一是大多数经理人员都很忙碌；二是他们一般都很少精通市场预测方法及其术语；三是如果存在多个阅读者或使用者，他们之间通常存在需要和兴趣方面的差异，四是经理人也和常人一样，不喜欢那种冗长、乏味、呆板的文字。

第二，报告内容要实事求是，力求客观真实。市场预测报告必须符合客观实际，坚决反对弄虚作假。重视阅读者或使用者的需要，并不意味着不切实际地迎合他们的口味，而要防止片面性的误导。

第三，报告要突出预测的目的，明确其针对性和适用性，从而提高其价值。

第四，报告的结构要完整，内容要有重点，文字要简短易懂，尽量少用专业性较强的术语，要注意运用图表和数字来表达意见，形成生动有趣的写作风格。

总之，一份好的市场预测报告，除了必须有好的资料和内容外，还必须配之好的撰写。为此，事先应做好充分的写作准备，拟好详细的写作提纲，广泛听取意见，反复修改完善，最终形成优质的市场预测报告。有时，为了满足不同阅读者或使用者的要求，还要同时拟定若干不同的报告。

6.2 学会定性预测

定性预测是凭借个人的知识、经验和能力，利用现有的直观材料，根据规范的逻辑推理程序，对预测对象进行的主观估计与预测。定性预测法要求在充分利用已知信息的基础上，发挥预测者的主观判断力。定性预测适合预测那些模糊的、无法计量的社会经济现象，并通常由预测者集体来进行。

6.2.1 认识定性预测

1. 定性预测的含义

定性预测，是指预测者依靠熟悉业务知识、具有丰富经验和综合分析能力的人员与专家，根据已掌握的历史资料和直观材料，运用个人的经验和分析判断能力，对事物的未来发展做出性质和程度上的判断，然后，再通过一定形式综合各方面的意见，作为预测未来的主要依据。

2. 定性预测的特点

定性预测法注重于事物发展在性质方面的预测，具有较大的灵活性，易于充分发挥人的主观能动作用，方法简便，易于掌握，而且时间快，费用省。特别是进行多因素综合分析时，采用定性预测方法，效果更加显著。定性预测法具有以下特点。

1）着重对事物发展的性质进行预测，主要凭借人的经验以及分析能力。

2）着重对事物发展的趋势、方向和重大转折点进行预测。

3）需要的数据少，能考虑无法定量的因素，比较简便可行。

3. 定性预测的局限性

定性预测方法缺乏数量分析，受主观因素的影响，比较注重人的经验和主观判断能力，从而易受人的知识、经验和能力的大小的束缚和限制，尤其是缺乏对事物发展在数量上的精确描述。预测的结果往往只能反映预测对象发展的大致方向，对预测对象未来的变化趋势难以做出精确的说明，对各种相关因素之间的相互影响程度难以做出量的描述，难以估计预测结果的误差和评价它的可信度。因此，在采用定性预测方法时，应尽可能结合定量分析方法，使预测过程更科学，预测结果更准确。

4. 定性预测的适用情况

原则上可以认为，在任何情况下，都可以运用定性预测法，但考虑到进行定性预测也需要应用条件，因此，定性预测法主要在以下几种情况下采用。

1）出现复杂的、难以识别的、模糊的市场现象时。

2）在掌握的历史资料不多、不够准确或主要因素无法用数字描述时。

3）在宏观预测或对没有前例的偶发性事物的预测时。

4）在只需要进行推理判断，不需要进行大量计算，或者无法进行计算预测的情况时。

6.2.2　学会运用个人经验判断法

个人经验判断法是凭借个人的知识经验和分析综合能力，对预测目标做出未来发展趋势的推断。推断的成功和准确与否取决于个人所掌握的资料，以及分析、综合和逻辑推理能力。主要有相关推断法和对比类推法等。

1. 相关推断法

相关推断法是根据因果性原理，从已知的相关经济现象和经济指标去推断预测目标的未来发展趋势。例如，农村用电的普及和收入的提高与农村电视机的销量相关，在调查农村通电的户数和收入的增加率时，就可以推断出农村电视机的销售量增加额。儿童玩具的需求量增加，可从儿童人数和购买力的提高去推断。

运用相关推断法，应先根据理论分析和实践经验，找出影响预测目标的主要因素，再根据因果性原理，进行具体的推断。

2. 对比类推法

对比类推法是依据类比性原理，从已知的相类似经济事件去推断预测目标的将来发展趋向。例如，需要预测今后一段时间全国照相机市场需求状况，只需选取若干大、中、小城市及一些有代表性的农村地区进行调查分析，以类推全国总需求的情况，这是一种应用较广泛的局部总体类推法。除此之外，对比类推法还有产品类推法（根据产品的相似性类推）、地区类推法（根据地区的相似性类推）、行业类推法（根据行业的相似性类推）等。

在应用对比类推法时，应注意相似事物之间的差异。因相似不等于相等，在进行类推时，根据相似事物的差异往往要做一定的修正，才能提高类推预测法的精度。

6.2.3 学会运用集合意见法

1. 集合意见法的概念

集合意见法，是由预测者召集有关人员，根据已收集的信息资料和个人的经验，对未来的市场做出判断和预测，然后由组织者把预测方案和意见集中起来进行统计处理，并根据实际情况进行修正，最终取得预测结果的方法。

2. 集合意见法的步骤

1）预测组织者根据预测目标，向预测者提出预测要求，并提供有关资料。

2）预测者根据预测要求，凭个人的经验和分析判断能力，提出各自的预测方案。

3）预测组织者计算预测者提出的预测期望值。预测期望值等于各种可能状态的主观概率与状态值的乘积之和。

4）将参与预测的有关人员分类，如可以分为管理者、业务员、生产者等，然后将各类人员的预测期望值综合起来。综合的方法一般有平均数法、中位数法等。

5）确定最终预测值，最终的预测值往往需要根据实际情况进行微调。

【例 6-1】 某零售企业为了预测明年烟酒销售额，要求经理和业务科、计划科、财务科及售货员做出年度销售预测，具体估计数据如表 6-1 所示。

现假定：经理类权数为 4，科室人员类权数为 3，售货员类权数为 2。

1）计算各预测人员的方案期望值。方案期望值等于各种可能状态的销售值与对应的概率乘积之和。

经理甲的方案期望值

$$500\times0.3+420\times0.5+380\times0.2=436\text{（万元）}$$

表 6-1　某零售企业烟酒销售估计表

单位：万元

人员		销售估计值						权数
		销售好	概率	销售一般	概率	销售差	概率	
经理	甲	500	0.3	420	0.5	380	0.2	0.6
	乙	550	0.4	480	0.4	360	0.2	0.4
科室人员	业务	600	0.5	400	0.2	360	0.3	0.3
	计划	540	0.4	480	0.3	340	0.3	0.3
	财务	580	0.3	440	0.3	320	0.4	0.4
售货员	甲	480	0.3	400	0.5	300	0.2	0.4
	乙	520	0.3	440	0.4	360	0.3	0.3
	丙	540	0.2	420	0.5	380	0.3	0.3

业务科人员的方案期望值

$$600 \times 0.5 + 400 \times 0.2 + 360 \times 0.3 = 488\text{（万元）}$$

售货员甲的方案期望值

$$480 \times 0.3 + 400 \times 0.5 + 300 \times 0.2 = 404\text{（万元）}$$

其他人员方案期望值都依此计算。

2）计算各类人员综合预测值。即分别求出经理类、科室人员类、售货员类的综合预测值。

综合预测值公式为

$$Y_j = \frac{\sum Y_i W_i}{\sum W_i}$$

式中，Y_j——某类人员综合预测值；

Y_i——某类人员中第 i 位的方案期望值；

W_i——某类人员中第 i 位方案期望值的权数。

经理类综合预测值为

$$\frac{436 \times 0.6 + 484 \times 0.4}{0.6 + 0.4} \approx 455\text{（万元）}$$

科室人员类综合预测值为

$$\frac{488 \times 0.3 + 462 \times 0.3 + 434 \times 0.4}{0.3 + 0.3 + 0.4} \approx 459\text{（万元）}$$

售货员类综合预测值为

$$\frac{404 \times 0.4 + 442 \times 0.3 + 432 \times 0.3}{0.4 + 0.3 + 0.3} \approx 424\text{（万元）}$$

3）确定最后预测值。最后预测值为

$$\frac{455\times4+459\times3+424\times2}{4+3+2}=\frac{1\,820+1\,377+848}{9}\approx449（万元）$$

6.2.4 学会运用德尔菲法

德尔菲法又称专家函询意见法，是在专家个人判断法和专家会议法的基础上发展起来的一种专家调查法，广泛应用在众多领域。它是以匿名函询的方式，轮番征求专家对某一预测问题的意见，然后进行综合、整理、分析，得出预测结果的一种定性预测方法。

在德尔菲法的实施过程中，始终有两方面的人在活动，一是预测的组织者，二是被选出来的专家。首先应注意的是德尔菲法中的调查表与通常的调查表有所不同，它除了有通常调查表向被调查者提出问题并要求回答的内容外，还兼有向被调查者提供信息的责任，它是专家们交流思想的工具。

1. 德尔菲法的特点

德尔菲法有如下三个特点。

1）匿名性。为克服专家会议易受心理因素影响的缺点，德尔菲法采用匿名方式。应邀参加预测的专家互不了解，完全消除了心理因素的影响。专家可以参考前一轮的预测结果，修改自己的意见而无须做出公开说明，无损自己的威望。

2）反馈性。德尔菲法不同于民意测验，一般要经过四轮。在匿名情况下，为了使参加预测的专家掌握每一轮预测的汇总结果和其他专家提出意见的论证，预测领导小组对每一轮的预测结果做出统计，并作为反馈材料发给每个专家，供提出下一轮预测时参考。

3）统计性。对各轮反馈意见进行定量处理是德尔菲法的一个重要特点。为了定量评价预测结果，德尔菲法采用统计方法对结果进行处理。

2. 德尔菲法的工作流程

1）成立预测领导小组。

2）选择专家。在明确预测的范围和种类后，依据预测问题的性质选择专家，这是德尔菲法进行预测的关键步骤。选择专家时要注意：①选择的专家要具有代表性；②要选择既精通业务又熟悉市场情况、具有预见性和分析能力的专家；③专家人数的多少要根据预测课题的大小而定，一般以 8～20 人为宜。

3）设计调查表。调查表设计质量直接影响着调查预测的结果。基本要求是：所提问题应明确，回答方式应简单，便于对调查结果的汇总和整理。

4）组织调查实施，多轮征询专家意见。

5）汇总处理调查结果。这是专家函询预测工作的最后一个环节，预测组织者根据前面几轮的专家意见，将调查结果汇总，进行进一步的统计分析和数据处理。一般可以

计算专家估计值的平均值、中位数、众数等作为最终的预测值。

3. 德尔菲法的优缺点

1）德尔菲法的优点：便于独立思考和判断；低成本实现集思广益；有利于探索性解决问题；应用范围广泛等。

2）德尔菲法的缺点：缺少思想沟通交流；易忽视少数人的意见；存在组织者主观影响等。

4. 运用德尔菲法应注意的问题

1）对德尔菲法作出充分说明；
2）问题要集中；
3）避免组合事件；
4）语义要清晰、明确；
5）领导小组的意见不应强加于调查表中；
6）调查表要尽可能简化；
7）问题的数量要限制，一般认为问题数量的上限以 25 个为宜；
8）支付适当报酬；
9）考虑对结果处理的工作量；
10）轮间时间间隔，多数预测完成一轮需要 4 周或 6 周。

【例 6-2】　某公司研制出一种新兴产品，现在市场上还没有相似产品出现，因此没有历史数据可以获得。公司需要对可能的销售量做出预测，以决定产量。于是该公司成立专家小组，并聘请业务经理、市场专家和销售人员等 8 位专家，预测全年可能的销售量。8 位专家提出个人判断，经过三次反馈得到结果如表 6-2 所示。

表 6-2　某公司产品销售量估计表

单位：千件

专家编号	第一次判断			第二次判断			第三次判断		
	最低销售量	最可能销售量	最高销售量	最低销售量	最可能销售量	最高销售量	最低销售量	最可能销售量	最高销售量
1	500	750	900	600	750	900	550	750	900
2	200	450	600	300	500	650	400	500	650
3	400	600	800	500	700	800	500	700	800
4	750	900	1 500	600	750	1 500	500	600	1 250
5	100	200	350	220	400	500	300	500	600
6	300	500	750	300	500	750	300	600	750
7	250	300	400	250	400	500	400	500	600
8	260	300	500	350	400	600	370	410	610
平均数	345	500	725	390	550	775	415	570	770

1）简单平均法预测。

在预测时，最终一次判断是综合前几次的反馈做出的，因此在预测时一般以最后一次判断为主。如果按照 8 位专家第三次判断的平均值计算，则预测这个新产品的平均销售量为

$$\frac{415+570+770}{3}=585\text{（千件）}$$

2）加权平均法预测。

将最可能销售量、最低销售量和最高销售量分别按 0.50、0.20 和 0.30 的概率加权平均，则预测平均销售量为

$$570\times0.50+415\times0.20+770\times0.30=599\text{（千件）}$$

3）中位数预测。

将 8 位专家的最后预测值从小到大排序后，处在中间第 4 项和第 5 项两个变量值的简单算术平均数即为中位数。

本例中，可将第三次判断按预测值由低到高排列如下:

最低销售量为

300　300　370　400　400　500　500　550

最可能销售量为

410　500　500　500　600　600　700　750

最高销售量为

600　600　610　650　750　800　900　1 250

最低销售量的中位数为

$$\frac{400+400}{2}=400$$

最可能销售量的中位数为

$$\frac{500+600}{2}=550$$

最高销售量的中位数为

$$\frac{650+750}{2}=700$$

将最可能销售量、最低销售量和最高销售量分别按 0.50、0.20 和 0.30 的概率加权平均，则预测平均销售量为

$$550\times0.5+400\times0.2+700\times0.3=565\text{（千件）}$$

6.3　学会定量预测

定量预测是一种运用数学工具对事物规律进行定量描述，预测其发展趋势的方法。随着数学理论与方法的发展、电子计算机的应用，出现了各种各样的科学技术发展模型、经济发展模型和社会发展模型，大大丰富和发展了定量预测。

实现定量预测的主要条件有三个：一是有历史数据和统计资料；二是在定性分析认识的基础上进行；三是要建立反映事物客观变化的数学公式或数学模型。不论应用曲线图外推，或是求解数学模型，均可获得定量预测的结果。定量预测必须与定性预测相结合，尤其对复杂事物的长期预测，千万不要把定量预测结果绝对化。

6.3.1　认识定量预测

1. 定量预测的含义

定量预测是依据大量的数据资料，运用统计分析和数学方法建立预测模型，描述预测对象与其影响因素的关系和规律，以计算出的结果作为预测值。

2. 定量预测的特点

定量预测方法有两个明显的特点，一是依靠实际观察数据，重视数据的作用和定量分析；二是建立数学模型作为定量预测的工具。

定量预测法的优点是重视数据和数学模型的作用，预测结果受主观因素的影响较小；在一定条件下能对预测对象的未来发展的程度及各种影响因素之间的关系做出定量的推断，并计算出预测误差和置信区间，有利于保证预测的客观性和科学性。不足之处在于它对市场现象中非量化的因素，如社会文化、政治、法律等尚不能包括进数学模型内；应用这类方法对数据资料的要求较高，需要系统、完整、可靠的数据，必要的现代化数据处理手段等条件，如果资料少或情况发生突变，定量预测法就难以有效进行。

在预测过程中，为了全面地考虑问题，常常将定性预测和定量预测结合使用，互为补充，以达到质的分析与量的分析相结合，提高预测准确性。

3. 定量预测的种类

定量预测分为时间序列预测法和回归分析预测法。其中时间序列预测法分为算术平均预测法、指数平滑法、趋势外推法、季节变动预测法等；回归分析预测法分为一元回归分析预测法和多元回归分析预测法等。

6.3.2 运用时间序列预测法

时间序列预测法也称历史延伸法或趋势外推法，是指对某一市场现象编制时间序列，通过统计分析和建立数学模型，使其向外延伸或外推，预计未来的发展变化趋势，确定市场预测值的方法。

1. 时间序列预测法的概念

时间序列也称动态序列或时间数列，是指将某个经济变量的观测值，按时间先后顺序排列所形成的一组数据形式。

时间序列预测法要求有准确、完整的时间序列资料，一般来说适用于比较稳定的短期和近期市场预测，如果进行中期和长期市场预测，则需要考虑得更周到，客观依据要更充分。当市场现象在中、长期内发展变化的规律与其过去和现在基本一致，或者对预测的现象新特点能确定的条件下，才能应用时间序列市场预测法，对市场现象未来的发展变化趋势做出预测。

2. 时间序列预测法的特点

1）时间序列预测法是根据市场过去的变化趋势预测未来的发展，它的前提是假定事物的过去会同样延续到未来。因此，这就决定了时间序列预测法只适合于近期和短期的预测，如果用于中期和长期预测则有很大的局限性，甚至会因预测值偏离实际值较大，使决策失误。

2）时间序列数据存在着不规则性，事件的发展可能包含长期变动、季节变动、循环变动、不规则变动等趋势，要善于区分和剔除。

3）时间序列预测法是撇开了市场发展的因果关系去分析市场的过去和未来的联系。

3. 时间序列的数据分布类型

时间序列的数据分布类型主要包括以下四种。

（1）长期变动趋势

长期变动趋势是指时间序列数据在较长的时期内呈现出的发展动向，具体有三种类型。

1）线性或非线性上升趋势。这种时间序列数据的走势呈现出一种向上的趋势，既可以呈直线上升，也可以呈曲线上升。

2）线性或非线性下降趋势。这种时间序列数据的走势呈现出一种向下的趋势，既可以呈直线下降，也可以呈曲线下降。

3）水平变动趋势。这种时间序列数据的走势无倾向性，总是在某一水平上小幅度

上下波动，且波动无规律性。

（2）季节性变动

季节性变动是指现象受季节性影响，按照固定周期呈现出的有规律性的波动变化，一般以 1 年为周期，每年重复出现规律性变动。季节性时间序列的数据表现出随着季节变换在每一季节内会重复出现有规律波动的形态。

（3）循环变动趋势

循环变动是指时间序列数据在为期较长如五年、十年乃至更长的周期内，呈现出有规则的上升或下降的循环变动状态。其与季节性变动的区别在于，不以 1 年为固定周期，而是 1 年以上的并不固定的周期，规律性变化也不很明显。市场现象的循环变动形成的原因是多方面的，从根本上来说是由经济运行周期决定的。

（4）不规则变动

不规则变动是指时间序列数据受偶然因素的影响而呈现出的忽上忽下、不规则的变动趋势。经济现象的不规则变动，往往是由一系列偶然因素造成的。所谓偶然因素就是说这些因素发生的时间和影响量是偶然的、不确定的。在处理不规则变动时间序列数据资料时，一方面，要认真分析造成不规则变动的偶然因素；另一方面，在分析的基础上，剔除偶然因素造成的波动，经过统计处理，使之规则化。

时间序列一般是以上几种变化形式的叠加或组合。某些不规则的时间序列，经过一定的统计处理，如运用移动平均法或指数平滑法进行修匀，也可以呈现出某种规律性。

4. 时间序列预测法实施步骤

1）搜集、整理现象的历史资料，编制时间序列，并绘制图形。在编制或应用时间序列时，应特别注意市场现象各时期统计指标的可比性问题，必须保证各时间的统计指标数值在指标性质、口径范围、计算方法、计量单位、时间长短等各方面保持一致。若搜集到的历史资料存在不可比的情况，应先对指标加以调整，使之具有可比性后，才能编制时间序列，用于预测。

为了更加直观地观察市场现象的变化规律，利用时间序列进行市场预测，常常要将市场现象时间序列的指标绘制成图形。绘制图形的方法是以时间为横坐标，以被研究的市场现象观察值为纵坐标，绘制成散点图或折线图。

2）对时间序列进行分析。在编制了时间序列并绘制了图形以后，预测者必须对现象进行深入分析，才能确定采用什么具体的方法进行预测。市场现象时间序列观察值是由市场变化的各因素共同影响的结果。对时间序列进行分析，就是要观察其主要变动规律，运用适当的数学方法建立预测模型，以便预测市场的未来表现。有时由于各种变动对时间序列的影响都混在一起，就很难从时间序列本身直接找出其变化规律，必须通过图形来观察分析，可以利用计算机对各种影响因素进行分解，观察时间序列的各种变动规律。

3）选择预测方法，建立预测模型。根据对时间序列的认真分析，选择与时间序列变动规律相适应的预测方法，并建立相应的预测模型，如长期趋势、季节变动和不规则变动的数学模型。

4）测算预测误差，确定预测值。对于所建立的预测模型，通过测算其预测误差，可以判定模型是否能用于实际预测。若其误差值在研究问题所允许的范围内，即可应用预测模型确定市场现象的预测值。

微课：平均预测法（一）

微课：平均预测法（二）

微课：平均预测法（三）

5. 算术平均预测法

算术平均预测法是以一定观察期内市场现象时间数列的平均数作为某个未来期的预测值的预测方法。它一般适用于对没有明显的增减倾向，又具有随机波动影响的市场现象的预测。在一定条件下，也可用于呈现变动趋势的市场现象的预测。常见的平均预测法有简单算术平均法、加权算术平均法等。

（1）简单算术平均法

简单算术平均法是以一定观察期内预测变量的算术平均数作为下期预测值的预测方法。这种方法把近期和远期数据等同化和平均化，因此只能适用于趋势比较稳定的时间序列的短期预测。其计算公式为

$$\hat{Y}=\bar{Y}=\frac{\sum Y_t}{n}$$

式中，$\bar{Y}$——算术平均数，即预测值$\hat{Y}$；

Y_t——各期观察值（$t=1,2,3,\cdots,n$）；

n——观察期数。

【例 6-3】 某企业近 6 年产值如表 6-3 所示，用简单算术平均法预测 2017 年的产值。

表 6-3　某企业近 6 年产值统计表

年份	2011	2012	2013	2014	2015	2016
产值/万元	359	370	363	355	375	408

根据公式，代入各期数值及期数求解：

$$\hat{Y}=\bar{Y}=\frac{\sum Y_t}{n}=\frac{359+370+363+355+375+408}{6}\approx 372(万元)$$

所以，2017 年该企业的预测产值为 372 万元。

（2）加权算术平均法

加权算术平均法是根据时间数列的各个数据对预测值的影响程度的不同，分别给各

个数据以不同的权数后计算加权平均数，并将其作为下期预测值的方法。其计算公式为

$$\hat{Y}=\overline{Y}=\frac{\sum Y_tW_t}{\sum W_t}$$

式中，$\overline{Y}$ ——算术平均数，即预测值 $\hat{Y}$；

Y_t ——各期实际观察值（$t=1,2,3,\cdots,n$）；

W_t ——各期观察值的权数。

在例 6-3 中，考虑到近期数据对预测值影响较大，远期数据影响较小，设置各期的权重分别为 0.1、0.1、0.1、0.2、0.2、0.3，用加权算术平均法预测 2017 年产值。

根据公式，代入各期数值、权重求解：

$$\hat{Y}-\overline{Y}-\frac{\sum Y_tW_t}{\sum W_t}-\frac{359\times0.1+370\times0.1+363\times0.1+355\times0.2+375\times0.2+408\times0.3}{0.1+0.1+0.1+0.2+0.2+0.3}$$

$$\approx 378(\text{万元})$$

所以，2017 年该企业的预测产值为 378 万元。

与简单算术平均法比较，加权算术平均法综合考虑各期历史数据对预测值的影响不同，因此更为准确。

6. 趋势外推预测法

趋势外推预测法又称数学模型法，就是建立一定的数学模型，对时间序列给出恰当的趋势线，即建立预测目标随时间变化的趋势方程，并将时间外推或延伸，用来预测未来可能达到的水平。趋势外推法适用于长期趋势变动预测，按照时间序列呈现的不同趋势形态，分为直线趋势外推法和曲线趋势外推法。下面以直线趋势外推法为例说明其应用。

直线趋势外推法是指根据预测对象具有直线型变动趋势的时间序列数据，建立直线模型进行预测的方法。

时间序列的趋势是否是直线型趋势，可以采用图解法和增减量分析法进行判断。

图解法（又称散点图法）是将时间序列的有关数据描在一个坐标图上，即以横坐标表示时间，以纵坐标表示预测变量（如销售量），一个数据就是坐标图上一个点。若这些点的分布近似一条直线，那么就可以判断该时间序列数据是直线型变动趋势。

增减量分析法是时间序列逐项增长量（一次差）判断。若时间序列逐项增长量接近于一个常数或差异不大，即可用直线趋势外推法。

如果现象的发展变化呈直线型，则预测模型为

$$\hat{y}_t=a+bt$$

式中，$\hat{y}$ ——预测值；

a、b ——方程式的参数；

t ——时间序号。

根据最小二乘法的原理：$\sum(y-\hat{y})^2=$最小值，y 为实际观察值，整理后，可以推导出

$$b=\frac{n\sum ty-\sum t\sum y}{n\sum t^2-\left(\sum t\right)^2}\qquad a=\frac{\sum y-b\sum t}{n}$$

式中，n ——时间序列的项数；

y ——各期实际观察值；

t ——观察期序号。

由于在直线趋势外推法中，t 是代表时间序列的时间，那么，对时间的编号可采用不同的编写方法。

1）从 1 开始以自然数规律顺序编号，时间序列观察期 t（$t=1,2,3,\cdots,n$）是一个等差数列，即按年、季、月为周期建立的时间序列观察期，以一个公差为 1 的等差数列表示出来。在实际资料中它是实际的年份、季度或月份。

2）根据 t 是一个等差数列的特点，可以人为地令 $\sum t=0$，从而大大简化求解 a、b 的过程。在 $\sum t=0$ 时，t 仍然是一个等差数列，这样既能达到简化计算过程的目的，又能按市场现象的时间序列原有的观察值规律，对市场现象做出预测，这种方法称为简化法。

当时间序列的项数为奇数时，取中间项观察期为原点，令原点为 0，原点之前各观察期序号为$-1,-2,-3\cdots$，原点之后各观察期序号为 $1,2,3\cdots$，即编成$\cdots-4,-3,-2,-1,0,1,2,3,4\cdots$时间序列序号，所形成的数列是一个公差为 1 的等差数列，且$\sum t=0$；当时间序列的项数为偶数时，取中间两项观察期序号为$-1,1$，之前各项序号为$-3,-5,-7\cdots$，之后各项序号为 $3,5,7\cdots$，即编成$\cdots-7,-5,-3,-1,1,3,5,7\cdots$时间序列序号，所形成的数列是一个公差为 2 的等差数列，且$\sum t=0$。n 为偶数的情况只是一种理论上的说法，在实践中，预测者可以根据需要，取 n 为奇数进行预测。

简化后的公式为

$$a=\frac{\sum y}{n}\qquad b=\frac{\sum ty}{\sum t^2}$$

【例 6-4】 某企业对近年来的商品销售情况进行分析，据此对 2018 年和 2019 年的商品销售情况进行预测，企业 2008～2016 年商品销售情况如表 6-4 所示，具体预测过程如下。

表 6-4　某企业商品销售情况统计表

年份	2008	2009	2010	2011	2012	2013	2014	2015	2016
商品销售量/万吨	45	50	56	65	77	86	97	102	121

1）通过 Excel 统计图表功能绘制散点图，如图 6-1 所示，由散点图可以看出，观测值随时间的变化趋势接近一条直线，因此可以用直线趋势外推法进行预测。

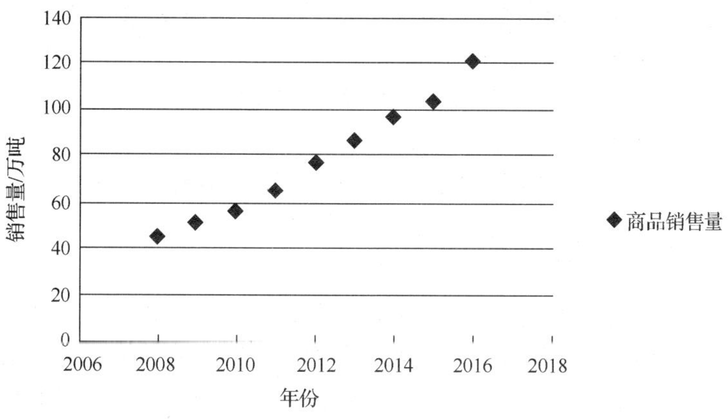

图 6-1　商品销售散点图

2）设预测直线方程为

$$\hat{y}_t = a + bt$$

3）按简便方法编制时间序号，使 $\sum t = 0$，计算 t^2、ty、$\sum t^2$、$\sum ty$、$\sum y$ 等，计算结果如图 6-2 所示。

	A	B	C	D	E
1	年份	商品销售量/万吨 y	时间序号 t	t^2	ty
2	2008	45	-4	16	-180
3	2009	50	-3	9	-150
4	2010	56	-2	4	-112
5	2011	65	-1	1	-65
6	2012	77	0	0	0
7	2013	86	1	1	86
8	2014	97	2	4	194
9	2015	102	3	9	306
10	2016	121	4	16	484
11	合计	699	0	60	563

图 6-2　直线趋势外推计算结果

4）将有关数据带入参数求解公式，可得

$$a = \frac{\sum y}{n} = \frac{699}{9} \approx 77.67$$

$$b = \frac{\sum ty}{\sum t^2} = \frac{563}{60} \approx 9.38$$

所以预测直线方程为

$$\hat{y}_t = 77.67 + 9.38t$$

5）根据该时间序列外推，2017 年的 $t=5$，2018 年的 $t=6$，则

2017 年的预测值为

$$\hat{y}_5 = 77.67 + 9.38 \times 5 = 124.57（万吨）$$

2018 年的预测值为

$$\hat{y}_6 = 77.67 + 9.38 \times 6 = 133.95（万吨）$$

6.3.3　运用相关回归预测法

市场的发展变化是由多种因素决定的，许多经济现象，除了受时间因素影响外，还可能受很多因素的影响。这些因素之间存在着相互影响、相互依存的因果关系，例如，人们的收入水平提高了，市场就会繁荣；广告的投入增加了，产品的销售量就会增加，功能近似的新产品的出现，会使相应商品销售量下降等。回归分析就是描述一种变量的变化对另一种变量的影响程度，寻找经济现象中的因果关系的一种研究方法。

1. 回归分析预测法概述

（1）回归分析预测法的含义

回归分析预测，就是通过对预测对象和影响因素的统计分析，找出它们之间的变化规律，将变化规律用数学模型表示出来，并利用数学模型对未来进行测算。回归分析预测法有很多种类型，按自变量个数分有一元回归预测和多元回归预测；按自变量和因变量之间是否存在直线关系，分为线性回归预测和非线性回归预测，线性回归预测变量之间的关系表现为直线型，非线性回归预测变量之间的关系主要表现为曲线型。

（2）回归分析预测法实施步骤

1）确定预测目标和影响因素。通常情况下，预测目标必定是因变量，研究者可根据预测的目的确定。确定自变量，要使用多种定性和定量分析方法对影响预测目标的因素进行分析，预测者既要对历史资料和现实调查资料进行分析，又要根据自己的理论水平、专业知识和实践经验进行科学性的分析，必要时还要运用假设技术，先进行假设再进行检验，以确定主要的影响因素。

2）进行相关分析。所谓相关分析，就是对变量间的相关关系进行分析和研究，包括两方面：一是变量间有没有相关关系，二是相关关系的密切程度。相关关系指的是变量间的不完全确定的依存关系，即一个变量虽然受到另一个变量的影响，但并不由这个变量完全确定。换句话说，当自变量取确定值 x，因变量的对应值 y 并不确定，变量间的这种关系称为相关关系，它是回归分析的前提。相关关系的密切程度通常用相关系数来反映，相关系数的计算公式为

$$r=\frac{\sum(x-\bar{x})(y-\bar{y})}{\sqrt{\sum(x-\bar{x})^2\sum(y-\bar{y})^2}}$$

或

$$r=\frac{n\sum xy-\sum x\sum y}{\sqrt{n\sum x^2-\left(\sum x\right)^2}\cdot\sqrt{n\sum y^2-\left(\sum y\right)^2}}$$

式中，r——相关系数；

x——自变量的值；

$\bar{x}$——自变量的平均数；

y——因变量的值；

$\bar{y}$——因变量的平均数。

相关系数$-1\leqslant r\leqslant 1$，即$|r|\leqslant 1$。r 的值反映了变量 x 与 y 的相关程度和方向，当变量 x 与 y 呈线性关系时，越接近于 1，表明两者线性相关程度越高；越接近于 0，表明变量间的线性相关程度越低；$r>0$，表明为正相关，$r<0$，表明为负相关。

3）建立回归预测模型。即建立回归方程，依据变量间的相关关系，用恰当的数学表达式表示。线性回归方程的一般表达式为

$$\hat{y}=a+b_1x_1+b_2x_2+b_3x_3+\cdots+b_nx_n$$

当线性回归只有一个自变量与一个因变量，称为一元线性回归或直线回归，回归方程为

$$\hat{y}=a+bx$$

其他形式的线性回归称为多元线性回归。

当变量间呈现非线性关系时，则需根据曲线的形状建立相应的非线性回归方程。如指数曲线回归方程、双曲线回归方程、抛物线回归方程等。

方程的参数通常使用最小二乘法计算求得，然后代入回归方程用于预测。

4）回归预测模型的检验。建立回归方程的目的是在于预测，将方程用于预测之前需要检验回归方程的拟合优度和回归参数的显著性，只有通过了相关检验，才可用于经济预测。常用的检验方法有相关系数检验、F 检验、t 检验和 D-W 检验等。

5）进行预测。运用通过了检验的回归方程，将已知的自变量 x 代入方程并计算，即可得到所需要的预测值。预测通常有两种情况，一种是点预测，就是所求的预测值为一个数值；另一种是区间预测，所求的预测值为一个数值范围，并可通过正态分布原理测算出其估计标准差，求得预测值的置信区间。

2. 一元线性回归分析法

当影响市场变化的众多因素中有一个最基本并起到决定性作用的因素，且自变量与因变量的分布呈现线性趋势，就可以运用一元线性回归法进行预测。预测模型为

$$\hat{y} = a + bx$$

式中，$\hat{y}$——因变量y的估计值。

x——自变量。

a、b——方程待定参数，b又称为回归参数，表示当x每增加一个单位时，y的平均增加的数量。两者可用最小二乘法确定。

【例 6-5】 某城市 2011～2017 年职工工资总额与年商品销售总额数据如表 6-5 所示。已知 2018 年职工工资总额比 2017 年增加 30%，试用回归分析预测法在 95%的置信度下预测 2018 年的销售总额。

表 6-5　2011～2017 年职工工资与年商品销售情况表

年份	2011	2012	2013	2014	2015	2016	2017
工资总额/亿元	15.6	18.4	21.5	26.4	28.8	35.2	38.6
销售总额/亿元	29.8	36.5	45.1	47.2	52.4	63.5	67.8

1）相关关系分析。

职工的工资总额与商品销售总额密切相关，职工工资高，用于消费支出就大，商品销售额就大，反之就小。但职工工资总额并不完全确定销售总额，销售总额还受市场环境、商品使用价值、消费者心理等多方面因素的影响，因此，销售总额与职工工资总额是一种相关关系。

2）利用 Excel 绘制散点图，分析线性关系。

设职工工资总额为自变量 x，销售总额为因变量 y，作散点图，可以看出，销售总额与职工工资总额呈线性变化关系，如图 6-3 所示。

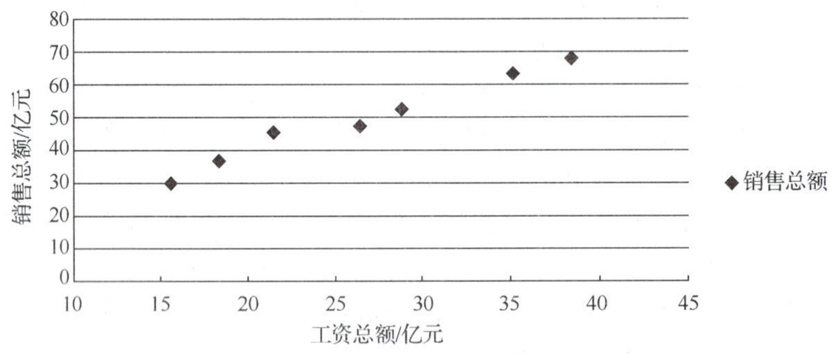

图 6-3　职工工资总额与年商品销售总额散点图

3）设回归预测方程为

$$\hat{y} = a + bx$$

根据最小二乘法，参数 a、b 的计算公式为

$$b=\frac{n\sum xy-\sum x\sum y}{n\sum x^2-\left(\sum x\right)^2}$$

$$a=\frac{\sum y-b\sum x}{n}$$

计算 a、b 需要数据 $\sum x$、$\sum y$、$\sum x^2$、$\sum xy$、$\sum y^2$，可利用 Excel 列表求出，计算结果如图 6-4 所示。

	A	B	C	D	E	F	G
1	年份	编号	工资总额/亿元 x	销售总额/亿元 y	x^2	xy	y^2
2	2011	1	15.6	29.8	243.36	464.88	888.04
3	2012	2	18.4	36.5	338.56	671.6	1 332.25
4	2013	3	21.5	45.1	462.25	969.65	2 034.01
5	2014	4	26.4	47.2	696.96	1 246.08	2 227.84
6	2015	5	28.8	52.4	829.44	1 509.12	2 745.76
7	2016	6	35.2	63.5	1 239.04	2 235.2	4 032.25
8	2017	7	38.6	67.8	1 489.96	2 617.08	4 596.84
9	合计		184.5	342.3	5 299.57	9 713.61	17 856.99

图 6-4　一元线性回归预测法数据计算

将有关数据代入公式可计算得

$$a=7.26，b=1.58$$

回归预测方程为

$$\hat{y}=7.26+1.58x$$

4）对预测模型进行检验。

① 相关系数分析。相关系数分析能确切地说明两个变量之间相关关系的密切程度。根据已知数据计算相关系数为

$$r=\frac{n\sum xy-\sum x\sum y}{\sqrt{n\sum x^2-\left(\sum x\right)^2}\cdot\sqrt{n\sum y^2-\left(\sum y\right)^2}}$$

结合显著性检验来判断是否存在线性关系。根据相关系数、自由度（$n-m$，其中：n 为样本容量或观察值个数，m 为回归模型中待定参数的个数）和给定的显著水平 α 值（在社会经济现象中，给定的显著水平 α 值一般为 0.05），从相关系数临界值表中查出临界值 $r_{\alpha(n-m)}$，据此判断其线性关系是否成立。如果 $|r|\geqslant r_{\alpha(n-m)}$，表明在显著性水平 α 条件下变量之间的线性关系是显著的，因此将要建立的线性回归模型是有意义的；如果 $|r|<r_{\alpha(n-m)}$，表明不宜建立线性回归模型，需要对其进一步分析，然后再作处理。

本例中，取显著水平 $\alpha=0.05$，自由度为 5（观察值个数 n=7，一元线性回归方程

中有 a、b 两个参数，即 m=2，表示估计的回归线已失去了 2 个自由度）。根据表 6-6 “相关系数临界值表”，查得 $r_{\alpha(n-m)}=0.7545$，计算得 $r=0.9896$，由于 $r \geqslant r_{\alpha(n-m)}$，说明职工工资总额与销售总额有很强的线性相关关系。

表 6-6 相关系数临界值表（表中 n-2 是自由度）

α / n-2	0.10	0.05	0.02	0.01	0.001	α / n-2
1	0.987 69	0.099 692	0.999 507	0.999 877	0.999 998 8	1
2	0.900 00	0.950 00	0.980 00	0.990 00	0.999 00	2
3	0.805 4	0.878 3	0.934 33	0.958 73	0.991 16	3
4	0.729 3	0.811 4	0.882 2	0.917 20	0.974 06	4
5	0.669 4	0.754 5	0.832 9	0.874 5	0.950 74	5
6	0.621 5	0.706 7	0.788 7	0.834 3	0.924 93	6
7	0.582 2	0.666 4	0.749 8	0.797 7	0.898 2	7
8	0.549 4	0.631 9	0.715 5	0.764 6	0.872 1	8
9	0.521 4	0.602 1	0.685 1	0.734 8	0.847 1	9
10	0.497 3	0.576 0	0.658 1	0.707 9	0.823 3	10
11	0.476 2	0.552 9	0.633 9	0.683 5	0.801 0	11
12	0.457 5	0.532 4	0.612 0	0.661 4	0.780 0	12
13	0.440 9	0.513 9	0.592 3	0.641 1	0.760 3	13
14	0.425 9	0.497 3	0.574 2	0.622 6	0.742 0	14
15	0.412 4	0.482 1	0.557 7	0.605 5	0.724 6	15
16	0.400 0	0.468 3	0.542 5	0.589 7	0.708 4	16
17	0.388 7	0.455 5	0.528 5	0.575 1	0.693 2	17
18	0.378 3	0.443 8	0.515 5	0.561 4	0.678 7	18
19	0.368 7	0.432 9	0.503 4	0.548 7	0.665 2	19
20	0.359 8	0.422 7	0.492 1	0.536 8	0.652 4	20
25	0.323 3	0.380 9	0.445 1	0.486 9	0.597 4	25
30	0.296 0	0.349 4	0.409 3	0.448 7	0.554 1	30
35	0.274 6	0.324 6	0.381 0	0.418 2	0.518 9	35
40	0.257 3	0.304 4	0.357 8	0.393 2	0.489 6	40
45	0.242 8	0.287 5	0.338 4	0.372 1	0.464 8	45
50	0.230 6	0.273 2	0.321 8	0.354 1	0.443 3	50
60	0.210 8	0.250 0	0.294 8	0.324 8	0.407 8	60
70	0.195 4	0.231 9	0.273 7	0.301 7	0.379 9	70
80	0.182 9	0.217 2	0.256 5	0.283 0	0.356 8	80
90	0.172 6	0.205 0	0.242 2	0.267 3	0.337 5	90
100	0.163 8	0.194 6	0.230 1	0.254 0	0.321 1	100

② 标准误差分析。标准误差是度量实际值分布在回归直线周围的离散程度的统计量，记为 S，其计算公式为

$$S=\sqrt{\frac{\sum(y-\hat{y})^2}{n-2}}$$

或简化为

$$S=\sqrt{\frac{\sum y^2-a\sum y-b\sum xy}{n-2}}$$

标准误差分析就是通过计算标准误差的大小来分析说明回归线性方程的精确程度。S 越大，观察值 y 对回归直线离散程度越大；反之，S 越小，观察值 y 对回归直线离散程度越小。一般要求

$$\frac{S}{\bar{y}}<15\%$$

将有关数据代入计算公式，可得

$$S=\sqrt{\frac{\sum y^2-a\sum y-b\sum xy}{n-2}}=\sqrt{\frac{17\,856.99-7.26\times342.3-1.58\times9\,713.61}{7-2}}=2.21$$

$$\bar{y}=\frac{\sum y}{n}=\frac{342.3}{7}=48.9$$

$$\frac{S}{\bar{y}}=\frac{2.21}{48.9}=4.52\%<15\%$$

说明所拟合的一元线性回归方程有很高的精确度，可以用于预测。

5）进行预测。

① 点预测。2018 年职工工资总额比 2017 年增加 30%，则

$$x_0=38.6\times(1+30\%)=50.18\text{（亿元）}$$

将该值代入回归预测方程 $\hat{y}=7.26+1.58x$，得

$$\hat{y}_0=7.26+1.58\times50.18=86.54\text{（亿元）}$$

② 区间预测。区间预测是在一定的置信度下估计出预测值的区间范围，也称为置信区间。

区间的上、下限计算公式为

$$\hat{y}=\hat{y}_0\pm tS$$

式中，$\hat{y}_0$——点预测值；

S——估计标准误差；

t——概率度。

这里 t 是估计标准误差的倍数，表示预测区间允许的最大误差是估计标准误差的 t 倍，根据置信度查概率分布表得到。常用的概率度和置信度对应值如表 6-7 所示。

本例预测置信度为 95%，t=1.96，则预测区间为

$$\text{下限}=86.54-1.96\times2.21=82.21\text{（亿元）}$$

$$上限 = 86.54 + 1.96 \times 2.21 = 90.87\ （亿元）$$

经过拟合一元线性回归方程预测，2018 年销售总额为 82.21 亿～90.87 亿元，预测值落在此区间的可能性为 95%。

表 8-7 常用的概率度和置信度对应值表

置信度 F/%	68.27	88.64	95.00	95.45	99.73
概率度 t	1.00	1.50	1.96	2.00	3.00

知识拓展

关于数据挖掘技术

一、数据挖掘技术的基本概念

数据挖掘（data mining）旨在从大量的、不完全的、有噪声的、模糊的、随机的数据中，提取隐含在其中的、人们事先不知道的、但又是潜在有用的信息和知识。

二、数据挖掘的基本任务

数据挖掘的任务主要是关联分析、聚类分析、分类、预测、时序模式和偏差分析等。

1. 关联分析（association analysis）

关联规则挖掘由 Rakesh Apwal 等首先提出。两个或两个以上变量的取值之间存在的规律性称为关联。数据关联是数据库中存在的一类重要的、可被发现的知识。关联分为简单关联、时序关联和因果关联。关联分析的目的是找出数据库中隐藏的关联网。一般用支持度和可信度两个阈值来度量关联规则的相关性，还不断引入兴趣度、相关性等参数，使得所挖掘的规则更符合需求。

2. 聚类分析（clustering）

聚类是把数据按照相似性归纳成若干类别，同一类中的数据彼此相似，不同类中的数据相异。聚类分析可以建立宏观的概念，发现数据的分布模式，以及可能的数据属性之间的相互关系。

3. 分类（classification）

分类就是找出一个类别的概念描述，它代表了这类数据的整体信息，即该类的内涵描述，并用这种描述来构造模型，一般用规则或决策树模式表示。分类是利用训练数据集通过一定的算法而求得分类规则。分类可被用于规则描述和预测。

4. 预测（predication）

预测是利用历史数据找出变化规律，建立模型，并由此模型对未来数据的种类及特征进行预测。预测关心的是精度和不确定性，通常用预测方差来度量。

5. 时序模式（time-series pattern）

时序模式是指通过时间序列搜索出的重复发生概率较高的模式。与回归一样，它也是用已知的数据预测未来的值，但这些数据的区别是变量所处时间的不同。

6. 偏差分析（deviation）

在偏差中包括很多有用的知识，数据库中的数据存在很多异常情况，发现数据库中数据存在的异常情况是非常重要的。偏差检验的基本方法就是寻找观察结果与参照之间的差别。

三、数据挖掘技术实施的步骤

数据挖掘的过程可以分为 6 个步骤。

1）理解业务。从商业的角度理解项目目标和需求，将其转换成一种数据挖掘的问题定义，设计出达到目标的一个初步计划。

2）理解数据。收集初步的数据，进行各种熟悉数据的活动。包括数据描述，数据探索和数据质量验证等。

3）准备数据。将最初的原始数据构造成最终适合建模工具处理的数据集。包括表、记录和属性的选择，数据转换和数据清理等。

4）建模。选择和应用各种建模技术，并对其参数进行优化。

5）模型评估。对模型进行较为彻底的评价，并检查构建模型的每个步骤，确认其是否真正实现了预定的商业目的。

6）模型部署。创建完模型并不意味着项目的结束，即使模型的目的是为了增进对数据的了解，所获得的知识也要用一种用户可以使用的方式来组织和表示。通常要将活动模型应用到决策制订的过程中去。该阶段可以简单到只生成一份报告，也可以复杂到在企业内实施一个可重复的数据挖掘过程。

实 训 项 目

市场发展趋势预测

实训任务：根据模块 1 中选定的调查项目，在本模块中选择一种恰当的市场预测方法，完成本调查小组项目预测任务。

实训目标：通过本次实训，使学生理解不同市场预测法的特点，熟练掌握其预测步骤，并能够成功运用其进行市场预测。

实训步骤：各小组可以根据本组的调查项目选择一种适合的预测方法。以回归分析预测法为例。

1）确定预测目标和影响因素。

2）进行相关分析。

3）建立回归预测模型。

4）回归预测模型的检验。

5）进行预测。

6）预测完成后，填写统计表格，整理分析报告。

7）进行核查，对数据资料进行整理和核查，得出预测结论。

实训组织：以小组为单位，对前期整理后的调查资料，选择恰当的预测方法进行预测，并检验评估预测结果。

实训考核：在班级内分别进行小组演讲、展示，并对展示的各类资料、数据、预测结果进行评价，采取自评、他评和教师评价相结合的方式，评价标准如下：

1）预测组织机构、人员分工是否合理。（10 分）

2）预测程序员选择是否符合要求。（10 分）

3）调查表的设计是否合理。（20 分）

4）预测结果的汇总、计算等的处理是否科学、准确。（30 分）

5）发言代表的讲演是否逻辑清楚、语言顺畅，仪态是否大方得体。（20 分）

6）预测报告是否完整、清晰、准确，排版布局是否合理。（10 分）

展示交流：

1）以小组为单位，通过抽签决定各组代表展示的顺序，将本次市场预测的设计过程和预测结果在班内进行交流，每组 5 分钟，如有条件的话，用 PPT 形式展示。

2）本组成员进行补充，其他组成员进行提问、质疑，教师对各组的预测活动进行点评，并提出相应的修改意见。

3）由各组成员对本部分内容进行疏理和归纳，教师进行总结和拓展。

4）各组根据教师和同学所提意见进行修改、完善。

5）最后以书面形式提交市场预测报告。

综合训练6

一、单项选择题

1）不属于市场预测的要素的是（　　）。

A．角色　　B．判断　　C．分析　　D．方法

2）不适合采用定性预测的情况是（　　）。

A．出现复杂的、难以识别的、模糊的市场现象时

B．在掌握的历史资料很多、很精确，并且主要因素可以用数字描述时

C．在宏观预测或对没有前例的偶发性事物的预测时

D．在只需要进行推理判断，不需要进行大量计算，或者无法进行计算预测的情况时

3）不是定性预测法的是（　　）。

A．相关推断法　　B．个人判断法　　C．对比类推法　　D．算术平均预测法

4）依据数字资料，运用统计分析和数学方法建立模型并做出预测值的方法称为（　　）。

A．定量预测法　　B．定性预测法　　C．长期预测法　　D．短期预测法

5）选择适当的预测方法，就是（　　）。

A．选择预测精度最高的方法

B．选择预测精度最低的方法

C．根据市场现象及各种影响因素的特点来选择

D．选择过程简单、运算量小的方法

6）一般来说，加权算术平均预测法给予近期观察值以（　　）的权数。

A．较大　　B．不变　　C．较小　　D．中等

7）某商店近5年来某种商品的销售额直线上升，分别为（万元）：100、125、140、160、180。在预计下一年的销售额时采用了加权算术平均法，权数分别为1、2、3、4、5，则下一年的预计销售额为（　　）万元。

A．47　　B．141　　C．154　　D．462

8）集合意见法属于市场预测方法中的（　　）。

A．定量预测法　　B．定性预测法　　C．因果分析法　　D．相关回归分析法

9）某企业对新开发产品的消费者满意度进行预测，预测期限为3年，属于（　　）。

A．短期预测　　B．长期预测　　C．近期预测　　D．中期预测

10）如果研究的因果关系只涉及一个因变量和一个自变量，这种回归分析法称为（　　）。

A．一元回归分析　　B．一元线性回归分析

C．二元回归分析　　D．二元线性回归分析

二、多项选择题

1）市场预测具有的基本特征是（　　）。

A．描述性　　B．服务性　　C．系统性　　D．局限性

2）定性市场预测法的特点是（　　）。

A．与定量市场预测法相比，更难于掌握

B．着重对事物发展的性质进行预测

C．费用较低

D．时效性较高

3）市场预测按预测方法不同分为（　　）。

A．宏观市场预测　　B．定性预测

C．定量预测　　D．微观市场预测

4）德尔菲法的优点表现在（　　）。

A．便于独立思考和判断　　B．低成本实现集思广益

C．重视思想沟通交流　　D．不受组织者主观影响

5）回归分析方法中包括（　　）。

A．一元线性回归分析　　B．多元线性回归分析

C．一元非线性回归分析　　D．多元非线性回归分析

三、判断题

1）选择市场预测的方法，定量预测和定性预测只能选一种来实施。（　　）

2）市场预测是市场调查的基础。（　　）

3）定量预测是凭借个人的知识、经验和能力，利用现有的直观材料，根据规范的逻辑推理程序，对预测对象进行的主观估计与预测。（　　）

4）时间序列预测法要求有准确、完整的时间序列资料。（　　）

5）将时间序列的有关数据点描在一个坐标图上，若这些点的分布连成一条直线，那么就可以判断该时间序列数据是直线型变动趋势。（　　）

6）通常用相关系数来反映变量间不完全确定的依存关系，即相关关系。（　　）

7）随着时间的推进，时间序列资料增加，但直线趋势延伸预测模型参数无须重新计算。（　　）

8）直线趋势延伸预测模型较适合趋势发展中有波动的预测目标的短期、近期预测。（　　）

9）只要预测准确，决策就会是正确的。（　　）

10）回归分析就是依据事物内部因素变化的因果关系来预测事物未来的发展趋势。（　　）

四、计算分析

1）某商场近年服装销售额如表 6-8 所示，用简单平均法和加权平均法分别预测 2017 年服装销售额。

表 6-8　某商场近年服装销售额统计表

年份	2009	2010	2011	2012	2013	2014	2015	2016
权重	0.05	0.05	0.05	0.1	0.1	0.15	0.2	0.3
销售额/万元	245	250	249	260	263	255	265	268

2）某地区农民 10 年人均年纯收入和该地区相应年份的销售额的资料如表 6-9 所示。

表 6-9　某地区农民 10 年人均年纯收入和销售额统计表

年份	人均年纯收入/元	销售额/亿元
2010	400	1.3
2011	520	1.5
2012	560	1.56
2013	640	1.64
2014	720	1.72
2015	820	1.82
2016	940	1.9
2017	1 040	2.02
2018	1 160	2.16
2019	1 200	2.26

要求：

1）根据表 6-9 中第一列和第二列资料，运用趋势外推预测法预测 2020 年该地区农民的人均年纯收入；

2）根据表 6-9 中的全部资料，运用一元线性回归预测法预测 2020 年农民人均年纯收入为 1 400 元的销售额（点预测）。

五、案例分析

华为预测 6 年后的世界，不可思议！

据华为官方微信公众号，华为 2019 年 8 月 8 日发布全球产业展望 GIV@2025，提出智能世界正在加速而来，触手可及，并预测：到 2025 年，智能技术将渗透到每个人、每个家庭、每个组织，全球 58%的人口将能享有 5G 网络，14%的家庭拥有“机器人管家”，97%的大企业采用 AI。

全球产业展望报告于 2018 年首次推出，初衷是打开智能世界的产业版图，为各行各业创新增长提供路径参考。2019 年，华为基于对交通、零售、金融、制造、航空等 17 个重点行业的案例研究，并结合定量数据预测，进一步提出了面向 2025 的十大趋势。

趋势一：是机器，更是家人。随着材料科学、感知人工智能以及 5G、云等网络技术的不断进步，将出现护理机器人、仿生机器人、社交机器人、管家机器人等形态丰富的机器人，涌现在家政、教育、健康服务业，带给人类新的生活方式。GIV 预测：2025 年，全球 14%的家庭将拥有自己的机器人管家。

趋势二：超级视野。以 5G、AR/VR、机器学习等新技术的超级视野，将帮助我们突破空间、表象、时间的局限，见所未见，赋予人类新的能力。GIV 预测：2025 年，采用 VR/AR 技术的企业将增长到 10%。

趋势三：零搜索。受益于人工智能及物联网技术，智能世界将简化搜索行为和搜索按钮，带给人类更为便捷的生活体验：从过去的你找信息，到信息主动找到你；未来，不需要通过点击按钮来表达你的需求，桌椅、家电、汽车将与你对话。GIV 预测：2025 年，智能个人终端助理将覆盖 90%的人口。

趋势四：懂“我”道路。智能交通系统将把行人、驾驶员、车辆和道路连接到统一的动态网络中，并能更有效地规划道路资源，缩短应急响应时间，让零拥堵的交通、虚拟应急车道的规划成为可能。GIV 预测：2025 年，C-V2X（cellular vehicle-to-everything）蜂窝车联网技术将嵌入到全球 15%的车辆。

趋势五：机器从事三高。自动化和机器人，特别是人工智能机器人，正在改变我们的生活和工作方式，它们可以从事处理高危险、高重复性和高精度的工作，无须休息，也不会犯错，将极大提高生产力和安全性。如今，智能自动化在建筑业、制造业、医疗健康等领域中广泛应用。GIV 预测：2025 年，每万名制造业员工将与 103 个机器人共同工作。

趋势六：人机协创。与人工智能、云计算等技术的融合应用，将大幅度促进未来创新型社会的发展：试错型创新的成本得以降低；原创、求真的职业精神得以保障；人类的作品也因机器辅助得以丰富。GIV 预测：2025 年，97%的大企业将采用 AI。

趋势七：无摩擦沟通。随着人工智能、大数据分析的应用与发展，企业与客户的沟通、跨语种的沟通都将可能变得无摩擦，因为精准的信息到达，人与人之间更容易理解、

信任彼此。GIV 预测：2025 年，企业的数据利用率将达 86%。

趋势八：共生经济。无论身在何处、语言是否相通、文化是否相似，数字技术与智能能力逐渐以平台模式被世界各行各业广泛应用。各国企业都有机会在开放合作中，共享全球生态资源，共创高价值的智能商业模式。GIV 预测：2025 年，全球所有企业都将使用云技术，而基于云技术的应用使用率将达到 85%。

趋势九：5G，加速而来。大带宽、低时延、广连接的需求正在驱动 5G 的加速商用，将渗透到各行各业，并比我们想象中更快地到来。GIV 预测：2025 年，全球将部署 650 万 5G 基站，服务于 28 亿用户，58%的人口将享有 5G 服务。

趋势十：全球数字治理。触及智能世界，遇到了新的阻力和挑战。华为呼吁全球应该加快建立统一的数据标准、数据使用原则；并鼓励推动建设第三方数据监管机构，让隐私、安全与道德的遵从，有法可依。GIV 预测：2025 年，全球年存储数据量将高达 180ZB。

华为全球 ICT 基础设施业务首席营销官张宏喜表示："人类的探索永不止步，从地球到太空要飞得更高，从过去到未来要看得更远，从创新到创造要想得更深。

（资料来源：http://www.sohu.com/a/333118304_170495）

分组讨论：

1）请结合案例说明定量预测的作用。

2）该案例给你哪些启示？

综合训练 6 参考答案

模块 7　市场调查报告的撰写

学习目标

◎知识目标

1. 认识市场调查报告的作用。
2. 熟悉市场调查报告的结构。
3. 掌握市场调查报告的撰写技巧。

◎能力目标

1. 能够撰写市场调查报告。
2. 能够作出口头调查报告。

◎职业素养目标

1. 保持以客观事实为依据、严谨求实的职业素养。
2. 强化团队协作意识，提升自我效能感。

案例导入

挂锁引发的设想

世界著名管理专家彼得·德鲁克 1920 年曾在一家有着 100 多年历史的进出口公司实习，该公司主要向印度出口小的五金制品——挂锁，但是这种挂锁在印度的销量一直下降。

公司老板认为可能是挂锁质量不好的原因，于是对其进行升级改造，提升挂锁质量，但是改良过的挂锁依然销量很差。

4 年后该公司宣布破产，取而代之的是一家规模只有其十分之一的竞争公司，因为该竞争公司了解到：在印度人眼里，挂锁向来是神圣的象征，因此钥匙几乎没有被使用过，而且经常丢失；而对于另一部分富裕人家来说，挂锁质量又无法满足其安全

上的需要。

于是这家竞争公司生产了两种锁：一种是只有一个拉栓的锁，这种锁没有锁头和钥匙，售价不到原来的三分之一；另一种是相当牢固的锁并配有 3 把钥匙，但是售价是原来的 2 倍。这两种锁在印度都很畅销。

（资料来源：http://www.docin.com/p-1430034433.html）

思考与讨论：

1）案例中，为什么彼得·德鲁克所在的公司提升挂锁质量之后销量依然很差？

2）案例中，竞争公司在生产制作前做了哪些工作？

3）如果你是一名企业管理者，本案例对你有何启示？

模块 7：案例导入参考答案

7.1　认识市场调查报告

7.1.1　认识市场调查报告的作用

1. 市场调查报告的含义

市场调查报告是针对特定市场某一方面的问题进行调查后，通过对所得资料进行筛选、加工、整理、分析，最终用来表述调查结果的一种文书。它是市场调查活动的最终成果，是市场调查活动中最为重要的一个环节。

市场调查报告是对整个调查活动的介绍和总结，具有十分重要的作用和意义。一份优秀的市场调查报告可以让使用者很好地了解调查活动开展的整个过程，并提出科学有效的方法、建议来解决问题。如果使用者为企业或其他单位，则可以对其之后的经营管理和市场活动起到一定的导向作用。相反，如果没有认真撰写市场调查报告，即使前期的调查工作完成得再出色，也会事倍功半。

2. 市场调查报告的特点

市场调查报告是针对特定市场某一方面的问题进行调查后撰写出来的，具有其自身的特点。

（1）客观性

市场调查报告是市场调查活动及其成果的最终体现，主要通过筛选、加工、整理、分析调查过程中所得资料而形成。客观的资料，加之客观的整理分析，保证了市场调查报告的客观性。

（2）科学性

撰写市场调查报告过程中需要使用科学的方法对数据资料进行整理分析，并在此基础上提出科学、有效的建议。

（3）创新性

在提出解决问题的方法和建议时尽量做到新颖、独特。如果在做了大量工作之后仍旧提出与前人一样的观点，那么整个调查活动就失去了应有的意义。

（4）时效性

市场调查报告是对调查活动的成果总结，是调查活动进行时对市场某一问题的正确反映。然而，市场瞬息万变，因此，调查报告得出后应立即投入使用并对使用者发挥作用。过时的调查报告即使再优秀也没有多大价值。

7.1.2 熟知市场调查报告的结构和程序

1. 市场调查报告的结构

市场调查报告有很多种风格和形式，它的结构并不是一成不变的，但一般都包括题目、目录、摘要、正文、附录等几个主要部分。

（1）题目

题目包括市场调查报告的标题、撰写日期、委托方、调查方等，一般作为调查报告的封面。其中，标题既要简明扼要，又要能够准确表述本次市场调查所针对的主要问题。题目有以下四种常见形式。

1）直叙式。直接叙述本次市场调查的地点、目的等。例如，“石家庄市低档童装需求调查”。

2）观点式。直接表明作者的观点、看法或是评价。例如，“××品牌智能手机在石家庄市区畅销”。

3）问题式。以问题的形式提出，引发阅读者的思考。例如，“消费者还愿意到传统商场购物吗”。

4）双标题式。如果调查报告的标题无法使用一句话表述清楚，则可以采用双标题的形式。双标题由主标题和副标题构成。主标题用来表述本次调查报告的主要问题，副标题用来表述调查对象等其他内容。例如，“石家庄市互联网服务使用情况调查——中小学生使用情况调查”。

（2）目录

目录是对市场调查报告各项内容的概览，既可以体现整个调查报告的结构，又能够方便阅读。

（3）摘要

摘要是市场调查报告内容的高度概括，往往也是时间紧张的使用者主要阅读的部

分，一般要体现市场调查目的、调查对象及内容、调查研究的方法、调查结论与建议及需要进一步讨论的问题等。

（4）正文

正文是整个市场调查报告的核心，要对市场调查、分析、论证、结果、建议的全部过程进行充分说明。一般包含以下几个部分。

1）引言。引言又称导语，是市场调查报告的前置部分，包括基本的授权内容和相关的背景资料。此部分写作要求简明扼要，精练概括。引言内容包括调查对象与范围、调查目的、调查时间、调查地点、调查方法等与实施调查者相关的情况。引言也可用来概括市场调查报告的基本观点或结论，引导读者对全文内容、调查意义等有一个初步了解。

2）调查方案设计。对调查中运用的调查方案进行详细的描述，包括调查采用的调查技术、组织形式、需要搜集的二手资料和原始资料、问卷的设计、抽样技术设计、调查资料质量控制措施、资料整理方法等，旨在说明调查中所用的调查方案是科学有效的。

3）数据分析。本部分对调查及整理的数据分析方案进行描述，旨在说明所采用的数据分析方案是正确的。

4）调查结果及评价。这是正文中最主要的部分，也是占用篇幅最长的部分。提出的调查结果包括市场总体调查结果、市场分组细分的调查结果和关联性分析结果，紧紧围绕调查内容和目标，按照一定的逻辑顺序进行安排。对调查结果的评价主要是对调查的局限性及其成因进行分析，为正确评价调查成果奠定基础。

5）结论及建议。通常是由调查人员根据所得的资料，采用相关研究方法，进行定量和定性分析后所得出的概括性见解。结论是在调查结果的基础上形成的意见，要简明扼要，具有高度概括性；建议是提议通过调查结果应采取何种行动，要具有操作性和可行性。并且在报告主体中，结论和建议应该详细，必要时可辅以佐证。

（5）附录

附录位于正文之后，用来放置正文无法包含但又和正文紧密相关的一些内容，是对正文的补充。例如，调查问卷、调查表、数据汇总表等。

2. 市场调查报告的程序

（1）确定调查报告的主题

主题是调查报告的灵魂，主题是否明确、是否有价值，对调查报告写作的成败具有决定性的意义。因此，确定主题要注意：报告的主题应与调查主题一致；要根据调查和分析的结果，重新审定主题；主题不宜过大；与标题协调一致，避免文题不符。

（2）取舍材料

对经过统计分析所得到的系统的、完整的“调查资料”，在组织调研报告时仍需精心选择，不可能也不必都写进报告，要注意取舍。取舍材料要注意以下几点。

1）选取与主题有关的材料。无关的，次要的，非本质的材料要舍弃，以突出主题。

2）注意材料点与面的结合。材料要相互支持，充分而完整，用事实说话。

3）材料筛选要优中选优，在现有有用的材料中，要比较，鉴别，精选材料，选择最好的材料来支持报告的观点，提高材料的代表性和结论的科学性。

（3）拟定提纲

提纲是调查报告的“骨架”。拟定提纲的过程实际上就是把调查材料进一步分类、构架的过程。可使报告思路明确，层次分明。

调查报告的提纲有两种，一种是观点式提纲，即将调查者在调查中形成的观点按逻辑关系一一地列写出来。另一种是条目式提纲，即按层次意义表达上的章、节、目，逐一地一条条地写成提纲。也可以将这两种提纲结合起来制作提纲。

（4）起草报告

这是调查报告写作的行文阶段。要根据已经确定的主题、选好的材料和写作提纲，有条不紊地撰写初稿。写作过程中要注意结构合理、文字规范、通读易懂，注意文字、数字、图表、专业名词术语的连贯性，做到深入浅出，鲜明生动。

（5）修改报告

报告起草好以后，要认真修改。主要是对报告的主题、材料、结构、语言文字和标点符号进行检查，加以增、删、改、调，整理成完整的全文定稿并向上报送或发表。

小案例

××城市酸奶销售情况调查报告

针对××城市的酸奶市场，某公司进行了一次市场调查。本次市场调查以问卷形式进行，通过对回收问卷的数据统计和分析，形成如下调查结果。

1）选择酸奶时，营养、健康是消费者的主要衡量标准，其次是生产日期和口味。

2）经常喝酸奶的消费者中，年龄在25岁以下的占35.2%；25～45岁的占34.8%；45～60岁的占22.6%；60岁以上的占7.4%；各个年龄消费者中以女性为主。

3）多种口味中，年龄在25岁以下的普遍喜欢酸甜口味，并且愿意尝试新口味；而岁数越大的人，越倾向于原味。

4）对于品牌，多数消费者不会局限于某一种品牌，而是会多种品牌交替选择。

5）68.4%的消费者会选择在超市购买；11.6%的消费者会到便利店购买；3.7%的消费者选择去批发市场购买；剩余消费者选择到其他地方购买。

6）60.2%的消费者选择根据自己的实际需求购买；39.8%的消费者选择一次多买一些存放在家里。

（资料来源：覃常员，彭娟，2014. 市场调查与预[M]. 5 版. 大连：大连理工大学出版社）

分组讨论：

这份市场调查报告缺少哪些重要部分？该如何对其进行修改？

7.2　熟悉市场调查报告的撰写技巧

撰写市场调查报告并不是一件轻松的事情，需要认真细致的前期调查工作，更需要撰写者的文学素养与写作技巧。

7.2.1　明确市场调查报告的撰写要求

一份好的市场调查报告需要符合以下几点要求。

1. 明确市场调查的目的

市场调查是为了解决特定市场某一方面的问题而展开的。因此，在撰写市场调查报告时必须明确问题，并且紧密围绕这一问题进行详细论述。

2. 了解调查报告的阅读者

市场调查报告的阅读者一般都是管理部门的决策者，他们在阅读完调查报告之后，根据调查结果和建议进行有效决策。因此，在撰写市场调查报告时要充分考虑该报告阅读者的阅读水平、习惯、期望等。

3. 调查报告的内容要准确、客观

市场调查报告是市场调查人员针对特定市场某 方面的问题进行深入细致的调查之后完成的，要客观、准确地反映市场调查结果，不允许有任何迎合阅读者期望的倾向出现。

4. 调查报告的结构要完整规范

调查需求、调查人员等方面的不同，可能会造成市场调查报告在风格、形式上有所

不同，但是不管是什么样的调查报告，都要保证其完整性，同时要书写规范。

5. 调查报告的数据分析要科学

在市场调查报告中，数据起着非常重要的作用。用数据资料说话往往最具有说服力，同时对数据资料的科学分析也很重要。调查员一般会采用定量分析和定性分析相结合的方法，透过数据的表象得出本质性的结论。

7.2.2 掌握市场调查报告的撰写技巧

在明确市场调查报告的撰写要求后，为了使报告更加出色，需要运用一些撰写技巧。

1. 资料取舍的技巧

在搜集调查资料的时候，应该尽量做到全面、完整、规范，通过这种方式获得的资料很多、很复杂。完成市场调查报告时需要对这些资料进行筛选和取舍。应该将那些和所调查问题不太相关的资料果断舍弃，这样才能突出重点，保证论证过程的顺利进行。

2. 语言表述的技巧

市场调查报告中有时会需要叙述一些问题或事实，有时需要说明某种或某些情况，有时需要论证某个观点，有时需要提出意见或建议。不管是何种形式，都需要撰写者掌握叙述、说明、论证、建议的写作方法，注意句式和措辞，保证调查报告的科学性、逻辑性和严谨性。

3. 图形图表运用技巧

大多数时候，图形图表比文字更具有说服力，它们被广泛应用于市场调查报告中。说明同样一个问题，图形图表会表现得更为直观、生动、形象，如柱形图、条形图、折线图、饼图等。

1）柱形图和条形图一般用来进行数值大小的对比，商品销售统计柱形图（图 7-1）和商品销售统计条形图（图 7-2）都能够充分展示四个季度各种商品的销售情况，并很快能够看出哪种商品销售得多，哪种商品销售得少。

2）折线图一般用来观察发展变化的趋势。商品销售统计折线图（图 7-3）反映的是各种商品的销售量，通过数据点之间的连线很容易观察出销售量上升或下降的发展趋势。

3）饼图一般用来展示各个部分所占比例，饼块的大小对比是相当直观的。如图 7-4 所示为网上购物情况饼图，从饼块大小很明显地看出大多数人会偶尔在网上进行购物。

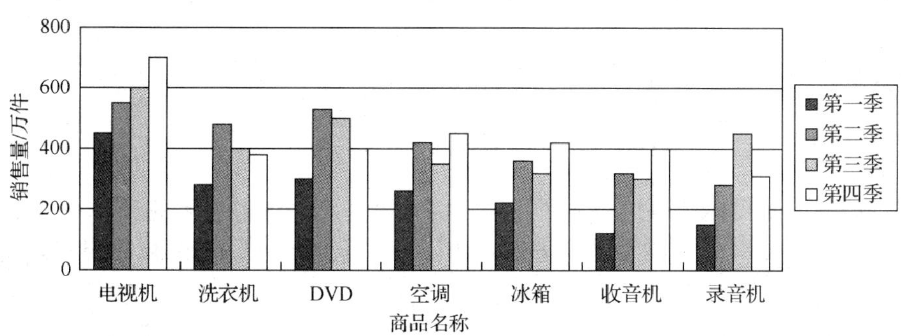

图 7-1　商品销售统计柱形图

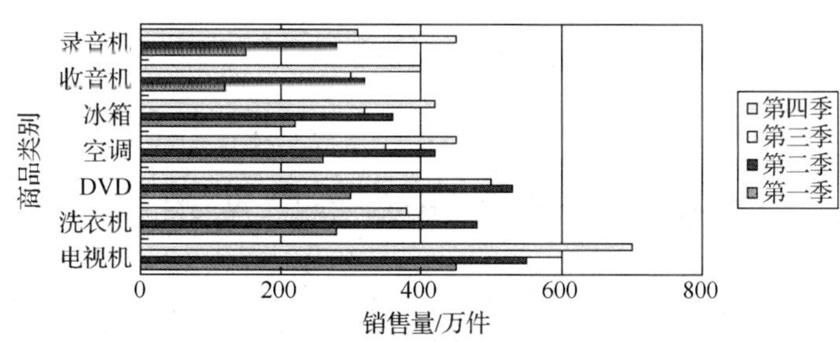

图 7-2　商品销售统计条形图

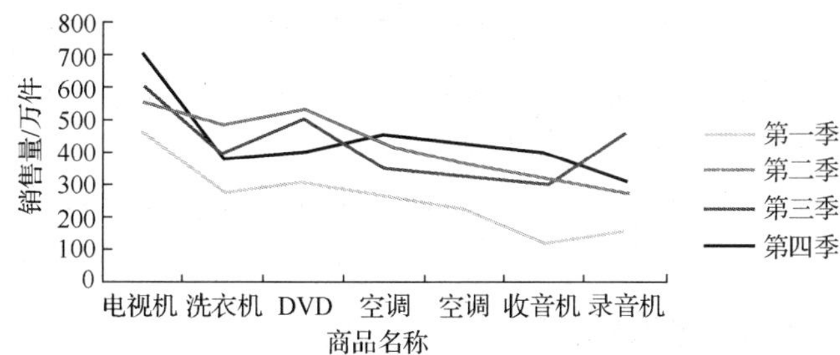

图 7-3　商品销售统计折线图

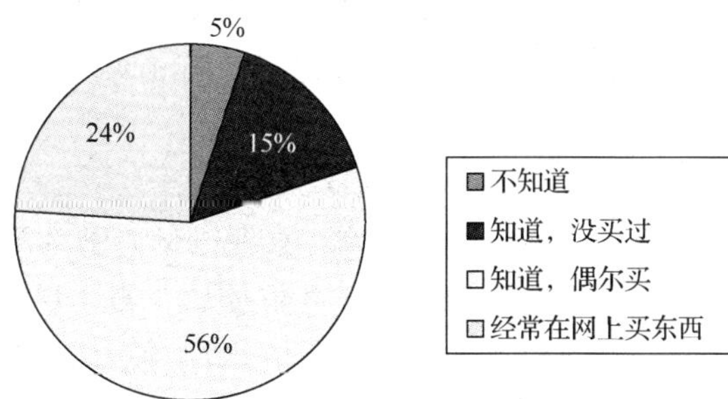

图 7-4　网上购物情况饼图

小案例

约翰的苦恼

约翰·斯皮尔伯格经过6个月的研究，为美国一家糖果制造商准备了长达250页的报告，并向公司最高决策者作口头汇报。1小时后，总经理不耐烦地说："明天8点前把一份5页纸的摘要放到我办公桌上"。

（资料来源：覃常员，彭娟，2014. 市场调查与预[M]. 5版. 大连：大连理工大学出版社）

分组讨论：

这个案例说明了哪些问题？对你有何启发？

7.3　学会市场调查口头报告

调查报告分为书面报告和口头报告两种。大多数市场调查活动除了要求形成书面报告外，还需要调查方进行口头报告。成功的口头报告可以对书面报告起到帮助推动的作用，在帮助委托方理解书面报告内容的同时，还能够当场对委托方的疑问予以解答。相反，如果口头报告失败，即使调查工作再出色，书面报告再完美，也会受到一定的影响。

微课：市场调查口头报告

当然，一些调查项目可能只要求调查方作出口头报告，这种情况下，口头报告就更为重要了，它直接决定了整个调查活动的成败。

7.3.1　做好市场调查口头报告的准备

市场调查口头报告是针对特定市场某一方面的问题进行调查后，通过对所得资料进行筛选、加工、整理、分析，以口头陈述的形式向委托方进行汇报的活动。

为了使口头报告更加完美，调查方需要进行大量的准备工作。

1. 了解委托方

对委托方进行深入了解，了解他们的性格、兴趣以及对于本次调查所关注的重点问题。"知己知彼，百战不殆"，只有了解对方，才能使口头报告更加完美。

2. 准备提纲

口头报告前，需要为自己、为委托方准备报告提纲。一方面，提纲可以帮助自己整

理思路，做到心中有数；另一方面，提纲能够帮助委托方快速把握报告的主要内容。值得注意的是，在提纲中最好不要出现统计图表。

3. 现代化、数字化手段辅助

研究表明，如果为报告人的语言配以形象的画面，整个报告会让人的印象更加深刻。形象的画面可以通过现代化、数字化的手段实现，如在口头报告时配以 PPT 幻灯片、视频、音频、图形、图表等元素，相信能够为报告添色增彩。

4. 调查相关材料的复印件

口头报告汇报的内容毕竟有限，为了使委托方更加全面地了解整个调查活动，调查方需要将调查相关资料的复印件交到其手中。

7.3.2 熟悉口头报告需要注意的问题

口头报告是为了将自己所做的调查工作和结果完美地呈现给委托方，最终目的是为了说服其接受自己的调查结果和建议。在进行口头报告时，需要注意以下几点。

1. 做好充分的练习

熟能生巧，充分的练习是报告成功的基本保证。正式作报告前，一定要进行多次演练，做好充分的练习。

2. 汇报时要充满自信

在充分练习、把握报告内容的基础上，报告人要充满自信，精神饱满，让委托方感受到报告人对自己的工作很有把握，从而愿意接受你的调查结果和建议。

3. 语言要通俗易懂

报告人的语言应通俗易懂，简明扼要，轻松活泼，让委托方能够听懂听明白。

4. 注意身体语言的使用

报告时要使用合适、恰当的身体语言，比如手势、目光的交流等。

5. 注意把握报告的时间

口头报告要在规定的时间内完成，既不要太短，也不要太长。太短不易于理解，而太长容易使人反感。

小案例

××小学学生视力调查口头报告

1. 调查背景

近些年来，小学生佩戴眼镜的人数逐年上升，这种情况应引起广大老师和家长们的足够重视。那么，造成小学生近视的原因是什么？我们该如何应对？

2. 调查目的

通过本次调查，了解小学生视力情况以及造成近视的主要原因，从而积极主动地采取措施，预防近视的发生，保护好小学生们的眼睛。

3. 调查内容

1）该小学学生的视力情况。

2）造成近视的主要原因。

3）预防近视的措施。

4. 调查时间

调查时间为三周。

5. 调查对象

本次调查在××小学每个年级每个班级中随机抽取15名学生，共360人。

6. 调查方法

1）观察法：观察记录调查对象平时在教室读书、写字的姿势，眼保健操完成情况以及作业量大小。

2）访问法：询问一年级和二年级调查对象在家读书、写字的姿势以及看电视、看电脑、玩手机等情况。

3）问卷调查法：以问卷形式，了解三年级以上调查对象在家读书、写字的姿势以及看电视、看电脑、玩手机等情况。

7. 调查结果分析

（1）近视情况分析

调查发现，年级越高，近视的学生人数越多。低年级近视的学生中，大部分是先天性的，而高年级近视的学生中，除了一部分先天性近视外，大多是后天原因造成的。另外发现一些近视的学生并没有佩戴眼镜。

（2）造成近视的原因分析

1）电子产品的影响。随着智能手机、平板电脑等电子产品的出现和普及，人们的学习、工作和生活方式发生着巨大的变化。小学生们同样也受到一定影响，自小在电子产品中长大的他们，更是喜欢看电视、看电脑、玩手机。在获取更多知识与信息的同时，孩子们的视力不同程度地受到了影响。

2）学习负担重。目前，学生学习负担重，年级越高，负担越重。大多数学生在完成作业和其他学习任务的过程中并没有让眼睛得到充分的休息。

3）坐姿不正确。近视学生中，大部分的坐姿和写字姿势不正确，因此不正确的姿势是造成近视的重要原因之一。

4）不认真做眼保健操。学校每天都有集体做眼保健操的时间，但是有些学生觉得没有必要，不认真做，没有真正实现眼保健操的保护作用。

5）对眼镜的抵触。有些学生已经近视了，但不愿戴上眼镜，久而久之近视程度越来越严重。

8. 建议和措施

面对这种近视数量不断上升的情况，我们需要采取相应的措施予以改善。

1）每天认真做眼保健操，每天要保证一定的户外活动时间。

2）在学习桌旁完成作业和其他学习任务，不要躺着、趴着看书，更不要走路、乘车时看书，注意写字姿势。

3）学习一段时间后要进行远眺，让眼睛得到适当的休息。

4）不要总是看电视、看电脑、玩手机，注意掌握时间，同时也要保持距离。

9. 总结

眼睛是心灵的窗户，是我们身体重要的器官。小学生是祖国的花朵，是祖国的未来，所以一定要关注孩子们的视力，保护孩子们的眼睛，让每个小学生拥有明亮的窗户来感知外面美丽的世界。

（资料来源：http://www.doc88.com/p-999287819656.html）

分组讨论：

如果让你作上述口头报告，你该如何准备？如何进行？

知识拓展

撰写市场调查报告应注意的问题

撰写市场调查报告时应注意以下几点。

1　撰写市场调查报告要具有针对性

任何一份调查报告都是为了解决或说明某一个明确的问题，因此调查报告要目标明确，有很强的针对性，有的放矢。同时，调查报告的阅读对象也必须明确，因为阅读对象不同会直接导致撰写调查报告的侧重点有所不同。

2. 撰写市场调查报告要简明扼要，重点突出

调查报告要做到逻辑清晰，表述清楚，但并不是让高谈阔论，篇幅冗长。相反，简明扼要、重点突出的调查报告是受欢迎的。

3. 撰写市场调查报告要结构完整

调查报告有相对完整的结构，每一部分都有需要包含的具体内容。所以，调查报告应该保证结构和内容上的完整性。

4. 撰写市场调查报告要论证充分

解决或说明一个问题，需要大量的数据加以论证。论证过程中千万不要将各个数据进行简单的堆砌和罗列，一定是从数据分析中能够充分体现想要表达的观点或看法。

5. 撰写市场调查报告前应有整体思路的设计

为了能够做到以上几点，在撰写调查报告前一定要有整体的设计思路，这样，才能够为一个目标明确、突出重点、结构完整、论证充分的调查报告做好准备，打下基础。

实 训 项 目

撰写市场调查报告

实训任务：以调查小组为单位，针对模块1中本调查小组选择的调查项目，在前面各项工作顺利开展的基础上，共同讨论完成市场调查报告的撰写任务并形成口头报告。

实训目标：通过本次实训，学生亲自体验市场调查报告的撰写过程，从而掌握撰写的方法和技巧。

实训内容：

1）市场调查报告的内容一般包括题目、目录、摘要、正文、附录等几个主要部分，要注意资料取舍、语言表述、图形图表等技巧的运用。

① 题目：题目包括市场调查报告的标题、撰写日期、委托方、调查方等，一般作为调查报告的封面。

② 目录：用一览表体现整个调查报告的内容和结构。

③ 摘要：高度概括市场调查报告的主要内容。

④ 正文：要对市场调查、分析、论证、结果、建议的全部过程进行充分说明。

⑤ 附录：置于报告最后，以补充说明正文无法包含但又和正文紧密相关的一些内容。

2）口头报告准备。要准备好口头报告的提纲，辅以现代化数字化手段，做好充分的练习，用通俗易懂的语言，轻松自信地完成口头报告的汇报。

实训要求： 各调查小组派代表在班内进行口头报告的展示交流，可以制作成 PPT 来演示市场调查报告的主要内容，其他小组成员据此进行评价，教师点评，提出修改意见，本小组进行修改和完善，形成一篇规范的市场调查报告，提交电子稿和纸质文稿一份。

实训组织： 以学习小组为单位进行，小组内部合理分工、团结协作。

实训考核： 在班级进行小组展示，通过自评、小组间互评、教师评价相结合的方式审核市场调查报告的质量，具体评价标准如表 7-1 所示。

表 7-1　市场调查报告评价标准

编号	评价标准	分值
1	市场调查活动的设计是否完整、流畅	15
2	搜集到的资料是否真实、客观	15
3	对资料的分析是否科学、有效	20
4	市场调查报告是否规范、准确	30
5	市场调查口头报告是否得体、恰当	20

展示交流： 以小组为单位，小组成员展示本组撰写的市场调查报告并进行口头报告。

1）通过抽签决定各个小组代表展示的顺序，每组 10 分钟，可配以 PPT 幻灯片进行展示。

2）小组代表展示结束后，该小组其他成员可进行补充，其他小组成员可提出问题，小组之间相互答疑。

3）每个小组展示结束后，教师予以点评，并提出相应的修改意见。

4）各小组展示完毕，教师带领学生一起进行知识点的归纳和总结。

5）各小组根据教师和其他组学生提出的问题及建议对本组调查报告进行修改和完善。

6）各小组将调查报告的最终成果上交给教师。

综合训练 7

一、单项选择题

1）下列各项不是市场调查报告应遵循的原则的是（　　）。
A．客观性　　B．科学性　　C．时效性　　D．匿名性

2）（　　）是整个市场调查报告的内容概括。
A．标题　　B．摘要　　C．正文　　D．附录

3）（　　）是整个市场调查报告的核心。
A．标题　　B．摘要　　C．正文　　D．附录

4）（　　）用来放置正文无法包含但又和正文紧密相关的一些内容，是对正文的补充。
A．标题　　B．摘要　　C．目录　　D．附录

5）“××城市的房价还会继续上涨吗？”这个标题属于（　　）。
A．直叙式　　B．观点式　　C．问题式　　D．双标题式

6）市场调查报告的（　　）要求报告得出后应立即投入使用并对使用者发挥作用。
A．客观性　　B．科学性　　C．创新性　　D．时效性

7）（　　）一般用来对比各部分所占比例大小。
A．柱形图　　B．条形图　　C．折线图　　D．饼图

8）（　　）一般用来观察对比发展趋势。
A．柱形图　　B．条形图　　C．折线图　　D．饼图

9）（　　）是市场调查报告所不具备的功能。
A．呈现调查结果　　B．证明调查工作的可靠性
C．交换商品　　D．参考价值

10）市场调查报告分为（　　）。
A．书面报告和幻灯片报告　　B．口头报告和幻灯片报告
C．书面报告和口头报告　　D．书面报告和视频报告

二、多项选择题

1）常见的统计图表有（　　）。
A．柱形图　　B．折线图　　C．饼图　　D．条形图

2）（　　）一般用来进行数值大小的对比。
A．柱形图　　B．条形图　　C．折线图　　D．饼图

3）（　　）是市场调查口头报告的准备工作。

A．深入了解委托方　　B．准备汇报提纲

C．使用语言汇报　　D．相关材料的复印件

4）撰写市场调查报告时需要用到的语言表述技巧有（　　）。

A．叙述的技巧　　B．说明的技巧　　C．论证的技巧　　D．建议的技巧

5）口头报告具有（　　）等特点。

A．简明易懂　　B．方便双方沟通　　C．生动形象　　D．具有既定格式

三、判断题

1）市场调查报告的客观性是指在对数据资料进行整理分析的过程中需要使用科学的方法，并在此基础上提出科学、有效的建议。（　　）

2）市场调查报告的题目可以是单个题目，也可以是双题目的形式。（　　）

3）市场调查报告只为委托者进行保密就可以了。（　　）

4）市场调查报告没有既定的结构，怎样撰写都是可以的。（　　）

5）市场调查报告只有书面报告一种形式。（　　）

6）正文是市场调查报告的主要内容。（　　）

7）市场调查报告的科学性指的是在提出解决问题的方法和建议时尽量做到新颖独特。（　　）

8）在搜集调查资料的时候，应该尽量做到全面、完整、规范，通过这种方式获得的资料很多、很复杂。（　　）

9）市场调查报告撰写过程中应该具备认真负责、科学严谨的态度。（　　）

10）一些调查项目可能只要求调查方作出口头报告。（　　）

四、案例分析

中学生都很喜欢喝饮料。目前，市场上饮料的品牌和种类很多，哪些品牌受到欢迎？哪些口味大家喜欢？请你设计并完成一次市场调查活动，调查结束后撰写一份关于中学生饮料消费情况的调查报告。要求：

1）以小组为单位进行。

2）设计市场调查活动，确定调查对象，进一步了解这些调查对象对饮料的消费情况。

3）整理分析调查资料，撰写市场调查报告。

4）各个小组进行展示，并形成口头报告。

综合训练 7 参考答案

参 考 文 献

陈殿阁，2004．市场调查与预测[M]．北京：清华大学出版社．

陈希孺，2000．机会的数学[M]．北京：清华大学出版社．

胡德华，2017．统计学原理[M]．2 版．北京：清华大学出版社．

贾俊平，何晓群，金勇进，2018．统计学[M]．7 版．北京：中国人民大学出版社．

简明，金勇进，蒋妍，等，2018．市场调查方法与技术[M]．4 版．北京：中国人民大学出版社．

李世杰，于飞，2014．市场调查与预测[M]．2 版．北京：清华大学出版社．

刘利兰，2012．市场调查与预测[M]．3 版．北京：经济科学出版社．

刘志红，2016．Excel 统计分析与应用[M]．3 版．北京：电子工业出版社．

潘艳君，2013．市场调查与分析[M]．北京：科学出版社．

蒲括，邵朋，2014．精通 Excel 数据统计与分析[M]．北京：人民邮电出版社．

覃常员，彭娟，2014．市场调查与预测[M]．5 版．大连：大连理工大学出版社．

魏炳麒，陈晖，2019．市场调查与预测[M]．6 版．大连：东北财经大学出版社．

夏学文，2016．市场调查与分析[M]．北京：高等教育出版社．

许以洪，石梦菊，李玉凤，2015．市场调查与预测[M]．2 版．北京：机械工业出版社．